KB267401

인생 2막
금융 AGI시대,
50+
노후는
전략이다

노후자금설계와 활용의
실전 핵심 노후플랜

저자 조덕윤

도서출판 위

프롤로그

인생 100세 시대! 은퇴 전 연금자산 마련은 길어진 노후준비의 첫 걸음입니다. 오늘을 살아가는 우리는 노후준비를 함에 있어 자신의 신체적 수명보다 준비된 노후자산의 수명이 더 길어야 합니다. 노후준비는 어느 날 갑자기 시작하는 것이 아니라 한 살이라도 젊을 때 시작하여 생애주기에 따른 인생 목적자금을 마련하고 대비해야 합니다. 100세 시대는 지금 우리가 생각하는 것 보다 훨씬 오래 살기 때문에 은퇴 후 필요자금과 준비자금의 자산 균형화를 만들어 놓아야 행복한 노후생활을 영위할 수 있습니다.

저는 삼성생명 입사하여 법인영업본부와 단체사업부 영업관리자를 걸쳐 2015년 삼성생명 은퇴연구소 생애설계 컨설팅 업무를 담당하면서 우리나라의 기업체와 지방자치단체 및 공공기관의 사회초년생에서 퇴직예정 시니어층을 대상으로 생애재무설계와 전직지원 교육강의를 해왔습니다.

특히 생애재무설계 강의는 결혼자금, 주택자금, 자녀교육자금, 은퇴준비 자금 등으로 다양한 계층들의 재무목표와 재무설계를 바탕으로 사회 첫발을 내딛는 사회초년생인 20~30대부터 은퇴를 5~10년 앞에 둔 50~60대 이르기까지 대상의 폭도 다양하게 진행하였습니다.

중년 남성들을 대상으로 강의를 시작할 때에는 강의 초반은 경계의 눈초리로 두 팔짱을 끼고 살피다가 실제 경험과 활용을 위주로 진행되면서 반신반의했던 자세를 바로 하면서 질문과 함께 제 이야기에 귀를 기울이기 시작합니다.

그 동안 가입한 것은 알지만 관심은 없던 국민연금을 비롯한 국민건강보험, 개인 보장성보험과 연금성보험, 퇴직연금 및 IRP 계좌와 주택연금 활용 등은 머지않아 불어닥칠 현실이기에 세금 절세를 할 수 있는 절호의 기회라 생각되어 강의 집중도가 높아집니다.

강의 휴식시간에도 질문은 끊이지 않으며 재수강하고 싶다는 분들도 많았습니다. 은퇴를 얼마 앞둔 50~60대 강의에선 "조금만 더 일찍 들었더라면 하는…" 아쉬움을 전하는 분들도 있었습니다.

직장 연차가 쌓이면서 직장인들의 은퇴시기는 다가오고 퇴직 후의 노후생활자금 부담은 커지고 있습니다. 대기업과 공무원들은 퇴직 전에 이러한 강의를 듣고 준비할 시간도 있지만 소규모 중소기업이나 자영업 운영하시는 분들은 기회가 많지 않아서 이 책을 쓰기로 마음먹었습니다.

이 책은 보험회사 30여년 근무한 실무적 경험과 노하우를 석·박사 과정을 통하여 배우고 연구한 이론체계와 접목함과 동시에 공영보험과 민영보험 통한 금융상품을 실생활 활용에 담고자 핵심만 묻고 답하는 실천 가이드북이 되도록 노력하였습니다.

　다소 부족함이 존재하더라도 넓은 아량으로 이해해 주시길 바라며, 인생 100세 시대를 살아가는데 있어 행복한 노후준비에 한 부분이라도 도움 드리고자 하는 마음입니다.

　끝으로 이 책이 나올 수 있게 경험과 지혜를 주신 모든 분들과 항상 곁에서 묵묵히 지원과 격려를 아끼지 않은 가족에게 고마움을 전합니다. 사랑하는 아내 임미숙을 비롯한 딸 수영과 준영, 아들 성수에게 행복한 내일이 펼쳐지기를 바랍니다.

〈행복한 노후를 기약하며〉

조 덕 윤

목차 CONTENTS

\# 프롤로그 ———————————————————— 03

\# 에필로그 ———————————————————— 363

1장. 행복한 노후준비 ———————————————— 19

01. 우리 노후는 생각보다 길고, 노후준비는 동상이몽이다 ——— 21

02. 100세 시대는 신체적 수명과 더불어 유병기간도 길다 ——— 23

03. 인생 이벤트자금인 노후자금은 생각보다 많이 든다 ——— 25

04. 부부의 노후대책은 부부대화 통한 은퇴 전에 준비한다 ——— 27

05. 노후준비는 주도하는 삶, 지출을 줄이는 삶부터이다 ——— 29

06. 노후준비는 실천 가능한 것부터 행동에 옮기는 것이다 ——— 31

(1장). 핵심요약 정리 ———————————————— 33

2장. 공적보험 활용 ———————————————— 39

2-1. 국민연금보험 ———————————————— 41

01. 국민연금은 지급나이의 생일이 속한 다음달 25일이다 ——— 43

02. 국민연금 수급은 가입자의 소득대체율 적용을 받는다 ——— 45

03. 국민연금의 조기연금과 연기연금은
　　최대 5년을 밀당할 수 있다 ———————————— 48

04. 국민연금의 급여는 연금급여와 일시금급여로 나눈다 ——— 50

05. 국민연금의 감액지급은 노령연금일부터 5년만 적용된다 ——— 52

06. 국민연금의 반환일시금은 가입기간이 10년 미만이다 ——— 54

07. 국민연금의 추납제도는 실직, 군입대, 출산 등에 적용된다 ····· 56

08. 임의계속가입자는 추납제도로 가입기간을 연장한다 ············· 60

09. 소득상태에 따른 납부예외, 납부재계 신청을 할 수 있다 ······· 62

10. 국민연금의 분할연금 수령은 5년 이상 혼인해야 한다 ·········· 64

11. 국민연금의 유족연금은 중복수혜를 받을 수 없다 ················ 66

12. 국민연금의 세액과세는 2002년 이후부터 적용된다 ············· 68

13. 국민연금은 소득이 없으면 의무가입자에서 제외된다 ··········· 71

14. 경제활동을 지속하여 국민연금 가입기간을 늘이자 ············· 73

(2-1장). 핵심요약 정리 ··· 75

2-2. 국민건강보험 ·· 79

01. 국민건강보험은 죽을 때까지 가입하여
    건강보험료를 납부해야 한다 ································· 81

02. 국민건강보험료의 소득산정에서 사적연금은 제외된다 ········· 83

03. 국민건강보험의 피부양자 자격요건 기준이 강화되었다 ········ 86

04. 건강보험의 피부양자가 되려고 조기연금을 수령한다 ·········· 89

05. 각 개인사항에 적합한
    국민건강보험료를 줄이는 방법을 찾는다 ····················· 91

06. 노인장기요양보험과 건강보험의
    본인부담상한제를 이해한다 ································· 94

(2-2장). 핵심요약 정리 ··· 95

2-3. 고용보험(실업급여) ·· 99

01. 고용보험의 실업급여는 구직급여, 고용촉진 등이 있다 ······· 101

02. 실업급여를 받으려면 4가지 요건을 갖추어야 한다 ··········· 103

03. 실업급여 신청 후 4주마다 재취업활동을 해야 지급받는다 105

04. 조기재취업수당은 잔여급여일수 1/2 이상 남겨야 한다 ······ 107

05. 실업급여 이후 재취업이 안된 경우 연장급여를 신청한다 ···· 109

06. 정년퇴직 이후 재취업한 직장에서
　　자발적 퇴직이라도 수급이 가능하다 ······ 111

(2-3장). 핵심요약 정리 ······ 113

3장. 퇴직연금 활용 ······ 119

01. 퇴직연금제도(DB형, DC형, IRP)가 3층연금이 되다 ······ 123

02. 임금상승률과 투자수익률에 따라 퇴직연금 운영하기 ······ 125

03. 퇴직연금 운영은 세금절세와 운용수익률이다 ······ 127

04. 퇴직연금 현물이전 제도 활용하기 ······ 129

05. 퇴직연금 적용세금은 소득세(퇴직, 연금, 기타)가 있다 ······ 131

06. 퇴직연금 수령요건과 퇴직연금 수령방법 이해하기 ······ 133

07. 퇴직연금 수령방법에 따라 과제적용도 다르다 ······ 135

08. 퇴직연금의 퇴직소득세 감면은 30%~40%가 적용된다 ······ 137

09. 퇴직연금 수령한도액까지 감면적용 받아 인출가능하다 ······ 141

10. 퇴직연금 인출순서 및 퇴직소득세 분리과세 이해하기 ······ 144

11. 퇴직금 수령은 IRP계좌 개설하여 연금으로 받는다 ······ 146

12. 퇴직금 중간정산 받았다면 세액정산 특례를 활용한다 ······ 148

(3장). 핵심요약 정리 ······ 150

4장. 개인보험 활용 ······ 155

01. 보험상품 가입시 자신에 맞는
　　보장급부 중심으로 보험설계하자 ······ 158

02. 보험상품을 가입 전에 보험용어와 보험약관 이해하기 ···· 160

03. 보험상품 구성과 내용 이해하기 ········ 162

4-1. 보장성 보험 ········ 165

04. 보험가입할 때 보험약관, 상품설명서 등 확인해야 한다 ···· 167

05. 보험상품의 전기간부담보는 청약일부터 5년이 중요하다 ···· 169

06. 유니버설 보험은 의무납입기간(2년) 이후에
월대체보험료가 대체납입이 된다 ········ 171

07. 보장성보험은 사망, 진단비, 실손의료비 중심으로
보장설계를 준비한다 ········ 173

08. 보험회사 선택은 보장내용과 보장기간 등을
고려하여야 한다 ········ 175

09. 실손보험은 가입시기에 따라 보장 및 보험료가 다르다 ···· 177

10. 실손의료보험의 표준약관의 제정과 개정내용 이해하기 ···· 180

11. 실손보험 갱신할 때 4세대 실손의료보험이 유리할까? ···· 182

12. 실손보험의 전환가입할 때 유병자는 유의해야 한다 ···· 184

13. 실손보험의 갱신보험료가 증가하는 것이 일반적이다 ···· 186

14. 실손보험의 자동갱신과 갱신보험료 비교 확인하기 ···· 188

15. 실손보험 연계제도는 실손의료보장의 공백을 해결한다 ···· 190

16. 실손보험금 본인부담상환제로 초과보험금이 환급된다 ···· 192

17. 종신보험은 사망 이외에도 노후생활자금으로 활용한다 ···· 194

18. 종신보험의 다양한 제도성특약 활용하기 ········ 196

19. 노후준비는 부부 각자의 종신보험이 필요하다 ········ 198

20. 보험 리모델링은 나이와 경제적 여건을 고려해서 하라 ···· 200

(4-1장). 핵심요약 정리 ········ 202

4-2. 저축성 보험 206

21. 변액보험은 투자와 보험이 결합된 보험상품이다 208

22. 금융회사는 고객 금융소득을 지급할 때 원천징수 한다 210

23. 연금보험에는 상품에 따라 비과세와 세제혜택이 있다 212

24. 비과세 연금상품에는 일반 연금보험과
　　변액 연금보험이 있다 214

25. 연금보험의 연금수령은 연금개시 전에 보험회사 방문하여
　　연금형태 등 연금수령요건을 정해야 한다 216

26. 연금보험의 세제과세는 가입시기, 상품 등에 따라 다르다 ... 219

27. 사적연금은 건강보험료의 소득산정에 제외적용 된다 221

28. 연금보험의 연금수령 시 건강하다면
　　보증이 짧은 종신형이 좋다 223

29. 연금저축계좌이동제도로 금융회사 이동이 가능하다 225

30. 연금계좌의 인출순서는 세제혜택 받지 않은 순이다 227

31. 비과세 및 저율과세 적용되는 ISA계좌도 있다 229

32. 50대에 3층연금 통한 노후준비는
　　세제혜택 있는 연금부터이다 231

33. 노후로 연금수령 어려우면 지정대리인청구서비스가 있다 ... 233

(4-2장). 핵심요약 정리 235

5장. 주택연금 활용 241

01. 주택연금은 노후자금 마련을 위한
　　최후 보류수단인 역모기지론이다 244

02. 주택연금 신청절차, 신청대상, 주택담보 보증방식 등
　　이해하기 246

03. 주택연금 신청할 때 부모와 자녀 간에
시각의 차이를 좁혀야 한다 — 248

04. 은퇴 후 주택연금 신청 전에 부채가 남아 있다면
주택다운사이징으로 부채상환을 먼저 해야 한다 — 250

05. 주택연금은 자녀의 부모에 대한 부담을 줄여줄 수 있는
대안이 될 수 있다 — 252

(5장). 핵심요약 정리 — 254

6장. 상속증여 활용 — 259

01. 상속과 증여는 사전에 계획하고 준비하는 것이 필요하다 · 263

02. 상속은 피상속인의 재산에 관한
일체의 권리와 의무를 승계하는 것이다 — 265

03. 상속재산과 상속공제액 이해하기 — 267

04. 상속과 증여는 부유층에게만 국한되는 문제가 아니다 — 269

05. 상속세 재원마련도 부부의 노후준비자금과 함께
사전에 준비해 가야 한다 — 271

06. 상속플랜 살아 생전에 절세마련과 함께
사전증여도 고려하면 좋다 — 275

07. 상속세 재원마련은 금전적 준비를 넘어
종신보험으로 준비하자 — 277

08. 상속인이 실제 납입한 생명보험의 사망보험금은 상속인의
고유재산으로 사망자의 상속재산에 포함되지 않는다 — 279

09. 상속인이 보험계약자이자 수익자로서
실제로 보험료를 납부한 경우는 상속재산 제외된다 — 281

10. 사망보험금 청구신탁제도를 통해 사망 전
미래 계획대로 상속설계가 가능하다 — 283

11. 상속분쟁을 줄이기 위해서는
　　생전에 부모의 상속계획이 필요하다 ⸺⸺⸺ 285

(6장). 핵심요약 정리 ⸺⸺⸺ 287

7장. 실습(노후생활자금 만들기) ⸺⸺⸺ 291

01. 자녀가 성장하여 결혼했으면 보험의 보장자산을 줄여
　　부부의 노후 여유자금을 만들어 가야 한다 ⸺⸺⸺ 294

02. 현재 나의 재무상태를 파악하여 노후준비를 하면서
　　부족자금은 주택규모 줄이기와 보험 리모델링을 통해
　　마련해야 한다 ⸺⸺⸺ 296

03. 결혼자금이나 주택마련 등의 목적자금을 위해
　　우선 저축시스템을 통한 씨드머니를 만들어 가자 ⸺⸺⸺ 299

04. 금융투자상품 이해와 활용하기 ⸺⸺⸺ 301

05. 부부의 노후 적정생활비 파악하기 ⸺⸺⸺ 305

06. 은퇴시기에 따라 노후준비는 달라질 수 있다 ⸺⸺⸺ 307

07. 은퇴 후에도 금융지식을 배우고 익혀
　　금융자산을 관리해 나가야 한다 ⸺⸺⸺ 311

08. 노후준비는 가능한 빨리 시작하고 자산보다 소득 중심으로
　　적은 돈이라도 조금씩 차곡차곡 모아 가야 한다 ⸺⸺⸺ 313

(7장). 핵심요약 정리 ⸺⸺⸺ 317

진단 워크북 ⸺⸺⸺ 321

행동 체크리스트 ⸺⸺⸺ 330

실천 가이드 Q&A ⸺⸺⸺ 337

| 책을 내며 |

이 글의 내용은 보험회사에서 정년퇴직 하기까지 보험쟁이로 살아오며 쌓은 현장경험과 대학원에서 연구한 보험이론, 그리고 다양한 기업체와 지자체 등의 생애설계와 보험 강의에서 얻은 실전경험을 바탕으로 이야기를 전합니다.

특히 퇴직을 앞 둔 직장인들이 인생2막에서 공적 · 사적연금을 현명하게 활용하여 실생활에서 도움을 받을 수 있도록 핵심 실천 노후플랜을 제공하는데 노력하였습니다.

《《지금 당신의 나이, 가장 중요한 '골든타임'인 이유》》

1. 5060세대들이 가장 많이 하는 후회: "조금만 더 일찍…"

저는 지난 30여 년간 삼성생명에서 법인영업과 은퇴연구소를 근무하면서 삼성전자를 비롯한 삼성그룹 관계사와 연수원, 각 삼성계열 CCC, 공무원 인재개발원과 공기업, 대기업과 중소기업 등 다양한 곳에서 생애재무설계와 전직지원 교육강의를 해 왔습니다.

제 강의를 듣는 분들은 20대의 사회 초년생부터 은퇴를 불과 5~10년 앞둔 50~60대까지 연령층이 다양하고 폭이 넓습니다.

그 중에서도 퇴직을 코앞에 둔 50~60대 분들이 가장 자주, 그리고 가장 안타깝게 내뱉는 말이 있습니다.

"아… 이걸 조금만 더 일찍 들었더라면."

이 한마디에는 현재의 부족함과 과거로 돌아갈 수 없는 현실에 대한 후회가 고스란히 담겨 있습니다.

지금 이 책을 펼친 **시니어층의 직장인 독자**라면 이미 가장 중요한 골든타임을 잡으신 겁니다. 왜냐하면 여러분의 시간은 아직 '**퇴직 10년전**'이라는 마법의 시간이 남아 있기 때문입니다.

이 시기는 막연한 노후 걱정을 실천 행동으로 바꿀 수 있는 노후준비의 마지막 기회입니다.

2. 노후40년, '목돈 중심'에서 '현금 흐름 중심'으로 전환하라.

과거 인생 80세시대에는 직장을 다니다 퇴직하면 남는 시간이 20~30년 밖에 되지 않았습니다. 그래서 퇴직금이나 부동산을 통해 '목돈(자산 소득)'을 확보하면 노후준비가 끝났다고 생각해 왔습니다. 그래서 준비한 목돈 자산을 쪼개 쓰거나 통장에 넣어 사용해도 여유 있게 노후생활을 보낼 수가 있었습니다.

하지만 수명이 100세를 살아가는 지금은 배우자와 함께 길어진 노후 40~50년을 보내야 하므로, 이 전략은 더 이상 유용하지 않습니다. 노후 부부생활 40~50년을 버텨낼 만큼 충분히 큰 목돈을 은퇴 이후에 만들기가 현실적으로 불가능하기 때문입니다.

이제 우리는 재무설계의 사고방식을 근본적으로 바꿔야 합니다.

구 분	과거의 재무설계 (목돈/자산 중심)	미래의 재무설계 (현금 흐름 중심)
목 표	일시적인 큰 목돈(자산소득) 확보	매일 **일정한 생활비(현금흐름) 확보**
전 략	투자를 통한 소득 증대	지출을 통제하고 **현금흐름을 관리**
보험/연금	만기시 큰 금액(일시금)에 초점	**노후생활 연금** 수령자금에 초점

퇴직 이후 인생2막의 행복한 노후는 다소 추상적이고 주관적이기는 하지만 벌어들이는 소득관리보다 먼저 **나가는 지출을 관리하는 것**이 훨씬 더 중요한 시기입니다.

노후 생애준비를 **목돈(자산소득) 중심에서 현금흐름 중심**으로 전환하고 자녀가 결혼하면 주택 다운사이징과 보험 리모델링 등으로 전검하는 것이 이 시기, 즉 퇴직 10년 전부터의 핵심과제이기도 합니다.

3. 실천의 3단계 공식: 부족자금(Gap)을 스스로 파악하고 메우기

이 책은 독자 여러분이 막연한 노후 걱정 대신 실생활 속에서 **실제적인 예시와 활용**에 중점을 두고 스스로 노후자금을 준비할 수 있게 지원하고자 합니다.

　노후재무설계는 다음의 3단계 공식을 통해 부족자금을 채워가는 과정입니다.

단 계	행동지침	목 표
Step 1.	필요한 **노후생활 자금**을 **파악**합니다.	나는 노후에 월 얼마의 돈이 필요한가? (물가 상승률 고려)
Step 2.	지금까지 **준비된 자금**을 **점검**합니다.	국민연금 퇴직연금(IRP), 개인연금, 주택연금을 등의 확보된 자금 확인.
Step 3.	부족한 **노후생활자금(Gap)**을 **마련**합니다.	(필요자금 - 준비자금)의 부족분을 메울 구체적인 행동계획 수립.

　여러분이 해야 할 일은 이 **'부족자금(Gap)'**을 명확히 이해하고, 이를 채우기 위한 본인의 여건에 맞는 가장 효율적인 방법을 실천하는 것입니다.

4. 부족자금 마련을 위한 '지금 당장' 행동 지침

　부족자금을 마련하는 방법은 다양하지만, 퇴직 전 40~50대 직장인이라면 세제혜택을 우선에 두어야 합니다. 부족자금 마련을 위한 첫걸음은 적은 돈이라도 바로 지금 시작해야 한다는 것입니다.

#1. 세액공제 금융상품 활용: 연금저축 계좌와 IRP(개인형 퇴직연금)계좌를 활용하여 매월 적립식으로 조금씩 쌓아가는 것이 가장 효과적입니다. 세액공제 혜택은 놓칠 수 없는 절호의 기회입니다.

#2. 금융투자 상품 활용: 저금리·저성장 시대에는 예금과 저축의 안정성만으로는 길어진 노후생활 자금마련에 어려움이 있습니다. 주식이나 펀드 등 금융투자상품을 매월 적은 돈이라도 개별종목보다 대기업·성장주·ETF(상장지수펀드)를 활용하여 장기분산 투자하고, 일부 우량배당주로 안정적인 현금흐름을 확보해 두어야 합니다.

#3. 공적·사적연금 통한 현금흐름 구축: 100세시대에는 오래 사는 것으로 인해 노후자금이 중간에 고갈될 위험이 있으므로 평생 현금흐름을 늘리고 오래 유지하는 구조가 중요합니다. 공적·사적연금과 주택 등을 연금화하여 평생 끊기지 않는 현금흐름을 만드는 것입니다.

#4. 퇴직금 수령방식의 전환: 퇴직 이후 퇴직금을 일시금보다 퇴직연금으로 수령하면 좋습니다. 연금으로 수령한 경우 더 많은 세제혜택을 얻을 수 있음을 알아야 합니다. 이는 목돈을 현금흐름으로 전환하는 가장 좋은 예시 중의 하나입니다.

#5. 보험, 아프기 전에 준비하라: 노후 현금흐름을 위협하는 가장 큰 위협은 질병입니다. 보험은 소득이 있는 건강할 때, 즉 아프기 전에 준비해야 하며, 경제활동하는 기간 중에 필요한 보장급부를 선택

하여 보험료 납입을 완료해 놓아야 합니다. 노후에 연금을 받아 보장성 보험료를 납입하는 것은 노후생활을 어렵게 할 뿐만 아니라, 나이 들어 아프고 나면 보험가입이 어렵거나 보험료가 올라가게 됩니다.

이 책은 인생100세 시대로 길어진 노후의 삶을 준비하고자 하는 퇴직자들의 노후재무준비를 함에 있어 일상적으로 접하고 있는 국민연금이나 건강보험, 퇴직연금과 개인연금, 주택연금 등을 이해하고 실생활 활용에 조금이라도 도움 주고자 노력하였습니다. 퇴직 전에 알면 도움되는 보험을 비롯한 금융자산 이야기들을 중심으로 실전경험과 강의에서 얻은 지혜들로 다소 한정된 내용이지만 인생 전반에 녹여져 있는 공적연금과 사적연금을 묻고 대답하는 형식으로 노후재무 지침서를 만들려고 노력하였습니다.

[본 내용에서는 퇴직을 앞 둔 직장인을 대상으로 생활자금 설계와 공적보험·민영보험의 구체적인 활용법을 핵심 실천 문답형식으로 설명하고자 합니다.]

제**1**장

행복한 노후준비,
당신의 노후는 생각보다 길다

오늘을 살아가는 중장년층들은 자신의 신체수명보다 재산수명이 더 길도록 준비해야 합니다. 은퇴 후 어떤 삶을 꿈꾸고 성실하게 준비하느냐에 따라 사람마다 각자 다양한 노후의 삶과 여생을 맞이할 것입니다. 물론 노후를 준비하는 것이 돈에만 국한되는 문제는 아닙니다. 행복한 노후생활을 위해서는 건강, 관계, 시간, 웰다잉 등 다양하게 준비해야 할 것들이 많습니다.

§ 행복한 노후준비 행동플랜 §

1. 가족과의 소통: 자녀와의 인식차이를 이해하고 조율하기

- 부모의 노후계획을 자녀들과 함께 공유하고, 역할을 조율합니다.
- 가족회의를 통해 지원범위와 생활방식에 대해 합의점을 찾아
  봅니다.

2. 건강관리: 건강수명 연장을 위한 생활습관 관리하기

- 규칙적인 운동(예: 주 3회 1만보 걷기)을 하나씩 실천해 갑니다.
- 정기적 건강검진과 식습관을 개선한 균형 잡힌 식사를 합니다.

3. 재무준비: 부부의 노후자금 마련하기

- 국민연금, 개인연금, 보험 등으로 노후자금마련 계획을 세웁니다.
- 매달 고정지출 항목(의료비, 돌봄비용 등 포함)과 생활자금 지출을
  분리해 계획합니다.

4. 부부협력: 부부가 함께 준비하는 은퇴설계하기

- 은퇴 전 부부가 함께 생활비, 주거, 취미, 여행계획 등 수립해
  봅니다.
- 서로의 기대와 우선순위를 맞추어 부부의 공동목표를 설정합니다.

5. 지출계획: 지출을 줄이고 삶을 주도적으로 설계하기

- 불필요한 소비를 줄이고 생활비 구조를 단순화합니다.
- 자산 및 생활규모를 현실에 맞게 주간계획과 월간계획을 세워
  조정합니다.

6. 작은 실천: 행동 가능한 작은 것부터 실천하기

- 매달 생활비, 주 3회 운동, 가족과 월 1회 모임 등 작은 습관부터
  실천해 갑니다.
- 실천 가능한 목표부터, 작은 것이라도 실제 행동으로 옮깁니다.

01. 우리 노후는 생각보다 길고,
노후준비는 동상이몽이다.

우리나라 노인의 경로우대 연령은 65세부터 적용됩니다. 1981년 6월 제정된 노인복지법에 따라 노인의 건강과 복지를 통한 노후생활 안정과 노인복지서비스 등 경로 우대가 시행되었습니다. 65세 이상부터는 기초연금, 장기요양·의료급여, 교통·통신비 할인 등 다양한 노인복지 혜택이 제공됩니다. 노인복지법 시행 당시 기대수명은 66세, 정년은 55세였습니다.

최근 통계청이 발표한 장래인구추계(2022~2072년)에 따르면 전체 인구에서 65세 이상 인구가 차지하는 비율은 2022년 17.4%에서 2025년 20%로 증가해 초고령사회에 진입하고, 지금으로부터 50년 뒤인 2072년에는 47.7%로 인구 절반이 노인인구가 됩니다.

현대를 살아가는 중장년층의 노후기간은 지금 생각하는 것보다 훨씬 길고 아픈 시간도 오래 지속됩니다. 노후준비는 재무적인 준비뿐만 아니라 은퇴 후의 전반적인 삶을 계획하고 실행하는 과정이므로, 노후설계에는 흔히 은퇴 후에 준비하는 재무와 비재무적인 계획을 포함하여 실행되어야 합니다.

부부의 노후 재무준비는 여성을 중심으로 배우자의 활동기에 준비해 두어야 합니다. 더군다나 부모가 오랜 기간의 경제활동을 마치고 은퇴할 때가 되면 부모 자신의 노후계획을 자녀와 함께 공유해 나가는 것이 중요합니다.

은퇴 재무설계 강의 중 자녀의 지원자금에 대한 질문을 해보면 대부분의 부모들은 자녀의 교육비와 결혼비용까지 본인의 책임이라고 생각합니다. 하지만 자녀들 중에는 부모가 대학까지 공부시켰다면 스스로 결혼준비만은 본인이 해야 한다고 생각하기도 합니다.

은퇴자산에 대한 부모와 자녀의 생각이 다를 수 있습니다. 즉, 부모는 은퇴 후 남은 것이 아파트 한 채뿐이라고 생각하지만 자녀는 부모의 비싼 집을 팔아 자신들을 지원해주기를 간절히 원하는 동상이몽을 꿈꾸기도 한다니 말입니다.

02. 100세 시대는 신체적 수명과 더불어 유병기간도 길다.

우리나라는 고령화 속도가 세계에서 가장 빠른 나라인만큼 우리가 살아가는 삶의 지도도 바꿔나가야 합니다. 2000년대 초반만 해도 80세라는 인생지도를 가지고 살았으나 현재 2025년 통계청의 '장래 기대수명' 자료에 따르면 전체 약 83.7세로 남성은 80.8세, 여성은 86.6세이며, 실제 기대수명은 통계청 자료보다 10~15년 더 오래 삽니다. 현재 80세인 사람은 평균수명이 1년에 0.4년 이상 늘어난다는 점을 감안하면 100세까지 살게 됩니다.

100세 시대는 신체적 기대수명이 늘어날 뿐만 아니라 아프면서 살아가는 유병의 기간도 늘어납니다. 누구나 인생의 20% 정도는 건강하지 못한 삶을 살아가게 됩니다. 특히 여성의 비건강수명은 약 21.1년으로 남성의 약 16.2년보다 5년이 더 깁니다.

구분	남 성	여 성	전 체
기대수명(세)	80.8	86.6	83.7
건강수명(세)	64.6	65.5~66.4	66.4
유병기간(년)	약 16.2	약 21.1	약 16.2

출처: 2025년 통계청 발표자료(2024 기준)

부부가 자녀의 도움 없이 살아도 배우자가 사망한 뒤 혼자 늙어 병에 걸리면 요양병원이나 자녀에게 의존해야 합니다. 이 때 여성은 남성보다 약 30% 더 많은 노후자금을 준비해 놓아야 합니다. 100세 시대의 노후생활은 한 사람의 경제활동으로 부부가 40여년을 함께 살기에는 너무 긴 시간입니다.

그런 점에서 자신의 노후는 얼마나 안전한지, 남은 노후는 어디서 누구와 함께 살 것인지, 홀로된 배우자의 질병 기간에 대처할 대책은 있는지 스스로 묻지 않을 수 없습니다.

우리는 지금 누군가는 너무 오래 사는 것을 걱정하고, 누군가는 너무 빨리 죽는 것을 걱정하는 동시대를 함께 살아가고 있습니다.

03. 인생 이벤트자금인 노후자금은 생각보다 많이 든다.

기대수명이 늘어남에 따라 은퇴 이후 생계에 대한 고민이 증가하고 있습니다. 세상을 살아가는데 필요한 인생 이벤트자금은 결혼자금 평균 약 2.1억 원(하나금융연구소, '대한민국 금융소비자보고서 2025'), 주택구입자금 전국 매매 약 6.6억 원, 전세 약 4.2억 원(한국부동산원, 2025년 10월 기준), 자녀양육비 약 3.1억 원(한국보건사회연구원, 자녀1인 대학교 졸업), 노후준비자금 약 10억 원(월 300만 원 30년 가정) 등이 있습니다. 여기서 주목해야 할 것은 은퇴 후 부부가 생활해야 할 노후자금입니다. 은퇴 이후 노후생활비의 적정수준은 일반적으로 금융전문가들은 생애평균소득의 70% 정도를 권장하고 있습니다.

노후준비에 필요한 자금은 개인의 경제여건이나 가족 상황에 따라 달라지기 때문에 확정하기가 어렵습니다. 예를 들어, 통계청의 평균수명과 국민연금의 통계자료를 이용하여 동일한 나이 60세인 부부의 적정 노후생활비를 계산해보면 약 10억 원 정도가 필요함을 알 수 있습니다.

예시) 60세 부부의 적정 노후생활비 산정하기

　(가정) 최근 통계청 KOSIS('25 발표) 평균수명[1] 남자 80세, 여자 86세 기준 월 336만원 적정생활비('25 국민연금연구원 통계자료) 기준으로 60세 이후 적정 노후생활비 예상액은, 부부가 60세부터 80세까지는 20년 적정생활비로

1) 부부생활비 8억 640만 원(336만 원×12월×20년)가 발생하며, 그 이후 부인 혼자 생활비로

2) 부인 생활비 1억 6,934만 원(336만 원×12월×70%×6년)로 6년 간 살아갑니다.

　즉, 가정한 통계청 기준으로 산출한 결과, 60세인 동갑내기 부부의 적정 노후생활비는 약 9억 7,574만 원 정도가 필요하게 됩니다.

---

1) 국가통계포털(KOSIS) 2025.12.03. 발표한 최근 10년간 기대수명은 아래와 같습니다.

년 도	2015	2016	2017	2018	2019	2020	2021	2022	2023	2024
기대수명(세)	82.1	82.4	82.7	82.7	83.3	83.5	83.6	82.7	83.5	83.7

04. 부부의 노후대책은 부부대화 통한 은퇴 전에 준비한다.

부부의 노후준비 마련은 첫째 자녀가 대학에 입학하기 전, 즉 직장에서 얻은 근로소득이 가계지출 비용보다 많은 50세 전후 시기에 이루어져야 합니다. 부부의 노후준비는 늦어도 자신의 경제활동이 종료되는 시점까지는 이루어져야 합니다. 이 시기는 통상 자녀교육비 부담이 크기 때문에 배우자 사이에 생각의 차이가 있을 수 있으므로 부부대화를 통해 논의하고 노후자금준비를 병행하여 마련해야 합니다.

마찬가지로 중년의 경제적 고민은 자녀의 자금지원(결혼, 교육)과 부부의 노후생활비 마련을 위한 우선순위를 결정하는 것에서부터 시작됩니다. 보통 부부의 노후준비는 자녀의 교육비를 지원하고 자녀가 결혼한 후에 이루어지므로 자신의 노후준비를 제대로 하지 않고 노후를 맞이하는 경우가 많습니다.

은퇴 후 노후생활대책은 부부가 함께 구체적인 대화를 나눌 필요가 있습니다.

1) 부부는 자녀가 결혼한 후 어디에서 생활하고 어떻게 시간을 보낼 것인가?

2) 은퇴 후반기에 거동이 불편하거나 홀로 사는 배우자의 노후생활
비 및 간병비는 어떻게 준비할 것인가?

3) 부부 대화는 성급한 결론이나 해결책보다는 마음을 터놓고 대화
하는 것이 중요합니다.

*부부간 재무적 대화를 통한 재무계획 방향 설정하기

1) 생애계획(목표설정) 2) 부부의 소득 파악 3) 월 고정비의 산정
4) 월저축액 목표의 결정[2] 5) 가계의 관리방법 6) 정기적인 검토 및
협의 순서입니다.

부부의 노후준비는 부부 스스로 해결해야 자녀에게 짐이 되지 않
는 것입니다.

---

2) 원금 2배 소요기간

적용이율(%)	1%	2%	3%	4%	5%	6%	7%	8%	9%	10%
소요기간(년)	69.66	35.00	23.45	17.67	14.21	11.90	10.24	9.01	8.04	7.27

05. 노후준비는 주도하는 삶,
지출을 줄이는 삶부터이다.

앞으로 우리의 노후생활은 부모님세대와 달리 은퇴 후 삶의 기간이 길어질 뿐만 아니라 자녀에 대한 지원도 길어질 것이므로 무엇보다 주어진 삶에서 주도하는 삶으로, 자아성취 하는 삶으로 주체성을 가지고 노후준비를 해 나가는 것이 중요합니다.

최근 경제협력개발기구('25 OECD)의 38개 회원국 중 한국의 은퇴 연령대(65세 이상)의 상대적 빈곤율 약 39.8%(OECD 평균 약 14~15% 수준)로 가장 높은 것으로 나타났습니다. 은퇴자 10명 중 4명은 은퇴 후 편안한 삶을 사는 데 어려움을 겪고 있는 것이 현실입니다. 또한 OECD 보고서에 따르면 한국의 실질적 노동시장 이탈연령은 약 68세(OECD 평균 약 64세)이며, 실제 은퇴연령은 약 71~73세로 가장 높습니다. 은퇴 후에도 연금 자산이나 노후자금 부족으로 생계 활동을 지속하면서 힘든 노후를 보내고 있습니다.

은퇴 전에 꼭 준비해야 할 것은 가장 먼저 채무를 없애는 것입니다. 은퇴준비를 하는 것에 있어 대출이나 부채가 있다면 지출되는 돈부터 정리해야 합니다. 노후연금을 받아서 보험을 가입하거나 채무를 상환하는 것은 비합리적이면서도 결국은 노후준비를 지연시킨다는 것을 이해해야 합니다. 다음으로 늘어난 가계지출을 줄이는 것입니다. 은퇴 후 노후생활비가 70% 수준이 필요하다 보니 부부 대화를 통해 불필요한 가계 소비와 낭비되는 돈을 줄이는 것이 매우 중요합니다. 현재의 높은 지출을 줄이지 않으면 은퇴 후의 삶이 더 어려워질 수 있습니다.

중장년의 노후재무 실행을 위해선 은퇴 이전에 1) 부채 줄이기 2) 지출계획 세우기 3) 주거계획 세우기 4) 자동차와 보험 리모델링하기 5) 금융역량 키우기를 준비해 두는 것을 추천합니다.

06. 노후준비는 실천 가능한 것부터 행동에 옮기는 것이다.

은퇴를 하면서 돈만으로 해결할 수 없는 것들이 있습니다. 인생 후반기에는 장수 위험, 조기은퇴 위험, 장기간병 위험, 홀로된 생활위험 등으로 몇 살을 살지 판단하기 어려우므로 홀로 남는 배우자의 생활비는 배우자 종신보험으로 준비해야 합니다. 물론 건강도 잊지 말아야 합니다.

1) **장수 위험**: 예상보다 오래 살아 자산이 고갈될 위험으로 여성 기대수명이 남성보다 약 5~6년 더 길기 때문에 남은 배우자의 목돈(생활비, 간병비 등) 필요합니다.

2) **조기은퇴 위험**: 본인의 의지와 무관하게 예상보다 일찍 소득이 끊기는 위험으로 경제활동 기간 중에 지출되는 보험료를 납입완료하여 노후 안정적 삶이 유지되어야 합니다.

3) **장기간병 위험**: 치매·중증질환 등으로 장기간 돌봄이 필요한 위험으로 유병기간 약 15~20년 이상 간병·치료·돌봄을 준비해 두어야 합니다.

4) 홀로된 위험: 배우자 사망 후 혼자 남아 생계·의사결정·의료비 부담을 떠안는 위험으로 생존 배우자 생활안정을 위한 현금흐름을 만들어 가야 합니다.

노후는 오래 사는 문제가 아니라 오래 살면서 발생하는 리스크를 대비하는 것이 중요하므로, 배우자 종신보험은 사망뿐만 아니라 남겨진 배우자의 삶을 지키는 보험자산임을 인식해야 합니다.

현재 100세 시대를 살아가는 우리의 노후준비는 더 이상 미룰 수 없는 선택이 아니라 필수입니다. 특히 자녀도 언젠가는 노인이 된다는 사실을 인식하고, 1) 자녀에게 부담을 주지 않기 2) 부부의 노후생활은 부부가 해결하기 3) 노후를 대비한 재무와 건강을 미리 준비하기 4) 배우자의 노후 비용을 충당하기 위해 종신보험에 가입하기 5) 예기치 못한 상황이 예고 없이 찾아온다는 점을 염두에 두고 바로 실현 가능한 것부터 준비하는 행동으로 옮길 필요가 있습니다.

자! 행복한 노후 준비를 위해 함께 시작해 봅시다.

【제1장. 행복한 노후준비 핵심요약 정리】
: "당신의 노후는 생각보다 길다"

100세 시대 노후는 예상보다 길고 유병 기간도 늘어납니다. 부부 간 충분한 대화로 은퇴 전 구체적인 자금 대책을 세우고, 지출을 줄이는 주도적인 삶을 실천해야 합니다. 막연한 불안감을 버리고 가능한 것부터 즉시 행동에 옮깁시다.

100세 시대의 노후는 단순한 은퇴자가 아닌, 인생의 3분의 1을 차지하는 긴 노후의 여정입니다. 신체 수명보다 '재산 수명'을 더 길게 만드는 전략적 실천 가이드를 정리해 드립니다.

구 분	실천 핵심요약
STEP 1. **냉정한 현실 자각:** **"100세 시대의 명암"** 기대수명이 늘어나는 만큼, 아픈 채로 살아가는 '유병 장수' 기간도 길어집니다.	• 초고령사회 진입: 2025년이면 인구 5명 중 1명이 노인입니다. • 길어진 유병 기간: 인생의 약 20%는 질병과 함께 합니다. 특히 여성은 남성보다 비건강 수명이 4년 더 길어, 약 25% 더 많은 노후 자금이 필요합니다. • 동상이몽(同床異夢): 부모는 자녀 결혼까지 책임지려 하지만, 자녀는 부모의 집을 팔아서라도 지원받길 원할 수 있습니다. 자녀와의 재무적 경계를 명확히 해야 합니다.

구 분	실천 핵심요약
STEP 2. **노후 자금의 규모:** **"생각보다 많이 든다"** 막연한 추측이 아닌 데이터 기반의 계산이 필요합니다.	• 적정 생활비: 생애 평균 소득의 약 70% 수준입니다. • 10억 원의 법칙: 60세 부부가 평균 수명까지 적정 생활비(월 336만 원)로 지내려면 약 9억 7천만 원이 필요합니다. (부부 공동생활 20년 + 홀로 남은 배우자 생활 6년 가정) • 인생 이벤트 비용: 결혼(약 2.1억), 주택(전세 약 4.2억), 양육(1인 대학교 졸업 약 3.1억) 등 굵직한 비용을 제외하고도 노후 자금이 남아 있어야 합니다.
STEP 3. **골든타임 사수:** **"50세 전후가 승부처"** 노후 준비는 자녀가 대학에 입학하기 전, 소득이 지출보다 많은 시기에 끝내야 합니다.	• 부부 대화 시작: 은퇴 후 어디서 살지, 홀로 남았을 때 간병비는 어떻게 할지 구체적으로 논의하세요. • 우선순위 재조정: 자녀 지원(교육/결혼)과 부부 노후 준비 중 무엇이 먼저인지 합의해야 합니다. 부모가 자립하는 것이 최고의 자녀 사랑입니다.
STEP 4. **실전 전략: "줄이는** **삶부터 시작하라"** 은퇴 이후 재산을 늘리는 것보다 지출과 부채를 통제하는 것이 훨씬 빠르고 확실한 방법입니다.	• 부채 제로(Zero): 연금을 받아 대출 이자를 내는 것은 노후 파산의 지름길입니다. 은퇴 전 모든 부채를 상환하세요. • 지출 리모델링: 현재의 높은 소비 수준을 은퇴 전 미리 70% 수준으로 낮추는 연습이 필요합니다. • 5대 추천 과제: ① 부채 줄이기 ② 소비 계획 세우기 ③ 주택 규모 조정 ④ 자동차/보험 다이어트 ⑤ 금융 지능(IQ) 높이기.
STEP 5. **리스크 관리: "홀로 남을** **배우자를 위하여"** 돈만으로 해결되지 않는 위험들에 대비해야 합니다.	• 종신보험 활용: 홀로 남을 배우자의 생활비와 간병비를 위해 종신보험을 준비하세요. • 노노케어(老老care) 대비: 자녀도 함께 늙어가는 시대입니다. 자녀에게 의존하지 않는 '독립적 노후'를 재무와 건강 양면에서 준비해야 합니다.

실천 체크리스트

실천 점검사항	체크
우리 부부의 예상 노후 생활비 직접 계산해보기	(Y, N)
현재 보유한 부채 상환 계획 수립하기	(Y, N)
자녀와 지원 한도(교육/결혼비용)에 대해 솔직하게 대화하기	(Y, N)
여성 배우자의 홀로 남을 기간(최소 약 6년 이상)에 대한 자금 대책 세우기	(Y, N)
보험 증권을 분석하여 불필요한 보장 줄이고 노후 자금으로 전환 검토하기	(Y, N)

행복한 노후준비 체크리스트

영 역	점검 항목	체크 사항
가족 소통	가족과의 인식차이를 이해하고 조율하기	– 부모의 노후에 대해 자녀와 대화로 공유하기 – 가족회의를 통해 지원범위와 생활방식 나누기
건강 관리	건강수명 연장을 위한 생활습관 관리하기	– 규칙적인 운동(예: 주 3회 1만보 걷기) 실천하기 – 정기적 건강검진과 식습관 개선 노력하기
재무 준비	부부의 노후자금 마련하기	– 국민연금, 개인연금, 보험 등 노후자금마련 하기 – 월 필수 지출항목과 생활자금액을 분리 사용하기
부부 협력	부부가 함께 준비하는 은퇴설계하기	– 은퇴 전 부부가 함께 생활비, 주거, 취미 등 공유하기 – 서로의 기대와 우선순위 맞춰 공동목표 설정하기
지출 계획	지출을 줄이고 삶은 주도적으로 설계하기	– 불필요한 소비를 줄이고 생활비 구조 단순화하기 – 자산 및 생활규모를 현실에 맞게 계획 및 조정하기
작은 실천	작은 것부터 행동으로 실천하기	– 월 생활비, 주 3회 운동 등 작은 습관 실천하기 – 실천 가능한 목표부터 작더라도 행동으로 옮기기

"노후는 우리가 지금 생각하는 것보다 더 길다"

따라서 가족과의 소통, 건강관리, 재무준비, 부부협력, 지출계획, 작은 실천이 행복한 노후를 만드는 핵심입니다.

[인생 50代의 재무설계]

■ **현상: 지출요인이 많아진다**

① 자녀: 교육, 결혼

② 부모: 사망

③ 본인: 노후, 질병·건강관리

■ **Solution: 인간관계로 지출을 줄인다**

Ⓐ 자녀 책임감 부여(본인, 취업)

Ⓑ 자녀 결혼문화 개선(가족)

Ⓒ 형제·친척간 협력(형제기금)

☞ 향후 10년은 안정적인 소득확보가 어렵다. 조금씩 준비해 나가는 것이 중요하다

중장년층의 노후는 우리가 지금 생각하는 시간보다 훨씬 더 길 뿐만 아니라 아픈 기간도 오래 지속된다는 것입니다. 중장년의 남성들은 배우자가 살아있는 동안 노후간병이 되겠지만, 배우자인 여성은 남편이 사망한 이후에도 홀로 10~15년 정도 더 살아가야 합니다. 그래서 노후준비는 부부가 함께 소통하고 협력하여 배우자인 여성 중심으로 준비해 나가야 하며, 남편이 경제활동을 마치기 전에 부부의

노후 재무준비를 마련해 두어야 합니다. 노후준비는 재무적 준비와 함께 비재무적 준비를 포함하여 은퇴 이후 전반적인 삶을 계획하고 실행해 가야 합니다. 부모가 은퇴하는 시점에 되면 노후생활 계획에 관하여 자녀와 함께 공유하고 부부 스스로가 노후준비함으로써 자녀에게 부담을 주지 않도록 하는 것이 중요합니다.

인생
2막 금융 AGI시대,

50⁺

노 후 는
전략이다

제2장

공적보험 활용, 사회보장제도 이해와 특성

국민의 노후생활을 보호하고 사회적 안정유지를 목적으로 재해 등의 위험에 대비하여 경제적 안정과 건강유지를 위해 국가에서 제공하는 사회보장제도입니다. 사회보장제도는 국민연금(노령, 장애, 사망), 건강보험(질병), 장기요양보험(요양), 산업재해보상보험(재해), 고용보험(실업) 등이 있습니다.

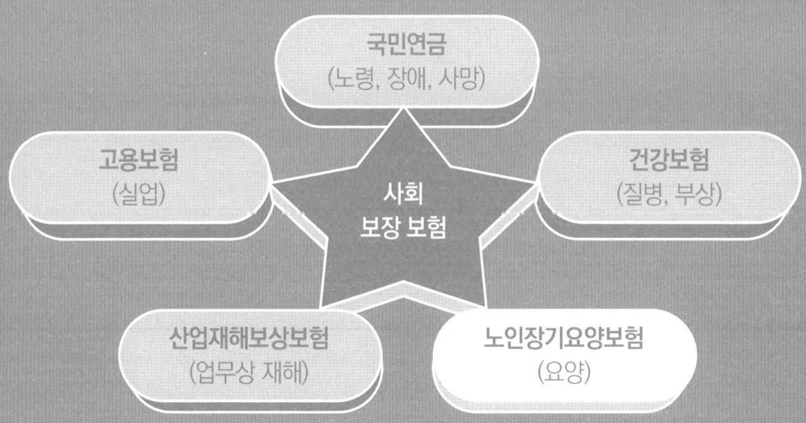

특히, 노후 재무준비의 대표적인 국민연금은 정부가 운영하는 사회보장제도의 하나로서 국민 개인이 경제활동기간 동안에 납부한 보험료를 기반으로 은퇴 후 노후생활을 하거나 재해 등의 갑작스런 사고로 경제적 여건이 어려울 경우 본인과 유족에게 국민연금을 지급하여 노후의 기본적인 삶을 영위할 수 있도록 하는 공적연금제도입니다.

§ 공적보험 활용 행동플랜 §

1. 국민연금 활용하기

- 가입내역 확인: 국민연금 가입기간과 납입내역을 정기적(연 1~2회)으로 확인해 봅니다.

- 연금수령시기 선택: 조기수령(감액)과 연기수령(증액)제도를 비교해 본인 상황에 맞게 결정합니다.

- 연금예상액 점검: 국민연금공단 홈페이지나 앱을 통해 예상연금액을 확인하고 부부의 노후생활비 계획을 세웁니다.

- 추가납입 검토: 소득이 있는 경우 추가납입 통해 연금액을 늘릴 수 있는지 확인합니다.

2. 국민건강보험 활용하기

- 정기검진 활용: 국민건강보험의 무료·저비용 건강검진 제공을 적극적으로 참여합니다.

- 의료비부담 경감: 본인부담상환제, 고액의료비 지원제도 이해하고 필요시 활용합니다.

- 장기요양보험 확인: 노인성 질환이나 돌봄이 필요한 경우 장기요양보험 신청자격을 확인합니다.

- 예방중심 생활: 건강보험 혜택을 활용하면서도 생활습관 및 개선 등으로 의료비 지출을 줄입니다.

3. 고용보험의 실업급여 및 재취업지원 활용하기

- 실업급여 신청요건 확인: 퇴직시 실업급여 수급요건(근로기간, 이직사유 등) 확인합니다.

- 실업급여 신청절차 숙지: 고용센터 방문 및 온라인 신청절차를 미리 알아 둡니다.

- 재취업 프로그램 참여: 고용보험에서 제공하는 직업능력개발훈련, 재취업지원 프로그램 등을 활용합니다.

- 고용안정사업 활용: 시니어 친화 일자리, 사회공헌형 일자리 등 고용안정사업을 적극적으로 탐색합니다.

2-1 국민연금보험

　국민연금제도는 국민의 안정적인 노후생활을 목표로, 직장 재직시절에 적립한 자금을 재원으로 활용하여 노후의 경제적 보호를 제공하는 사회보장제도입니다. 국민연금은 의무적 강제가입으로 시행되며, 국가와 국민 모두가 기여금을 납부하여 운영됩니다. 국민연금제도는 국민의 노후생활을 보호하고 사회적 안정을 유지하는 역할을 합니다.

§ 국민연금보험 활용 §

■ 국민연금보험의 특징

- 노령연금 수령: 최소 납입기간이 10년 이상 되어야 연금수령이
가능합니다.

- 소득대체율 적용: 가입시기와 소득수준에 따라 연금액이
산정됩니다.

- 조기·연기연금 수령: 최대 본인 노령연금 수령나이 전후 5년 내에서
밀당이 가능합니다.

- 추납제도: 실직·군입대·출산 등으로 납입하지 못한 기간을 추납
가능합니다.

- 의무납입 제외: 소득이 없으면 납입제외 되나, 경제활동으로
가입기간을 늘려갑니다.

☞ 국민연금 활용법과 장점

구 분	활용법	장 점
수령액 증액	연기연금 신청 (최대 5년)	수령시기를 늦추면 연 7.2%(최대 36%)의 연금액이 가산되어 평생지급 됩니다.
가입기간 연장	추후납입 및 임의계속가입	과거 보험료 미납기간을 채우거나 60세 이후에도 계속 납부하면 수령액이 증대됩니다.
유동성 확보	조기연금 신청 (최대 5년)	수령액은 연 6%씩 감액되지만, 소득이 없거나 건강상 이유시 조기 현금 흐름 확보가 가능합니다.
가구 합산	부부 연금 맞벌이 (1인 1연금)	배우자도 임의가입을 통해 연금을 준비하면 부부합산 소득이 대폭 상승합니다.

01. 국민연금은 지급나이의 생일이 속한 다음달 25일이다.

국민연금제도는 1988년 1월 1일부터 시행된 사회보장제도로 만 18세 이상이면 누구나 10년 이상 납입하면 '노령연금' 수급자격이 주어집니다. 10년 미만일 경우에는 연금이 아닌 '반환일시금'으로 만 60세(지급연령도달)된 경우 본인 신청으로 일시환급 받게 됩니다.

1998년 국민연금 개혁안에 따르면 노령연금 수급연령[3]은 1952년 이전 출생자가 만 60세, 1953~1956년 출생자가 만 61세, 1957~1960년 출생자가 만 62세, 1961~1964년 출생자가 만 63세, 1965~1968년 출생자가 만 64세, 1969년 이후 출생자가 만 65세입니다.

국민연금의 노령연금은 수급자의 생일이 속한 달의 다음 달 25일

---

[3] 국민연금의 노령연금 수급연령은 다음과 같습니다.

구분	~ 1952년생	'53~'56년생	'57~'60년생	'61~'64년생	'65~'68년생	1969년생~
노령연금 개시	60세	61세	62세	63세	64세	65세
조기연금 개시	55세	56세	57세	58세	59세	60세
연기연금 개시	65세	66세	67세	68세	69세	70세

☞ 조기연금 개시는 최대 빨리 수령할 수 있는 나이, 연기연금 개시는 최대로 늦출 수 있는 나이입니다.

에 지급됩니다. 노령연금 청구는 수급자 본인이 하는 것이 원칙이나, 법원 판단에 의한 청구가 어려운 경우 법정대리인, 기타 해외체류 등으로 곤란한 경우에는 임의대리인이 청구할 수 있습니다.

국민연금을 수령하려면 국민연금관리공단에서 보내온 노령연금 지급청구서와 신분증, 혼인관계증명서, 통장사본을 지참한 후 공단을 방문하거나 우편, 팩스, 공단 홈페이지에서 신청할 수 있습니다.

02. 국민연금 수급은 가입자의 소득대체율 적용을 받는다.

국민연금의 수급률은 소득대체율[4]에 따라 차이 나는데 1988년~1998년 가입자는 70%, 1999년~2007년 가입자는 60%이며, 2008년~2027년 가입자는 50%에서 시작하여 매년 0.5%씩 낮아져 2025년 41.5%, 2026년 41%로 내려가서 2028년 이후 40%가 적용될 예정이었으나, 2026년 개정 이후부터는 신규 또는 추가가입 기간에 대해 43%가 상향 적용됩니다. 국민연금의 소득대체율을 높이려면 정부의 공적자금 지원을 하거나 국민들의 부담금인 보험요율을 올리는 것입니다. 국민연금의 보험요율[5]은 1998년부터 현재까지 20여 년간 기준소득월액의 9%로 동결되었으나 2026년 개정부터 매년 0.5%씩 단계적으로 인상하여 2033년에는 13%로 인상됩니다.

국민연금법에 따른 기본연금액 − 상수×(A+B)×(1+0.05n/12) 입니다.

1) 상수(소득대체율 비례상수): 연금지급하는 연도에 따라 달라지

---

[4] 국민연금의 소득대체율(2026년 기준): 43% 적용입니다.

[5] 국민연금의 보험요율(2026년 기준): 9.5% 적용입니다.

는데, 2008년 1.5에서 시작해 매년 0.015씩 줄어들고 있으며, 2026년 기준 상수는 1.23입니다.

2) A(균등부분): 연금수령 전 3년간 전체 가입자의 평균소득월액의 평균액입니다.

3) B(소득비례부분): 가입자 개인의 전체 가입기간 평균소득월액입니다.

4) n(가입연수): 가입기간이 20년을 초과하는 월수입니다.

국민연금 전체 가입자의 평균소득[6](A값) 기준으로 예상연금액을 산출해 보면, 평균소득(A값)인 약 309만 원에 소득대체율 43%를 곱하고 본인의 가입기간 나누기 40년을 곱하면 대략적인 첫 해 연금액을 예상할 수 있습니다. 즉, 전체 가입자의 평균소득(A값) × 소득대체율(43%) × 본인 가입기간 ÷40년 = 첫 해 예상 연금액이 산출됩니다. 현재 55세(1971년생 기준)인 사람이 평균 소득 300만 원으로 30년 동안 꾸준히 국민연금을 납입해 온 상태라면, 향후 65세(2036년)부터 받게 될 예상 노령연금 수령액은 2026년 연금개혁(보험요율 9.5%, 소득대체율 43% 상향 등)과 현재의 소득재평가율을 종합적으로 고려했을 때 약 138만 원 ~ 160만 원 수준입니다. 국민연금은 가입 기간과 소득 수준에 따라 개인차가 크므로, 본인의 평균 소득

---

6) 국민연금 전체 가입자의 평균소득 A값(2025년 기준): 3,089,062원 적용입니다.

과 가입 기간, 물가 상승률 반영 등으로 더 높은 금액을 기대할 수 있습니다. 개인적 차원에서 국민연금의 수령액을 높이려면 가입기간을 늘리거나 수령시점을 늦추어 가는 것입니다. 연금 가입기간은 임의계속가입으로 본인 노령연금 수령시까지 계속 가입하는 것이 일반적이나, 무소득과 경력단절 기간 등이 있는 경우라면 추후납부를 통하여 가입기간을 확보해 나가거나 크레딧제도(출산·군복무·실업 등)를 활용하여 실질적으로 납입하지 않아도 신청을 통하여 가입기간을 늘릴 수 있습니다. 연금 수령시점은 본인 노령연금 수령일부터 최대 5년 연기(월 0.6%) 가능하므로 1년마다 7.2%씩하여 최대 5년에 36%까지 연기연금의 수령액을 높여 갈 수 있습니다.

03. 국민연금의 조기연금과 연기연금은 최대 5년을 밀당 할 수 있다.

국민연금은 빨리(조기연금), 제때(노령연금), 늦게(연기연금) 수령할 수 있습니다. 조기연금은 국민연금 가입기간이 10년 이상이고, 소득이 있는 업무에 종사하지 않는 사람(소득세법상 사업소득과 근로소득의 합산 금액을 종사한 개월수로 나눈 금액이 A값 보다 적은 사람)이 노령연금을 수령하는 나이보다 최대 5년을 앞당길 수 있으며, 매년 6%씩 감액되어 최대 30%까지 연금이 감액되어 지급 받습니다. 이 때 부양가족연금액[7]은 감액되지 않습니다. 반대로 연기연금은 최대 5년 연장 가능하며 최대 36%까지 연 7.2%씩 증액된 연금을 받을 수 있습니다. 예를 들어 만 65세에 노령연금이 100만원이라면 만 60세에 월 70만원의 조기연금을 받을 수 있고, 만 70세에 연기연금 월 136만원을 받을 수 있습니다. 연기연금은 매월 0.6%씩 수령연금의 50%~100% 범위 내에서 10% 단위로 일부만 연기하여 연금을 받을 수 있습니다. 연기연금 기간 중에 노령연금 수령을 재개하고 싶으면 재지급 청구서를 작성하여 국민연금공단에 제출하면 됩니다.

---

[7] 국민연금의 부양가족연금액(2025년 기준): 배우자(연 300,330원), 부모와 자녀(1인당 연 200,160원)입니다.

국민연금의 수령액은 약 76~78세 시점으로 노령연금이 조기연금의 누적액을 초과하므로 질병이 없는 한 국민연금의 가입기간과 가입금액을 최대한 늦춰 오랫동안 노령연금을 받는 것이 좋습니다.

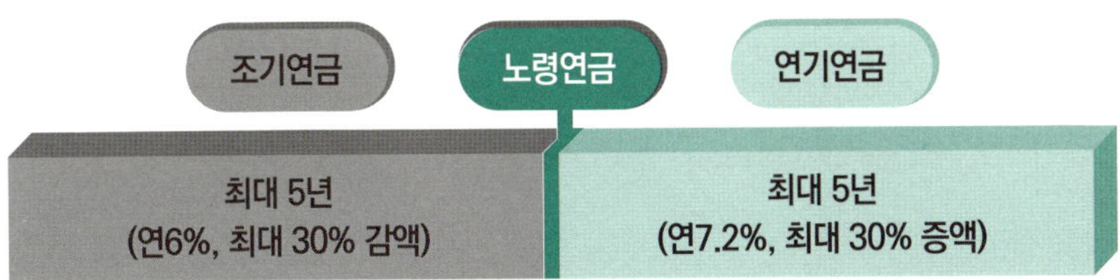

노후의 기간은 얼마나 살 수 있을지는 단정하기 어렵지만 건강하게 오래 산다면 많은 연금을 받을 수 있습니다. 따라서 노령연금을 수령하는 시점에서 개인의 건강과 재정상황을 충분히 고려하여 자신에게 맞는 연금을 선택하는 것이 좋습니다.

04. 국민연금의 급여는
연금급여와 일시금급여로 나눈다.

국민연금 가입자가 받을 수 있는 급여는 연금급여와 일시금이 있습니다. 매월 받는 연금급여에는 노령연금, 장애연금, 유족연금이 있습니다.

1) (조기)**노령연금**은 1999년 개정법에 따라 가입기간이 10년 이상이 되면 연금지급이 가능합니다. 즉, 가입기간 10년 기준으로 노령연금 20년에 지급하는 기본연금액의 50%를 지급하고, 10년을 초과하는 1년마다 5%의 지급률을 가산하여 가입기간 20년이 되면 기본연금액의 100%를 수령할 수 있습니다.

2) **장애연금**은 질병이나 부상의 초진일 당시 일정한 가입기간이 있고, 완치 후에도 장애가 남는 경우, 장애정도에 따라 1급~4급으로 구분되어 그 장애가 존속하는 동안 지급됩니다. 장애연금 수급요건은 초진일 기준 18세 이상이며 노령연금 수령연령 미만일 경우로 국민연금 가입내역과 장애진단서 등을 지참하여 국민연금공단지사 방문이나 온라인 신청하면 국민공단의 심사를 통해 장애등급 1급은 기본연금액의 100%, 2급은 80%, 3급은 60%와 각 부양가족 연금액이 지급되며, 4급은 기본연금액의 225%가 일시보상금이 지급됩니다.

3) **유족연금**은 노령연금이나 장애 2등급 이상의 장애연금을 받던 사람이 사망할 때 유족에게 사망자의 가입기간에 따라 일정율의 기본연금에 부양가족 연금액을 합한 금액을 지급합니다. 부양가족 연금은 노령연금 수급자에 의해 생계를 유지하는 사람으로 배우자, 19세 미만 자녀, 60세 이상 부모, 장애 2등급 이상이거나 장애 복지법상 중증장애자는 나이에 상관없이 부양가족에 해당합니다.

일시금으로 받는 급여에는 반환일시금과 사망일시금이 있습니다. 반환일시금은 60세까지 10년 미만이나 해외이주 등 노령연금 수급 요건에 미달한 경우에 가입자가 납부한 보험료에 이자를 더하여 지급됩니다. 사망일시금은 노령연금이나 장애 3등급 이상 장애연금자가 사망으로 유족이 없어서 유족연금이나 반환일시금을 지급받을 수 없는 경우 가입자의 반환일시금에 상당하는 금액을 더 넓은 범위의 유족에게 지급됩니다.

05. 국민연금의 감액지급은 노령 연금일부터 최대 5년만 적용된다.

국민연금법 시행령 제5조에 의거하여 국민연금 기준소득의 상하한액은 국민연금 전체 가입자 3년 평균소득에 연동하여 소득월액이 조정됩니다.

국민연금의 기준소득월액[8]은 2025년 7월 기준 상한액 637만원부터 하한액 40만원까지이며, 전년도 소득을 기준으로 매년 7월에 변경됩니다.

국민연금 감액조건은 연금 수령 직전 3년간 전체 국민연금 가입자의 평균소득월액(A값)을 초과 소득에 따라 감액 적용됩니다. 즉, 노령연금 수령 중에 '소득이 있는 업무'에 종사 또는 A값을 초과하는 소득이 발생하면 본인 노령연금이 감액 지급됩니다. 단, 2026년 6월 17일부터 A값 초과 200만 원 미만 구간은 감액 없이 전액 지급됩니다. 다시 말해 월소득 509만 원까지는 감액 적용을 받지 않습니다.

감액 한도는 최대 연금수령액의 50%이며, 감액률은 5~25%가 적용되며, 감액 기간은 본인 노령연금 수령일로부터 최대 5년입니다.

---

8) 국민연금의 기준소득월액(2026년 기준): 상한액(6,590,000원)과~하한액(410,000원)입니다.

중간에 소득 변동시 국민연금공단에 신고해야 합니다. 국민연금법 63조 2항(소득활동에 따른 노령연금액)에 의거하여 수령연금 상향으로 65세 미적용이 아닌 본인연금 수령시기 + 5년만 적용됩니다. 국민연금 수령연령에도 불구하고 계속해서 높은 소득을 얻는다면 감액된 국민연금 지급액을 받을 수 있으므로 국민연금을 수령일에 연기연금을 신청하고 본인 국민연금 수령나이 + 5년 후에 36% 늘어난 노령연금을 받는 것이 좋습니다. 다만 늦게 받는 연기연금만큼 실제 연금 수령기간은 감소하는 것이므로 자신의 건강상태를 고려하여 연기연금을 선택하여야 합니다.

06. 국민연금의 반환일시금은 가입기간이 10년 미만이다.

국민연금의 반환일시금은 국민연금의 가입기간이 10년 미만일 때 가입자의 연금수령나이 도달시점에 본인이 납부한 연금보험료에 이자를 더하여 지급합니다(단, 본인이 희망할 경우 만 60세에 받을 수 있습니다). 반환일시금은 1999년까지는 퇴직 등으로 국민연금 수급자격을 상실한 경우 1년이 경과한 후 반환일시금을 지급했습니다.

반환일시금 수령요건은 1) 가입기간이 10년 미만자가 60세가 된 경우 2) 가입 또는 가입자였던 자가 사망하였으나 유족연금에 해당되지 않는 경우 3) 국적을 상실하거나 국외로 이주한 경우입니다.

하지만, 국민연금 자격상실된 사람이라고 하더라도 60세 도달 전에 소득이 있는 업무에 종사하게 되면 다시 가입자가 되므로 반환일시금을 즉시 지급받을 수 없습니다. 반환일시금은 지급사유 발생 후 5년이내에 청구해야 하며, 미청구시 소멸시효가 완성되어 지급받을 수 없습니다. 소멸시효가 지나면 일시금으로 지급받을 수 있는 권리는 소멸되지만 향후 연금지급 사유가 발생하면 소멸분도 포함하여 연금으로 지급하게 됩니다.

경력단절로 재취업한 경우에는 기존에 수령한 반환일시금과 소정의 이자(미납기간의 1년만기 정기예금이자율)를 가입기간 중에 언제든지 반납하면 가입기간이 복원되어 노령연금을 더 많이 받을 수 있습니다. 반납금은 전액 일시에 납부가능하며 금액이 클 때에는 종전 납부기간에 따라 1년 미만은 3회, 2년 이상 5년 미만은 12회, 5년 이상은 24회 분할 납부도 가능합니다. 이때 반환 기간의 소득대체율이 적용되므로 추가 가입으로 가입기간을 연장하는 것보다 반납일시금 제도를 통해 가입기간을 연장하는 것이 더 유리합니다.

07. 국민연금의 추납제도는 실직, 군입대, 출산 등에 적용된다.

국민연금 추납제도는 국민연금 가입자가 실직, 군복무, 출산 등의 사유로 국민연금 보험료를 미납한 기간이 남아 있는 경우에 해당하며, 국민연금 추납을 희망하는 사람은 먼저 국민연금공단에 추후납부 신청을 통해 본인의 자격을 확인 받아 추후납부(추납)를 할 수 있습니다. 추후납부 하려면 첫 방문(공인인증 받아 홈페이지 접수가능)으로 필요서류(주민등록초본, 혼인관계증명서)를 지참하여야 합니다.

국민연금에 추후납부 제도가 도입된 것은 1999년 4월인데 군복무로 보험료 추납을 희망할 경우는 국민연금이 도입된 1988년 1월 1일 이후 군복무기간만큼 추후납부할 수 있습니다. 즉, 추후납부로 국민연금 보험료를 납부하지 않았던 기간의 보험료를 납입하면, 납입하는 당시의 소득대체율을 적용하여 추납보험료 낸 기간만큼 더 인정해 주는 것입니다.

추후납부는 재직시와 퇴직시로 구분해 볼 수 있습니다.

1) 재직 중 추납시에는 월급여의 9.5%(보험료율)를 군복무 기간만큼 납부하고 연말 소득정산 시 추납 금액 전체를 소득공제 받을 수 있습니다.

2) 퇴직 이후 추납시에는 원하는 금액(임의계속 가입금액)만큼만 보험료 납부 가능하나 연말 소득공제 혜택은 없습니다. 단, 추납 하려는 사람은 국민연금 가입자 자격(퇴직자 경우 1개월 임의계속 가입자 신청)으로 연금 보험료를 납부하고 있어야 합니다. 추납의 기간은 모두 합쳐 10년 미만(119개월)으로 제한합니다.

다만, 2008년 1월 1일 이후에 군입대하여 6개월 이상의 병역의무를 이행한 사람은 군복무 크레딧을 공단에 신청하면 군복무 추납여부와 상관없이 국민연금 노령연금을 받게 되는 시점의 A값의 절반에 해당하는 소득으로 해서 가입기간 최대 12개월(실제 복무기간 이내)을 2026년 1월 1일부터 추가로 인정받을 수 있습니다.

출산크레딧 제도는 2008년 1월 1일 이후 둘째 자녀 이상을 얻은 경우(출산, 입양 등) 노령연금 수급권 취득시 12개월까지 가입기간이 인정되었으나, 2026년 개정부터 첫째 자녀부터 12개월 인정되고 상한은 폐지되어 3명 이상은 12개월 + 초과 1명당 18개월 합산하여 해당기간의 소득은 A값으로 인정하여 부모 중 1인에게 전부 인정 또는 각각 균분해 주는 제도입니다(출산크레딧의 경우 추후 연금을 신청한 때 가입기간을 추가하므로 별도 신청은 불필요).

경력단절여성 지원제도는 2008년 '여성의 경제활동촉진과 경력단절 예방 법' 제정 및 시행되어 경력단절여성의 재취업과 경력유지, 그리고 예방을 국가적 차원에서 종합적으로 지원하는 제도입니다. 이법을 근거로 2009년 여성 새로 일하기 센터(새일센터)가 설치되어 경력단절여성을 위한 전담 취업 지원 기관이 운영되기 시작했습니다.

1999년 4월 1일 이후 국민연금이 농어촌지역 주민에서 전국민 대상으로 확대 시행되고, 추납제도 역시 정비되어 직장에 다니지 않고 소득이 없는 배우자는 원칙적으로 적용제외자가 되었지만, 이전에 국민연금 납부이력이 한 번(1개월 이상)이라도 가입된 사람이라면 추납제도를 활용할 수 있게 되었습니다.

추납 보험료는 신청한 날이 속한 달의 보험료에 추후납부를 신청하는 기간을 곱하여 산출합니다. 신청한 달의 보험료가 10만원이고 추후납부 기간이 5년(60개월)이라면 추후납부 보험료는 6백만원을 납부하면 됩니다.

추후납부 보험료는 일시금으로 납부할 수도 있고 분납으로 납부하면 정기예금 이자를 가산하여 최대 60회로 분할납부할 수 있습니다.

실업급여 대상자로 선정되어 실업급여를 신청할 때도 '국민연금 실업크레딧'을 함께신청하면 2016년 8월 1일 이후 구직급여 수급자가 연금보험료 납부를 희망하여 본인 부담 연금보험료(25%)를 납부하는 경우 국가에서 나머지(75%)를 지원받으면서 구직급여 수급기간을 국민연금 가입기간(최대 12개월)으로 인정받을 수 있습니다.

이 때 재산세 과세표준액이 6억 원을 초과하거나 사업소득 및 근로

소득을 제외한 연간 종합소득이 1,680만 원을 초과하는 경우에는 해당되지 않습니다.

소득인정은 퇴직 전 3개월간 평균소득의 50%(최대 70만 원)입니다. 소득 70만 원인 경우 국민연금 총보험료 66,500원 중 구직급여 수급자가 25%(16,625원)를 부담하고, 정부의 75%(49,875원)를 지원받아 납부합니다.

구직급여 기간 내에 신청하지 않았다면 구직급여가 종료된 달의 다음 달 15일까지 고용노동부 고용복지센터나 국민연금공단 지사에 신청하고 국민연금 보험료 전액을 한꺼번에 납부할 수 있습니다.

08. 임의 계속가입자는 추납제도로 가입기간을 연장한다.

추납제도는 실업, 휴직, 사업중단 등으로 소득이 없어 보험료를 납부하지 못하는 기간에 대해 추후납부하여 가입기간을 인정 받는 제도입니다. 최근에는 자녀가 만 18세가 되면 국민연금을 임의 가입해 1개월 보험료를 납부하고 자녀가 나중에 추후납부제도를 활용하여 가입기간을 늘릴 수 있도록 하기도 합니다.

추후납부제도는 고소득자나 자산가들의 재테크 투자수단으로 활용되는 것을 방지하기 위해 추납 가능한 기간을 적용 제외기간과 납부 예외기간의 범위 내에서 최대 10년 이내(119개월)로 제한하고 일시금 또는 최대 60개월까지 분할 납부할 수 있도록 하고 있습니다. 추납보험료는 신청일이 속하는 달의 기준소득월액 납부기한이 속하는 달의 보험요율 추후납부 하고자 하는 납부 월 수로 산정합니다. 다만, 임의 가입자의 경우 추납보험료 산정을 위한 연금보험료의 상한은 신청한 날의 속하는 달을 기준으로 산정한 금액(A값)에 납부기한이 속하는 달의 보험요율을 곱한 금액으로 합니다.

임의 계속가입자의 추후납부 보험료 한도는 최대 추납보험료 납부 기한이 속하는 달의 보험료가 국민연금 A값(2025년 3,089,062원)보다 많은 경우에는 A값의 9.5%(보험료율)에 추후납부 기간을 곱해 산출된 금액을 추후납부 보험료로 납부할 수 있습니다.

국민연금 추납제도를 활용하면 미납한 보험료의 공백기간을 메우고 국민연금 수령금액과 가입기간을 연장할 수 있는 것입니다.

09. 소득상태에 따른 납부예외, 납부재계 신청을 할 수 있다.

소득이 없다고 국민연금 가입대상자에서 빠질 수 없으므로 퇴직 등으로 지역가입자 대상이 되어 국민연금 보험료 납부가 어렵다면 지역가입자 자격취득 신고를 한 다음 납부예외 신청을 하면 됩니다.

납부예외는 실직이나 사업중단 등으로 소득이 상실된 기간 동안 보험료 납부를 면제받는 제도입니다. 납부예외자란 국민연금에 가입되어 있었으나 실직, 병역의무, 학생, 성직자, 장애인 등으로 소득이 없다는 사실이 입증되거나 사업장을 퇴사하거나 공적연금에서 탈퇴하여 소득이 없는 기간 동안 보험료를 납부하지 않는 사람을 말하며, 탈퇴는 만 60세가 되거나 사업장에 입사나 기초수급자가 된 경우로 '국민연금 가입자 자격변경 확인 통지서'로 안내되며 자동납부예외 기간은 최대 3년 정도 주어집니다. 납부예외 기간 동안 보험료는 납부하지 않아 가입기간은 늘어나지 않으나 장애나 사망하면 장애연금이나 유족연금을 받을 수 있습니다.

납부예외 기간임에도 국민연금 납입기간을 늘이려고 한다면 본인이 국민연금관리공단(1355)에 연락해 '납부재계'을 신청하는 것입니다.

이 때 사유재산과 소득요건 등 신청조건을 충족하면 12개월 범위 내에서 납입보험료의 50%(최대 46,350원) 정부지원을 받아 납입할 수 있습니다. 신청 후 13개월이 경과하거나 3회 납부가 되지 않은 경우에는 정부지원이 중단되고 정상적으로 납부해야 합니다.

납부예외로 국민연금 가입기간 공백이 생긴 것은 향후 소득이 발생할 경우 내지 않은 보험료를 추후납부를 통해 납입할 수 있습니다.

10. 국민연금의 분할연금 수령은 5년 이상 혼인해야 한다.

국민연금 분할연금은 이혼한 배우자의 혼인기간 동안의 정신적·물질적 기여를 인정하여 노령연금을 균분해 지급하는 제도로 1999년 1월부터 시행되고 있습니다.

분할연금 수령요건은 배우자의 가입기간 중 5년 이상 혼인하여, 이혼한 배우자가 노령연금을 받게 되어, 본인의 연금지급 연령에 도달한 경우 혼인 중 납입한 국민연금액에 한해서 노령연금의 분할비율 50%를 받을 수 있습니다. 2016년 12월 30일 이후 이혼한 경우에는 분할비율을 당사자 간 협의 또는 법원의 판결로 결정할 수 있으며 이를 국민연금공단에 신고해야 합니다.

분할연금 수령기간은 재혼과 관계없이 평생토록 종신 지급됩니다. 65세에서 70세 사이의 이혼의 경우 배우자의 소득이 많아져 노령연금액이 감액되어도 분할연금은 줄어들지 않습니다. 다만, 전 배우자가 사망하면 분할연금은 즉시 중단됩니다.

분할연금 청구는 본인이 직접 수급권이 발생한 날로부터 5년 이내에 청구하여야 하며, 분할연금 신청은 이혼의 효력이 있는 날로부터 3년 이내에 선청구를 할 수 있습니다.

이혼 후 배우자의 연금을 수령할 시기가 다가오게 되면 연금 신청이 어려울 수 있으므로 부부가 이혼을 결심하였다면 바로 신청하는 것을 고려해 볼 수 있습니다.

11. 국민연금의 유족연금은 중복수혜를 받을 수 없다.

배우자가 사망하면 배우자의 노령연금에 해당하는 유족연금이 지급됩니다.

유족연금의 급여수준은 가입기간에 따라 달라지며, 기본연금액의 일정비율과 부양가족연금액을 합산해 지급됩니다. 즉, 가입기간 10년 미만은 기본연금액 40% + 부양가족연금, 가입기간 10~20년은 기본연금액 50% + 부양가족연금, 가입기간 20년 이상은 기본연금액 60% + 부양가족연금이 지급됩니다.

유족연금은 중복하여 받을 수 없기 때문에 배우자 유족연금 또는 유족연금 30%+본인연금 중 하나를 선택해야 합니다.

ex) 본인 30만원, 배우자(20년 납입) 국민연금 150만원 수령한다고 가정하면, (150만×60%) vs (90만×30%)+30만 원이 되어 90만원 vs 75만원으로 본인연금을 포기하고 배우자 유족연금을 수령하는 것이 유리합니다. 하지만 본인의 국민연금이 배우자 연금액과 같거나 많을 경우에는 본인 연금을 선택하는 것이 유리합니다. 유족연금 순위는 배우자, 미성년 자녀, 고령 부모 등 법으로 정해진 순서에 따라 지급됩니다.

1) 배우자(사실혼 포함) 2) 25세 미만의 자녀 또는 2급 장애를 가진 자녀 3) 60세 이상의 부모 또는 2급 장애를 가진 부모 4) 19세 미만의 손자녀 또는 2급 장애를 가진 손자녀 5) 60세 이상의 조부모 또는 2급 장애를 가진 조부모 순으로 지급합니다.

단, (1) 유족연금은 수령자가 사망한 때에는 그 다음 순서로 계승되지 못하고 수급권이 소멸하고, 다만 상속포기한 경우에도 유족연금을 받을 수 있습니다.

(2) 유족연금액은 사망자의 노령연금액을 초과하지 못하므로 사망자가 연기연금 신청으로 연금액이 증액했더라도 유족연금액은 증액되지 않습니다.

(3) 이혼을 통해 받은 분할연금은 연금을 받는 전 배우자가 재혼하더라도 계속 연금을 받을 수 있지만 유족연금은 연금을 받은 배우자가 재혼하면 더 이상 받을 수 없습니다.

국민연금의 유족연금은 사망일로부터 수급권이 발생한 때로부터 5년이내에 청구해야 하며, 기한을 넘기면 소멸시효가 완성되어 받을 수 없습니다.

12. 국민연금의 세액과세는 2002년 이후부터 적용됩니다.

국민연금 수령할 때 국민연금 급여 종류에 따라 세금이 다르게 과세됩니다.

국민연금 급여에는 노령연금, 장애연금, 유족연금과 같은 연금급여와 반환일시금, 사망일시금과 같은 일시금이 있는데 노령연금에는 연금소득세, 반환일시금에는 퇴직소득세가 부과됩니다. 그외 장애연금, 유족연금, 사망일시금은 과세대상에서 제외 적용됩니다.

국민연금에 과세되는 세금은 분리과세(금융소득이나 연금소득 일정한도)나 분류과세(퇴직소득과 양도소득 등)일 경우에는 적용되지 않고 종합소득 과세일 때만 해당 적용됩니다.

국민연금 세액과세는 2002년 이후 국민연금을 받을 때 소득세가 발생합니다.

2001년 12월 31일까지는 연말정산시 국민연금 소득공제가 적용되지 않아 국민연금을 수령시 소득세가 과세되지 않습니다만 2002년 1월 1일부터는 소득공제 제도가 도입되어 소득공제 혜택이 적용됨에 따라 국민연금을 받을 때 연금소득간이세액표에 근거하여 소득세가 원천징수되어 국민연금을 지급받게 됩니다.

국민연금의 노령연금 외에 소득이 없는 경우 소득세가 원천징수되어 국민연금을 지급받고 확정 세액이 결정되므로 종합소득세 신고를 할 필요가 없습니다. 다만 아래에서 소득 1~5를 발생시킨 경우에는 종합소득세 신고를 하여야 합니다.

1. 연 1,500만원 초과 사적연금 소득발생(분리과세 선택 가능)

2. 사업소득 발생

3. 연 300만원 초과 기타소득 발생

4. 연 2,000만원 초과 금융소득 발생

5. 연 2,000만원 초과 부동산임대소득 발생

연금소득공제액 산출은 연 총연금액 350만원 이하(총 연금액 350만원 전액공제), 350~700만원 이하(350만원+350만원 초과액의 40%), 700~1,400만원 이하(490만원+700만원 초과액의 20%), 1,400만원 이상(630만원+1,400만원 초과액의 10%)으로 연금소득공제액 최대한도는 900만원입니다. 즉, 국민연금 이외 다른 소득이 있을 경우 연금소득 연 350만원을 초과하며 다른 소득과 합산해 종합소득세 확정신고해야 합니다.

ex) 연금소득으로 연 12백만원 받을 때 연금소득 공제액은 590만원(490만원+700만원 초과금액의 20% 적용)입니다.

국민연금 수령시 발생하는 세금을 정리해 보면, 연금소득 과세대상 연금액에서 연금소득 공제액과 본인과 부양가족 등의 인적공제액을 빼면 과세표준액이 산출되고, 여기에 소득세율을 곱하면 산출세액이 되며 표준세액공제액(7만원)을 차감하면 납부세액이 산출됩니다.

노령연금의 경우에는 국민연금공단에서 노령연금 지급할 때 노령연금 수급권자가 지급청구시 제출하는 '연금소득자 소득·세액공제 신고서'를 토대로 과세기준 금액과 부양가족 등을 파악해서 연금소득 간이세액표에 따라 세금을 원천징수 하므로 노령연금 이외 다른 소득이 없으면 연말정산으로 세금은 종결되고, 다른 소득이 있으면 다음해 5월말까지 종합소득 확정신고를 하여 과세 종결하게 됩니다.

13. 국민연금은 소득이 없으면 의무가입자에서 제외된다.

퇴직 이후 소득이 없는데 국민연금 보험료를 계속 내야 하는지 고민하는 경우가 많습니다.

국민연금 의무가입 연령은 만 18세 이상 ~ 60세 미만으로 만 60세 생일이 지나서 퇴직하는 사람은 더 이상 납부하지 않아도 됩니다. 만 60세 이전에 퇴직한 사람은 배우자가 공적연금 가입자이거나 공적연금수령을 하고 있으면 본인이 소득활동에 종사하지 않는 경우라면 국민연금 의무가입 대상자에서 제외되기 때문에 보험료 납부를 하지 않아도 됩니다.

다만 '임의 계속가입자' 신청을 하여 국민연금 수령 전까지 보험료 납부를 할 수는 있습니다. 임의 계속가입자는 2025년 7월부터 2026년 6월 사이에 적용되는 기준소득월액 하한액 40만원의 9.5%(보험요율)인 38,000원에서 기준소득월액 상한액 637만원의 9.5%(보험요율)인 605,150원사이에서 본인의 임의 계속가입자의 소득에 해당범위 내에서 보험료를 납부하면 됩니다.

퇴직자는 퇴직한 날이 속하는 달의 다음달 15일까지 지역가입자 신고를 하여야 하는데 이 때 신고한 기준소득월액을 기준으로 국민연금공단이 보험료를 결정합니다.

퇴직 후 국민연금 활용방법으로는 1) 보험료 납부예외자 신청하기 2) 임의소득 신고를 통한 가입기간 연장하기 3) 목돈이 있을 때 미납기간에 대한 보험료 납부하기 4) 배우자 임의가입제도 또는 반납금제도 활용하기 5) 자금부족 하면 조기연금 신청하기(최대 5년, 30% 할인) 등을 고려해 볼 수 있습니다.

만약, 경제적 여건이 어려운 경우라면 국민연금 수령할 때 국민연금 안심통장 활용을 고려해 볼 수 있습니다. 국민연금 안심통장은 국민연금법 제58조에 의해 시행된 국민연금 전용계좌로 국민연금 수령시 월 185만원 이내까지 법원압류명령에 의한 지급제한 되지 않아 만약의 노후생활을 최소한 보장받을 수 있는 금융안전금고입니다.

14. 경제활동을 지속하여 국민연금 가입기간을 늘이자.

국민연금은 국민이 노후에 안정적인 생활을 할 수 있도록 정부가 경제적 보호를 목적으로 시행하는 사회보장제도 입니다.

국민연금에 가입할 수 있는 경제활동 기간에는 소득의 9.5%(보험료율)에 해당하는 국민연금을 납입해 기본적 노후생활비를 준비해야 합니다. 급여가 많거나 납입기간이 길수록 국민연금에 적립되는 금액이 커집니다.

국민연금의 납입기간을 늘이는 방법으로 1) 직장 퇴직 후 경제활동이 없더라도 국민연금의 임의가입제도를 활용하면 노령연금 수령 전까지 국민연금 납입기간을 늘일 수 있습니다. 2) 실직으로 국민연금 납부가 중단되면 실업크레딧제도를 활용하면 보험료의 75%를 국가 지원 받으면서 최대 12개월의 국민연금 가입기간을 늘일 수 있습니다. 3) 국민연금 맞벌이로 부부 모두 국민연금 임의가입을 통해 함께 국민연금을 수령 받을 수도 있습니다. 4) 연기연금을 신청하면 국민연금을 최대 5년까지 매년 7.2%씩하여 최대 5년 36%까지 연금 수령액을 늘릴 수 있습니다.

구 분	국민연금 가입기간 늘이는 방법	비 고
의무가입 유지 활용	직장·사업자로 지속적 납부하기	연금수령 조건 충족
추납제도 활용	과거 미납 기간 복원하기	연금 수령액 증가
임의가입 활용	전업주부, 무소득자도 가입하기	복지 사각지대 해소
임의계속가입 활용	60세 이후 계속 납부하기	연금 수령액 증대

행복한 노후생활을 준비하기 위해서는 몇 살에 은퇴를 할지, 매월 노령연금을 얼마나 받을지 제대로 파악해야 합니다. 막연하게 노후 생활비를 걱정하기보다는 경제활동을 더 오래 하면서 국민연금 가입 기간을 늘리는 것이 중요합니다.

【제2-1장. 국민연금보험 핵심요약 정리】
: 똑똑한 국민연금 수급을 위한 실천 가이드북

국민연금은 가입 기간이 길수록 유리하며, 조기·연기 연금을 통해 수령 시기를 5년까지 조정할 수 있습니다. 추후납부 및 임의계속가입 제도를 활용해 기간을 늘리고, 분할연금과 유족연금 등 수급 조건을 미리 파악하여 노후 소득대체율을 높이는 전략이 필요합니다.

국민연금은 노후 준비의 가장 기초가 되는 '기본 1층연금'입니다. 납부한 기간과 금액에 따라 평생 받는 금액이 달라지므로, 전략적인 실천 가이드를 정리해 드립니다.

구 분	실천 핵심요약
STEP 1. **나의 수급 시기와 예상 금액 확인하기** 가장 먼저 내가 언제부터, 얼마를 받을 수 있는지 정확히 알아야 합니다.	• 수급 연령: 출생연도에 따라 만 61~65세부터 지급됩니다. 　☞ 1969년 이후 출생자: 만 65세부터 연금을 수령합니다. • 지급일: 생일 속한 달의 다음 달 25일에 평생지급 됩니다. • 최소 가입 기간: 최소 10년(120개월)을 채워야 일시금이 아닌 '연금'으로 받을 수 있습니다.

구분	실천 핵심요약

STEP 2.
연금액을 높이는 3가지 핵심 전략

가입 기간이 길수록, 납부 금액이 많을수록 유리합니다.

1) 추납(추후납부) 제도 활용

- 대상: 실직, 군 복무, 전업주부(무소득 배우자) 등으로 보험료를 내지 못했던 기간이 있는 사람입니다.

- 방법: 과거 공백 기간의 보험료를 현재 시점의 보험료로 한꺼번에 혹은 나눠서 납부하면 가입 기간이 복원되어 연금액이 크게 늘어납니다. (최대 119개월까지 가능)

2) 반납금 제도 활용

- 대상: 과거에 직장을 다녀 받았던 '반환일시금'이 있는 사람입니다.

- 방법: 받았던 금액에 이자를 더해 다시 반납하면, 과거의 높은 소득대체율을 적용받아 가입 기간이 복원됩니다. 단순 추납보다 수익비가 훨씬 좋습니다.

3) 크레딧 제도 챙기기

- 군복무 크레딧: 2008년 이후 군 복무자(6개월 이상)에게 가입 기간 6개월 추가 인정됩니다.

- 출산 크레딧: 2008년 이후 둘째 자녀 이상 출산 시 12~50개월 가입 기간 추가 인정합니다.

- 실업 크레딧: 구직급여 수급 시 국가에서 보험료의 75%를 지원(최대 12개월) 받을 수 있습니다.

STEP 3.
수령 시기의 밀당: 조기연금 vs 연기연금

본인의 건강 상태와 재정 상황에 따라 수령 시기를 조절할 수 있습니다.

- 구분: 조기연금 (최대 5년 당기기), 연기연금 (최대 5년 미루기)

- 특징: 최대 30% 감액 (연 6%), 최대 36% 증액 (연 7.2%) 됩니다.

- 대상: 당장 생활비가 급한 경우(조기연금), 소득이 있어 나중에 더 많이 받고 싶은 경우(연기연금)을 신청할 수 있습니다.

- 주의: 수령시기의 손익분기점은 약 76~78세이므로 80세 이후 생존 가능하다면 기존 노령연금이나 연기연금 수령을 권장합니다.

구 분	실천 핵심요약
STEP 4. 수령 시 주의해야 할 '감액'과 '세금'	**1) 소득에 따른 연금 감액** – 연금 수령 중 일정 금액(A값: 2025년 기준 약 309만 원) 이상의 소득이 발생하면 최대 5년간 연금액의 일부가 감액됩니다. (최대 50%까지) – 팁: 소득이 높다면 수령 시기를 미루는 '연기연금'을 신청하는 것이 유리합니다. **2) 유족연금과 분할연금** – 분할연금: 혼인 기간 5년 이상인 배우자와 이혼 시, 혼인 기간에 해당하는 연금액을 나눌 수 있습니다. – 유족연금: 배우자 사망 시 지급됩니다. 본인의 노령연금과 중복될 경우 하나는 포기하거나 본인 연금 + 유족연금 30% 중 유리한 것을 선택해야 합니다. **3) 세금 과세** – 2002년 이후 납부한 보험료에 대한 연금액만 과세 대상입니다. – 다른 소득 없이 국민연금만 있다면 연말정산으로 종결되나, 타 소득이 많으면 종합소득세 신고가 필요할 수 있습니다.
STEP 5. 실전 액션 플랜: 퇴직 직후 해야 할 일	• 지역가입자 신고: 퇴직 후 소득이 없더라도 지역가입자 자격 취득 신고를 해야 합니다. • 납부예외 신청: 당장 보험료가 부담된다면 '납부예외'를 신청해 독촉을 피하세요. (단, 가입 기간에는 포함 안 됨) • 안심통장 개설: 압류로부터 연금을 보호하고 싶다면 '국민연금 안심통장(월 185만 원까지 보호)'을 개설하여 수령하세요. • 임의계속가입: 60세가 넘었지만 10년을 못 채웠거나 연금액을 더 늘리고 싶다면 연금 수령 전 65세 전까지 계속 납부할 수 있습니다.

실천 체크리스트

실천 점검사항	체크
국민연금 앱(내 곁에 국민연금)에서 내 예상 연금액 확인하기	(Y, N)
군 복무 또는 전업주부 기간에 대한 추납 가능 여부 상담하기	(Y, N)
건강 상태와 소득을 고려해 수령 시기(조기/제때/연기) 결정하기	(Y, N)
이혼 또는 사별 시 연금 분할/유족연금 수령여부 확인하기	(Y, N)

국민연금보험의 실천당부

시니어 노후준비에서 국민연금은 가입기간을 최대한 확보하고, 조기연금이나 연기연금을 통해 수령시기를 선택하며, 추납제도나 세제 활용 통한 안정적인 노후생활비를 마련하는 것이 핵심입니다.

국민연금의 노령연금은 최소 납입기간이 10년 이상이면 연금수령이 가능하므로 국민연금의 가입기간과 납입내역을 정기적으로 확인해 나가는 것이 필요합니다. 특히 국민연금의 임의계속가입·반환금·추납금 등 국민연금의 다양한 제도를 활용하여 본인의 노령연금의 수령금액과 국민연금의 조기연금과 연기연금을 통해 수령시기를 선택함으로써 부부의 노후생활비 계획 및 노후준비를 원활하게 시행하여 노후생활의 안정을 유지 할 수 있는 기본적 바탕이 될 수 있습니다.

2-2 국민건강보험

　국민건강보험은 나이와 질병에 관계없이 평생 종신토록 유지되는 공적의료보험으로, 노후생활에 가장 큰 위험인 의료비부담을 사회적으로 분산해 주는 공적사회보장제도입니다. 노후의 가장 큰 불확실성은 '얼마나 오래, 아프게 사느냐'입니다. 국민건강보험은 고액의 치료비가 발생하더라도 본인부담상환제를 통해 일정 금액을 초과한 의료비를 환급해 주어, 중증질환이나 장기치료로 인한 의료비 파탄을 예방하고 산정특례제도를 통해 본인부담률을 크게 낮춰, 아플수록 보장이 강화되어 노후자산을 지켜주는 가장 기본적인 건강 안정망 역할을 합니다.

§ 국민건강보험 활용 §

■ 국민연금보험의 특징

– 국민건강보험은 평생 납입으로 노후에 고액의 의료비를 방어할 수 있는 제도입니다.

– 국민건강보험은 실손보험이나 사적보험의 대체재가 아니라 시니어층의 가장 큰 노후위험인 의료비 부담을 개인이 아닌 사회전체가 부담하는 기본적 사회보장제도입니다.

☞ 국민연금 활용법과 장점

구 분	활용법	장 점
보험료 절감	사적연금(연금보험 등) 비중 확대	사적연금은 건강보험료 소득에서 제외되어 보험료 부담 경감됩니다.
자격 관리	은퇴 후 임의계속 가입제도 활용	퇴직 전 수준의 보험료를 유지하여 지역 가입자 전환시 보험료 급증되는 것을 방지합니다.
의료비 지원	본인부담상환제 활용	연간 본인부담금이 상환액을 초과할 경우 초과 환급금으로 경제적 부담이 완화됩니다.
노후 돌봄	노인장기요양보험 연계	노인성 질환이나 불편시 요양서비스 혜택으로 가족의 돌봄 부담이 감소됩니다.

01. 국민건강보험은 죽을 때까지 가입하여 건강보험료를 납부해야 한다.

국민건강보험은 국민들의 의료비 부담을 경감하기 위해 국민 상호 간 위험을 분담하고 보험료를 부담하여 질병이나 상해가 발생하면 보험급여를 받는 사회보험제도입니다. 국민건강보험은 가계의 의료비 부담을 완화하고 경제적 안정과 건강을 유지하는 것을 목표로 합니다. 국민건강보험은 퇴직 이후라도 자녀 또는 배우자의 직장건강보험에 피보험자로 등재되지 않으면 지역건강보험 가입자로 전환해서 사망할 때까지 건강보험료를 납부하여야 합니다.

국민건강보험제도는 1977년 500인 이상의 대규모 사업장을 시작으로 시행되어 1988년에는 농어민, 1989년에는 도시자영업자로 확대 적용됨으로써 전국민에 대한 의료비보장이 이루어지게 되었습니다.

또한 1998년 국민의료보험공단 출범과 2000년 국민건강보험공단 출범으로 2003년 직장·지역 재정통합 되고, 2017년 3월 건강보험법 개정과 2018년 7월 1일 건강보험법 부과체계 1단계 개편안 시행되어 2022년 9월 1일 2단계 개편안이 시행되고 있습니다.

국민건강보험의 본인부담금에서 보장하는 급여는 국민건강보험공단이 60%와 환자가 40%를 부담하며, 비급여는 환자가 100% 부담으로 운영되고 있습니다.

본인부담비율을 세부적으로 보면, 입원은 총진료비의 약 20%이며, 통원은 병원종류(의원~상급종합병원)에 따라 진찰료 총액과 진료비의 약 30%~60% 수준입니다.

02. 국민건강보험료의 소득산정에서 사적연금은 제외된다.

국민건강보험의 보험료 부담은 직장가입자일 경우 근로소득만 있다면 보수월액 × 건강보험료율[9] / 2 이지만, 직장에서 받는 보수 외에 다른 소득이 연간 2천만원 넘어간다면 2천만원 초과하는 소득에 추가로 건강보험료가 부과됩니다. 보수 외 소득월액 보험료 산정은 2,000만원 초과하는 소득금액 × 건강보험료율입니다. 즉, [(연간 '보수 외 소득' - 2천만원) × 1/12] × 소득평가율 × 건강보험료율(2026년 7.19%)입니다. 소득평가율은 이자·배당·사업·기타소득은 소득세법에 따라 산정한 소득금액의 100%이고, 근로소득·공적연금소득은 소득세법에 따른 소득금액의 50%만 소득인정으로 반영하여 소득점수에 산정됩니다.

지역가입자일 경우 건강보험료는 소득과 재산으로 구분하여 수득보험료(정률제) + 재산보험료(점수제)로 산출합니다. 부과점수당 금액[10]은 211.5원으로 즉, [(소득월액×건강보험료율) + (재산 보험료

---

9) 국민건강보험의 건강보험료율(2026년 기준): 7.19% 적용합니다.

10) 국민건강보험 지역가입자의 부과점수당 금액(2026년 기준): 211.5원 적용합니다.

부과점수×211.5원)]입니다.

1) 소득은 소득월액 28만원 기준으로 달라집니다. 연 소득 336만원 이하라면 월 소득월액 28만원 이하로 소득 최저 보험료는 약 20,160원이 부과되고, 소득월액이 28만원 이상이면 소득월액 × 건강보험료율(7.19%)을 곱해서 소득보험료를 산출하는데 최대 보험료는 약 9,183,480원이 부과됩니다. 소득월액의 범위는 280,389원~ 127,725,730원입니다.

2) 재산은 재산세 과표기준으로 기본공제액 1억을 제외한 후 재산의 크기에 따라 60등급으로 구분하고 각 등급별로 일정한 점수(22점~2,341점)를 부여합니다. 재산액이 450만원 이하이면 1등급으로 22점, 재산액이 77억 8,124원 초과하면 60등급인 2,341점이 부여되고, 각 점수당 211.5원의 건강보험료가 부과되어 최소 약 4,653원 ~ 최대 약 496,122원이 산출됩니다. 예를 들어, 주택의 공시시가 10억 원인 1주택자인 경우라면 재산과표 4.5억 원(1주택자 공정시장가액 비율 45% 적용) - 1억(기본공제액) = 3.5억 원에 해당하는 재산점수 731점 × 211.5원으로 약 154,606원의 지역가입자 건강보험료가 부과됩니다.

장기요양보험료는 건강보험료 × 장기요양보험요율[11]을 납부해야 합니다. 둘 다 합하면 건강보험료(7.19%)와 장기요양보험료(약 0.94%)로 약 8%에 해당하는 과세부담을 하게 됩니다. 이처럼 2천만 원 초과하여 금융소득 종합과세로 발생하는 건강보험료를 줄이기 위해서는 국민건강보험법의 국민건강보험료 부과함에 있어 국민연금법, 공무원연금법, 군인연금법, 사학연금법, 별정우체국법에 따른 공적연금 소득만 기초해 연금소득을 반영하기 때문에 사적연금인 비과세 연금이나 연금저축 및 퇴직연금(IRP계좌 포함)를 가입하는 것입니다. 55세 이후에 적립금과 운용수익으로 연금수령을 하면 배당소득세율 15.4%가 아닌 연금소득세율 3.3%~5.5%를 납부하면 되고 퇴직연금과 개인연금 같은 사적연금소득에 해당되어 종합소득과세일 때 적용되는 건강보험료 부과대상에서 제외됩니다.

4대보험료의 납부일은 매월 10일까지 입니다. 지역가입자의 건강보험료는 세대 가입자 전원이 연대하여 납부하여야 하며 공단 홈페이지에서 미납보험료를 확인할 수 있습니다.

---

11) 국민건강보험의 장기요양 보험요율(2026년 기준): 건강보험료의 13.14% 적용합니다.

03. 국민건강보험의 피부양자 자격요건 기준이 강화되었다.

은퇴한 사람들은 건강보험료 부담 때문에 자녀의 건강보험 피부양자로 등재하기를 희망하고 피부양자 자격요건을 맞추기 위해 많은 관심을 가지고 있습니다.

국민건강보험 피부양자 자격요건은 부양요건, 소득요건, 재산요건을 모두 충족해야 합니다.

1) **부양요건**은 직장가입자의 배우자이거나 직계 존비속(배우자의 존비속 포함), 형제자매(미혼 65세 이상이거나 30세 미만, 장애인 등)입니다.

2) **소득요건**은 사업자등록이 없는 경우 사업소득 500만원 이하거나 사업자등록이 있는 경우 사업소득이 없을 것, 이자 및 기타소득의 연간 합산소득이 2천만원 이하여야 합니다. 이때 소득으로 인정되는 연금소득은 공적연금(국민연금, 공무원연금 등) 소득만 해당, 그 외 이자와 배당소득, 사업 및 기타소득으로 인정되나 퇴직연금과 개인연금과 같은 사적연금은 피부양자 자격을 판단하는 소득에는 포함되지 않습니다.

주택임대소득자는 사업자등록 유무에 관계없이 소득이 있는 경우 제외됩니다. 가입자 개인별 소득합산으로 피보험자 조건여부를 확인하나, 부부의 경우 부부 소득을 합산하지 않지만 부부 중 한 사람이라도 소득요건에 부합되지 않으면 부부 모두 피부양자 자격을 상실합니다.

3) **재산소득**은 주택, 건물, 토지 등으로 재산세 과세표준액의 합산금액이 5.4억 이하이거나 5.4억~9억원 이하인 경우에는 이자 및 배당, 사업, 연금, 기타소득의 연간 합산소득이 1천만원을 넘지 않아야 합니다. 금융소득인 이자와 배당을 합해서 연간 1천만원 이하이면 건강보험료가 부과되지 않지만, 연간 1천만원이 넘어가면 건강보험료가 부과됩니다.

형제자매의 건강보험에 피보험자 등재 하려면 재산세 과세표준액 1억 8천만원 이하여야 합니다. 만약 주택을 보유하지 않고 임대차주택에 대한 보증금과 월세금액이 있더라도 보증금에 월세금액의 40배를 더한 금액에 30%를 재산과액으로 산정합니다.

즉, [보증금+(월세금액×40)]의 30%로 하여 건강보험료를 부과합니다.

참고로 건강보험의 피부양자 자격요건을 판단할 때에는 연금소득의 100%를 소득으로 인정하지만, 건강보험료를 산출할 때에는 연금소득의 50%만 소득으로 인정하고 있습니다.

2022년 9월 1일 건강보험료 부과체계 2단계 개편 시행으로 국민 건강보험 피부양자 자격기준이 강화되고 지역가입자 소득에 대한 보험료 산정방식이 점수제에서 정률제로 변경되었습니다.

1) 연간 합산 소득이 3,400만 원에서 2,000만 원 이하로 강화되었습니다.

   ex) 연금월액 283만원(연간 3,400만원)에서 167만원(연간 2,000만원)으로 사업자는 피부양자가 될 수가 없습니다.

2) 건강보험료 산정 시 공적연금의 연금소득 반영율을 30%에서 50%로 인상하였습니다.

   ex) 월 연금 10만원 인상 시 10만×30%×7.19%= 2,157원에서 10만×50%×7.19%= 3,595원으로 1,438원 증가 부과됩니다.

04. 건강보험의 피부양자가 되려고 조기연금을 수령한다.

최근 국민건강보험의 피부양자를 유지하기 위해 국민연금을 조기연금(최대 5년간 30% 감면)으로 받는 사람들이 늘고 있습니다. 은퇴 후 기간이 길어지는 점을 고려하면 국민건강보험 피부양자 자격을 얻기 위해서는 국민연금 조기수령으로 연금액을 줄이는 것보다 기존 노령연금을 통해 국민연금을 받는 것이 유리합니다.

ex) 국민연금을 연간 2,000만원(월 167만원) 받는 사람은 건강보험 피부양자 가입자격이 박탈되고, 지역가입자의 건강보험료 소득을 계산할 때 50%가 적용됩니다.

임대소득은 피부양자의 경우 연간 400만원(월 33만원) 이하로 제한되며, 재산세 과표(공시가격×공정시장가액비율: 60% 수준)로 계산됩니다. 이 외에도 자산감소, 소득감소, 직장가입자가 되는 것도 고려할 수 있습니다.

2026년 건강보험료의 피부양자 자격요건을 총정리 해 보면 다음과 같습니다.

1) **소득기준:** 연간 합산소득 2,000만 원 이하

2) **재산기준:** 과세표준액 5.4억 이하이거나 5.4억 초과시 소득 1천만

원 이하

3) 절대기준: 재산세 과세표준 9억(공시지가의 60% 수준) 초과시 무조건 탈락입니다. 특히 2026년부터는 부동산 공시가격이 현실화가 예상되므로 재산세 과세표준이 올라 건강보험료의 피부양자 자격이 탈락될 위기가 올 수 있습니다. 은퇴 이후 소득이 없는 상황에서 거주하고 있는 집값 상승으로 지역가입자로 전환되어 건강보험료 부과대상이 될 수 있어 건강보험료 피부양자 자격을 유지하는데 노력하는 것이 노후준비에 중요한 핵심사항입니다.

05. 각 개인사항에 적합한 국민건강보험료를 줄이는 방법을 찾는다.

건강보험료(직장, 지역, 피부양자)를 줄이는 방법은

1) 퇴직으로 건강보험료가 지역가입자로 변경되어 지역가입자 보험료 고지서가 건강보험 임의계속가입 안내장과 함께 발송되어 오면 지역가입자 보험료가 크게 오를 수 있는데, 보험료가 직장가입자보다 많아지면 퇴직 후 2개월 이내(지역건강보험의 최초 보험료 납부기한으로부터 2개월 이내)에 직장가입자로 3년(36개월 유지)간 '임의 계속가입자'로 신청하여 전 직장에서 본인이 납부한 보험료와 동일하게 총 보험료의 50%(직전 12개월간 평균보수월액 × 7.19% ÷ 2)인 회사 부담분을 제외한 본인 부담분만 납부할 수 있습니다.

건강보험공단에서 직장 건강보험료보다 지역 건강보험료가 많은 사람에게 임의계속가입 안내장을 발송하나 세대 중에서 사업소득이 있는 경우는 발송되지 않습니다.

2) 퇴직, 폐업, 등기재산 매각 등의 소득활동 중단으로 소득이 낮아진 경우 건강보험공단에 건강보험료 산정조정 신청이 필요합니다. 건강보험료 산정은 과세 당국으로부터 전년도 소득자료를 매년 10월에 받아 실시하는데 건강보험료 소득산정 기준은 11월~10월입니다.

즉, 2024년 소득을 기준으로 2025년 11월~2026년 10월 건강보험료를 산정하여 정산금액은 11월에 환급됩니다.

3) 건강보험 피부양자 등재가 되지 않는 경우 재취업하여 18개월 중 1년 동안 더 낮은 급여로 직장가입자로 근무하여 건강보험 임의계속가입하는 것입니다. 재취업 이후 건강보험 임의계속가입제도를 신청하려면 퇴직 전 18개월 이상 직장가입자만 신청할 수 있습니다. 이 때 퇴직시점 기준으로 최근 18개월 이내에 전직장과 현직장을 합산하여 직장가입자 자격유지 기간이 1년 이상이면 신청 자격이 주어집니다.

전직장의 소득이 높을 경우 직장가입자와 지역가입자를 비교 후 유리한 편을 선택해야 합니다.

(1) 직장가입자 : 소득의 7.19%(본인부담 50% 납부)

(2) 지역가입자(건강보험 2단계 개편안 시행 적용) : (소득×건강보험료율)+(재산 점수당× 211.5원해서 본인부담 100% 납부)

4) 개인사업을 하는 경우는 종업원 유무에 따라 달라집니다. 종업원 없는 1인 사업자는 지역가입자 건강보험료 납부대상이며, 종업원이 소정의 근로시간(월 60시간) 이상의 근로하는 1인 이상을 두고 있는 사업자이면 직장가입자 건강보험료를 납부합니다. 이 때 사업자의 건강보험료는 해당 사업장에서 가장 많은 보수를 받는 종업원보다 큰 금액으로 신고해야 합니다.

5) 건강보험료 산정은 매월 1일 기준이 되며, 건강보험법 제74조에 근거하여 3개월 이상 해외 체류하면 면제됩니다. 다만 국내에 입국 후 1개월 체류하거나 1개월 미만이라도 진료를 받으면 부과됩니다.

6) 등급제 (2026년 기준으로 1점당 211.5원) => 정률제 (소득월액 × 7.19%)

  (1) 건강보험료 최저 20,160원(소득월액 약 28만원) ~ 최고 9,183,480원(소득월액 약 1억 2,773만 원)

  (2) 자동차 산정 제외(9년 이상 또는 잔존가치 4,000 미만 또는 영업용, 자동차 점수제는 2024년 02월 폐지) 다만, (2022년 11월부터) 소득 2천만원 초과 시 별도 건강보험료 적용을 받습니다.

정리하면, 건강보험료 납부 부담을 경감하기 위해서는

1) 가족 중 직장가입자의 피보험자로 등재

2) 재취업하여 직장가입자로 등재

3) 퇴직 후 지역건강보험료가 올랐다면 퇴직 2개월내 전 직장의 임의계속가입자로 3년 신청

4) 퇴직 후 공적연금보다는 비과세 연금이나 사적연금소득 비중을 증대

5) 이자와 배당소득이 연 1천만원을 초과하면 건강보험료가 부과되지만 비과세 금융상품이나 퇴직연금 운용수익에는 건강보험료를 부과하지 않습니다.

06. 노인장기요양보험과 건강보험의 본인부담상한제를 이해한다

노인장기요양보험의 신청자격은 65세 이상이거나 65세 미만 노인성질환을 가진 사람이며, 장기요양등급은 1등급~5등급과 인지지원등급으로 구분됩니다.

시설급여나 재가급여의 본인부담금은 수급자의 소득수준에 따라 다르게 적용됩니다. 일반적으로 총비용 중에서 시설급여는 20%, 재가급여는 15%를 본인이 부담하고 의료급여 수급자 및 저소득자는 50% 감면혜택이 적용됩니다.

국민건강보험의 본인부담상한제는 의료비를 과다하게 지출하는 국민의 경제적 부담을 줄이기 위해 국민건강보험의 급여항목 중 연간 본인부담금이 개인별 상환액을 초과하여 의료비를 지출할 경우 국민건강보험공단이 보험가입자와 그 피부양자에게 환급하는 제도입니다. 이를 통해 평균적으로 의료비 부담을 줄여주고, 저소득층이나 고령자들의 의료비를 환급해주는 효과도 있습니다.

한편, 국민건강보험은 민영 건강보험인 실손의료보험 등과 상호보완 및 공존관계를 통해 국민들의 질병과 재해로부터 경제적 안정과 건강유지에 편익과 서비스를 제공해야 합니다.

【제2-2장. 국민건강보험 핵심요약 정리】
: 은퇴 후 보험료 절감을 위한 실천 가이드북

국민건강보험은 평생 가입되어 혜택을 받으며, 사적연금은 보험료 산정 소득에서 제외됩니다. 피부양자 자격 요건이 강화된 만큼, 조기 연금 수령 등 개인 상황에 맞는 보험료 절감 방안을 찾아야 합니다. 노인장기요양보험과 본인부담상환제를 이해하여 노후 의료비 부담을 최소화하여야 합니다.

국민건강보험은 직장 퇴직 후 가장 체감도가 큰 지출 항목 중 하나입니다. 자칫하면 소득은 줄어드는데 보험료는 오르는 상황이 발생할 수 있으므로, 실천 가이드를 통해 전략적으로 정리해 드리고자 합니다.

구 분	실천 핵심요약
STEP 1. **은퇴 후 건강보험 자격 변화 이해하기** 퇴직 후에는 자격이 직장가입자에서 지역가입자 또는 피부양자로 바뀝니다.	• 피부양자 (가장 유리): 자녀나 배우자의 직장보험에 얹혀가는 것으로, 보험료가 0원입니다. • 지역가입자 (부담 증가): 소득뿐만 아니라 재산(주택, 토지 등)에도 보험료가 부과되어 부담이 커질 수 있습니다. • 보장 범위: 공단이 60%, 환자가 40%를 부담하는 것이 기본이며, 입원은 진료비의 약 20%, 통원은 병원 규모에 따라 약 30~60%를 본인이 부담합니다.

구분	실천 핵심요약
STEP 2. **피부양자 자격 유지하기** **(강화된 기준)** 2022년 9월 2단계 개편으로 기준이 까다로워졌습니다. 다음의 요건을 하나라도 어기면 지역가입자로 전환됩니다.	• 소득 요건: 연간 합산소득 2,000만 원 이하일 것 ☞ 주의: 공적연금(국민연금 등)은 100% 반영되지만, 사적연금(IRP, 개인연금)은 소득 산정에서 제외됩니다. • 재산 요건: 재산세 과표 5.4억 원 이하이거나 과표 5.4억 ~9억 원 사이라면 연 소득이 1,000만 원 이하여야 함 ☞ 사업 소득: 사업자등록이 있다면 소득이 0원이어야 하며, 등록이 없다면 연 500만 원 이하여야 합니다. ☞ 중요: 부부 중 한 명이라도 소득 요건에서 탈락하면 부부 모두 피부양자 자격을 잃습니다.
STEP 3. **건강보험료를 줄이는 5가지 실전 전략**	**1) 임의계속가입 제도 활용 (필수 확인)** – 퇴직 후 지역보험료가 직장 시절 내던 보험료보다 많다면, 퇴직 후 2개월 이내에 신청하세요. – 혜택: 퇴직 전 12개월 평균 보수의 50%(본인부담금)만 3년간(36개월) 납부할 수 있습니다. **2) 사적연금 비중 높이기** – 국민연금 등 공적연금은 건강보험료 부과 대상이지만, 퇴직연금(IRP)과 개인연금 수령액은 부과 대상 소득에서 제외됩니다. 노후 소득 구성을 사적연금 중심으로 설계하면 건강보험료를 획기적으로 낮출 수 있습니다. **3) 금융소득(이자·배당) 관리** – 연간 금융소득이 1,000만 원을 초과하면 전체 금액에 대해 건강보험료가 부과됩니다. 비과세 금융상품을 활용하여 명목 소득을 줄이는 것이 중요합니다. **4) 소득/재산 변동 시 조정 신청** – 폐업, 퇴직, 재산 매각 등으로 소득이나 재산이 줄었다면 공단에 즉시 산정조정 신청을 하세요. 자동으로 반영되기까지 기다리면 그동안 더 많은 보험료를 내게 됩니다.

구 분	실천 핵심요약
	5) 재취업 전략 – 급여가 낮더라도 다시 취업하여 직장가입자 자격을 얻으면 재산에 대한 보험료 부과를 피할 수 있습니다. 이후 다시 퇴직하더라도 임의계속가입 자격을 다시 얻을 수 있습니다.
STEP 4. **장기요양보험 및 상한제 활용** 노인장기요양보험: 65세 이상 또는 노인성 질환자가 대상이며, 시설(20%)이나 재가(15%) 급여 이용 시 본인부담금을 제외한 비용을 지원받습니다.	• 본인부담상한제: 1년간 지불한 의료비(비급여 제외)가 개인별 상한액을 초과하면 그 초과액을 공단에서 환급해 줍니다. 고액 의료비 발생 시 반드시 챙겨야 할 혜택입니다.

실천 체크리스트

실천 점검사항	체크
나의 예상 지역건강보험료와 직장 시절 보험료 비교하기	(Y, N)
연간 국민연금 수령액이 2,000만 원을 넘는지 확인하기(피부양자 탈락 방지)	(Y, N)
퇴직 후 2개월 이내에 '임의계속가입' 유불리 판단 및 신청하기	(Y, N)
금융소득이 1,000만 원을 넘지 않도록 자산 포트폴리오 조정하기	(Y, N)
건강보험 안심통장 및 본인부담상한제 환급금 확인하기	(Y, N)

국민연금보험의 실천당부

　국민건강보험은 평생 가입으로 유지되는 의료비 연금과 같은 것으로, 나이 들어 중대한 질병이나 노인성 질환으로 아플 때 노후자산을 지켜주는 공적인 건강 지킴이입니다.

　국민건강보험의 무료 건강검진에 적극 참여하고 본인부담상환제·고액의료비 지원제도 등을 활용하여 노후생활의 큰 부담인 의료비부담을 분산시켜 노후건강 안전망 역할을 합니다.

2-3 고용보험(실업급여)

　고용보험의 실업급여는 국민연금 수령나이 이전에 발생하는 소득 크레바스(Retire Crevasse) 구간에서 실직 기간 동안 생활안정을 돕고 재취업 준비기간을 보장하며 직업훈련·교육과 연계할 수 있는 사회보장제도입니다. 실업급여는 단순한 생계보조가 아니라 재취업활동과 직업훈련을 결합한 제도로 현금흐름의 단절을 완충하는 시니어 인생2막을 지원하는 재정적 안정장치입니다.

§ 고용보험의 실업급여 활용 §

■ 고용보험의 실업급여의 특징

- 고용보험의 실업급여는 구직급여와 고용촉진 등으로 구성된
  사회보장제도입니다.

- 실업급여를 수령하기 위해선 최소한 요건을 갖추어야 하며, 최소
  120일에서 최대 270일의 구직급여가 지급됩니다.

- 실업급여는 퇴직과 국민연금 사이의 소득공백을 메워주는 경제적
  안정장치입니다.

- 실업급여는 퇴직 후 1년이 지나면 지급되지 않으므로 퇴직하면
  바로 신청해야 합니다.

- 실업급여의 조기재취업수당은 재취업 또는 창업 후 1개월 이내에
  잔여급여일수 1/2 이상을 남기고 고용센터에 신청하면 잔여
  구직급여의 50%를 지급합니다.
  단, 실업급여의 수급기간 이내 재취업하여 조기재취업수당 제외
  대상에 해당하는 임금은 월 574만 원 이하일 때만 가능합니다.

☞ 국민연금 활용법과 장점

구 분	활용법	장 점
수급자격 확인	정년퇴직 계약만료 등 비자발적 이직 사유확인	정당한 사유의 이직시 소득 공백 없이 실업급여 수급이 가능합니다.
적극적 구직활동	4주마다 워크넷 등을 통해 재취업 활동 증명	구직기간 동안 안심하고 재취업에 전념할 수 있는 생계비 지원합니다.
조기재취업 수당	급여일수 1/2 이상 남기고 조기취업 및 12개월 근무	남은 실업급여의 50%를 일시금으로 받아 빠른 사회 복귀 인센티브를 제공합니다.
연장급여 활동	취업이 특히 곤란하거나 직업훈련 참여시 신청	개별 상황에 따라 수급기간을 연장하여 장기실업 위험을 대비합니다.

01. 고용보험의 실업급여는 구직급여, 고용촉진 등이 있다.

고용보험의 실업급여는 퇴직한 사람들의 재취업을 독려하기 위해 1995년에 도입된 사회보장제도입니다. 통상 퇴직 전 3개월 평균 임금의 약 60~65% 수준(2026년 기준 1일 상한액 68,100원)을 지급함으로 퇴직한 사람이 근로의욕과 능력이 있음에도 불구하고 실직상태에 있는 사람들에게 단절된 월급을 대체소득으로 지급됩니다.

실업급여는 재취업을 위한 적극적인 노력을 조건으로 일정기간 동안의 급여를 제공하는 것으로 구직급여, 연장급여, 고용촉진수당 등을 포함하여 실업급여라고 통칭합니다.

구분	내용	목적
구직급여	비자발적으로 실직한 근로자가 재취업 활동을 하는 동안에 지급되는 기본급여입니다.	실직자의 생활안정을 지원합니다.
연장급여	특별한 사유(경제적 불황, 실업률 급증, 직업훈련 등)으로 구직급여 지급기간을 초과하여 추가 지급합니다.	장기 실업자 보호 및 훈련 참여를 지원합니다.
고용촉진수당	구직급여 수급자가 조기취업, 직업훈련, 창업 등을 할 경우 지급되는 추가 지원금(취업촉진수당)입니다.	빠른 재취업 유도 및 고용 촉진을 지원합니다.

구 분	내 용	목 적
상병급여	실업 중 질병·부상으로 구직활동이 어려운 경우 지급됩니다.	건강 회복 후 재취업 활동을 지원합니다.

퇴직자가 받는 실업급여의 대부분은 구직급여이며, 실직한 근로자의 생계안정 및 재취업 촉진을 지원하는 실업보험사업과 함께 고용안정사업 및 직업능력개발사업 등 노동시장 정책을 시행하는 것을 목적으로 하는 사회보장제도입니다.

02. 실업급여를 받으려면 4가지 요건을 갖추어야 한다.

퇴직을 하여 실업급여를 받으려면 4가지 요건을 갖추어야 합니다.

첫째, 퇴직 전 고용보험 피보험단위기간이 180일 이상이어야 합니다.

둘째, 퇴직사유가 비자발적이어야 합니다. 자발적 퇴직이라도 본인 귀책사유가 아닌 사업주의 사정으로 더 이상의 근로가 불가피한 경우, 직장내 괴롭힘, 2개월 이상 임금체불, 임신이나 출산 및 육아로 일할 수 없는 경우, 사업장 이전이나 다른 지역 전근 등으로 불가피성이 인정되면 구직급여를 받을 수 있습니다. 고용보험법의 시행규칙에 의한 예외적으로 수급이 가능한 경우를 보면,

1) 근로조건이 채용시 제시된 근로조건보다 악화 및 임금이 체불된 경우

2) 최저 임금미달 및 연장근로의 제한 등을 위반한 경우

3) 직장내 괴롭힘·성희롱, 성적인 괴롭힘 등을 회사가 시정하지 않는 경우

4) 사업장 이전·전근으로 인한 통근(왕복 3시간 이상)이 곤란한 경우

5) 가족간병, 본인질병, 육아 등 휴직·휴가를 허용하지 않는 경우

6) 경영악화, 도산, 구조조정 등 사업주로부터 퇴직을 권고 받은 경우

7) 정년도래, 계약만료, 법령 변경 등 회사를 계속 다닐 수 없게 된 경우

8) 그 밖의 객관적 불가피한 상황으로 예외가 인정되는 경우를 말합니다. 상기 상황에 해당한다면 고용센터 심사시 객관적 증빙을 위해 임금체불확인서, 진단서, 근무조건 변경 통보서 등을 준비 해 두면 좋습니다.

셋째, 근로의사 능력이 있으나 취업하지 못한 경우입니다.

넷째, 재취업을 위해 적극적으로 구직활동을 해야 하고 지정된 출석일에 관할 고용센터 방문이나 온라인 통해 자신의 구직활동을 입증하여야 합니다.

실업급여를 받기 위해서는 최소한 요건을 갖추어야 하므로, 퇴직 전 퇴직사유와 고용보험 가입이력 등을 점검해 두어야 합니다.

 실업급여 신청 후
4주마다 재취업활동을 해야 지급받는다.

고용보험의 실업급여를 받기 위해서는 먼저 이직한 회사에서 신고한 이직확인서와 근로자격상실신고서가 처리 되었는지를 확인하고 본인이 직접 관할 고용센터나 고용24(www.work24.go.kr)를 통해 수급자격인정 신청해야 합니다.

이직확인서에는 이직 근로자의 평균임금, 이직사유, 피보험단위기간 등을 확인할 수 있고, 근로자격상실신고서로는 이직으로 4대 보험자격의 상실여부를 확인해 볼 수 있기 때문입니다.

실업급여의 지급대상은 고용보험 사업장에서 퇴직일 이전 18개월 동안 고용보험 가입기간이 180일 이상(피보험단위기간) 가입하고 퇴직 후 1년이 지나지 않은 피보험자입니다. 수급자격 신청자는 퇴직 후 바로 신청가능하나 신청자교육을 이수하고 교육수류 한 날로부터 14일 이내에 관할 고용센터를 방문해야 신청절차가 완료됩니다. 즉, 최초 실업급여 수급자격 신청일로부터 14일 경과되면 실업인정교육 참석으로 실업인정 되어 처음 8일간 실업급여가 지급됩니다. 수급자격이 인정된 이후에도 1~4주마다 고용센터를 방문하여 재취업활동(구인업체 방문, 직업훈련, 채용박람회 면접, 자영업 준비활동 등)을 적극적으로 소명하고 실업인정교육참석으로 실업인정을 받아야 4주 단위로 28일의 구직급여를 수령 받을 수 있습니다.

실업급여 지급금액[12]은 2026년 기준으로 퇴직 직전 3개월 평균 급여의 약60~65%(1일당 상한 68,100원, 하한 66,048원)입니다. 참고로 하한액은 최저임금 10,320원의 80% 수준에 해당하는 금액이므로 최저임금 상승시 변동될 수 있습니다. 고용보험 가입기간이 1년 미만이면 나이와 상관없이 120일의 구직급여 신청을 할 수 있고, 가입기간이 1년 이상인 경우는 나이 50세 기준으로 신청기간이 차이가 납니다. 최대 지급은 270일(9개월, 50세 이상 & 10년 이상 근속)이며, 최소 지급은 120일(1년 미만 근속)입니다. 이 때 실업급여 지급액은 4대보험료, 소득세, 주민세 등 세금이 공제되지 않습니다.

---

12) 실업급여 지급금액(2026년 기준): 1일당 상한액 68,100원, 하한액 66,048원입니다.

04. 조기재취업수당은 잔여급여일수 1/2 이상 남겨야 한다.

실업급여는 퇴직한 다음 날부터 12개월이 지나면 지급되지 않으므로 퇴직 즉시 신청하는 것이 최선입니다. 또한 실업급여 수급기간 내에 재취업(2024년 고용노동부장관이 고시한 임금 574만원 이하) 한 경우 조기재취업수당이 지급됩니다. 설사 조기재취업을 하였더라도 조기재취업 수당 제외 대상에 해당하는 임금액은 월 574만 원으로 이 고시는 2025년 1월1일부터 2027년 12월 31까지 효력을 가집니다.

조기재취업수당은 재취업 후 12개월 이내에 지방고용노동청에 취업촉진수당을 신청하면 개인의 상황과 조건에 따라 다르지만 최대 200만원 신청으로 하여 재취업 전날 기준으로 대기기간이 지난 후 소정급여일수의 1/2 이상 남기고 재취업시 잔여 구직급여의 50%를 조기재취업수당으로 지급합니다. 즉, 조기재취업수당을 받기 위헤서는 재취업한 날의 전날을 기준으로 실업급여 수령일수가 절반 이상 남아 있거나 절반 이내에 취업이나 창업하여 재취업 후 해당 직장에서 12개월 이상 근무해야 합니다.

조기재취업 수당은 재취업한 날 또는 사업을 시작한 날로부터 12개월이 경과한 다음 날부터 3년 이내에 관할 고용센터(지방고용노동청)에 청구하면 됩니다. 단, 이직 당시 65세 이상이면 재취업하거나 사업을 영위한 날부터 신청할 수 있으며, 취업 및 사업운영기간도 6개월 이상으로 단축됩니다.

수급자격을 인정받기 위한 제출서류는 고용노동부 장관이 설치 운영하는 정보통신망을 통해 고용기간이나 임금증명이 가능한 경우에는 해당서류를 첨부하지 않을 수 있습니다. 일반적으로 수급자가 12개월 이상 계속하여 사업에 고용된 경우는 재직증명서(고용기간 증명)나 임금증명서(임금 증명)이 필요하며, 수급자가 12개월 이상 계속하여 사업을 영위한 경우는 과세증명서(사업영위 증명) 등이 필요합니다.

05. 실업급여 이후 재취업이 안된 경우 연장급여 신청한다.

실업급여 수급기간이 종료된 다음에도 재취업을 하지 못한 경우라면 연장급여(훈련연장급여, 개별연장급여, 특별연장급여)를 받을 수 있는지 확인해 볼 필요가 있습니다.

1) **훈련연장급여**는 직업능력개발훈련을 받으면 재취업이 쉽다고 인정되는 경우 구직급여의 100%를 최대 2년간 지원받을 수 있습니다.

2) **개별연장급여**는 재취업이 안되어 생활이 어려운 수급자로 부양가족이 있는 경우 구직급여의 70%를 60일 범위 내에서 수령할 수 있습니다.

3) **특별연장급여**는 실업의 급증과 같은 대통령이 정하는 사유가 발생한 경우 구직급여의 70%를 60일 범위 내에서 수령할 수 있습니다.

개별연장급여를 세부적으로 살펴보면, 개별연장급여는 실업신고일부터 구직급여 종료일까지 고용센터의 직업소개를 3회 이상 참여했어도 미취업 중인 사람으로 (1) 18세 미만 또는 65세 이상인 사람 (2) 장애인고용촉진법상 장애인 (3) 1개월 이상 요양이 필요한 환자

(4) 소득이 없는 배우자 (5) 고등교육법상 대학 또는 대학원생을 부양하고 있는 경우에 개별연장급여 수급자격을 갖추면 구직급여 지급액의 70%와 최저 구직급여액 중 큰 금액을 최대 60일간 수령할 수 있습니다.

 구직급여 이외에 직업능력개발수당은 직업인정기관장의 장이 지시한 직업능력개발훈련을 받은 경우에는 실제로 훈련을 받은 날 기준 1일당 7,530원 지급하고, 직업인정기관장의 소개에 따라 거주지에서 25km이상 떨어진 곳에서 구직활동을 하는 경우에는 광역구직활동비로 구직활동을 한 날에 소요된 교통비와 숙박료를 지급합니다. 광역구직활동을 마친 날부터 14일 이내에 신청해야 합니다.

06. 정년퇴직 이후 재취업한 직장에서 자발적 퇴직이라도 수급이 가능하다

실업급여를 받을 때 주의해야 할 점은 장기간 근무하여 고용보험을 납입하였더라도 중도에 자발적으로 직장을 그만두었다면 수급대상이 되지 않고 실업급여를 받지 못하게 됩니다.

다만 정년퇴직을 하게 되면 실업급여를 받을 수 있습니다. 이는 정년퇴직자는 근로자가 원해서 그만둔 것이 아니라 제도·연령에 의해 불가피하게 고용이 종료된 것으로 법적으로 자발적 실업으로 보지 않고 고용보험에 있어서도 비자발적 이직에 해당합니다.

예를 들어, 정년퇴직 이후 구직급여 270일 수령 중 30일만에 재취업하여 재취업한 직장에서 90일 근무하다 퇴사한 경우 구직급여 수령기간은 잔여 150일(270일-30일-90일) 가능하며, 재취업한 직장에서 자발적 퇴직이라도 최초 직장 퇴지사유가 비자발적이라면 상관없이 구직급여 수령이 가능합니다.

실업급여 수급 중 강의, 원고료, 자문료 등 소득이 발생하면 실업급여 인정시에 배정된 고용센터의 담당자에게 반드시 사전 신청을 해야 합니다. 소득금액과 무관하게 '사업활동성'이 있는 취업으로 판단되면 실업급여가 지급되지 않을 수 있습니다. 즉, 계약형태나 기간에 따른 고용센터 담당자의 판단에 따라 일시적·단발성이라면 해당일에 해당하는 실업급여가 제외되고 일부 실업급여가 지급되나, 고용계약 기간 모두 적용되어 제외 적용으로 실업급여가 지급되지 않을 수도 있습니다.

【제2-3장. 고용보험(실업급여) 핵심요약 정리】
: 재취업과 전직 지원을 돕는 든든한 실천 가이드북

　고용보험 실업급여는 구직급여와 취업촉진수당 등으로 구성되며, 정년퇴직 등 비자발적 이직 시 4가지 요건을 갖춰야 받을 수 있습니다. 4주마다 재취업 활동을 증명해야 하며, 잔여 급여일수 절반 이상을 남기고 취업하면 조기재취업수당 수령도 가능합니다.

　실업급여는 단순히 생계지원 하는 돈이 아니라, 재취업을 준비하는 동안 생활의 안정을 돕는 '구직 활동 지원금'입니다. 퇴직 후 놓치지 말아야 할 혜택들을 전략적인 실천 가이드로 정리해 드립니다.

구분	실천 핵심요약
STEP 1. **내가 실업급여를 받을 수 있을까? (4대 요건)** 다음 4가지 조건을 모두 충족해야 실업급여(구직급여) 신청이 가능합니다.	1. 가입 기간: 퇴직 전 18개월 동안 고용보험 가입 기간(피보험단위기간)이 180일 이상이어야 합니다. 2. 이직 사유: 비자발적 퇴직일 것. (정년퇴직, 경영상 해고, 권고사직 등) 　☞ 예외: 자발적 퇴직이라도 괴롭힘, 임금체불, 왕복 3시간 이상의 사업장 이전 등은 수급신청 가능합니다. 3. 근로 의사능력: 일할 능력과 의사가 있음에도 취업하지 못한 상태이어야 합니다. 4. 구직활동 노력: 재취업을 위해 적극적으로 활동해야 합니다.

구 분	실천 핵심요약

STEP 2.
실업급여 신청 및 수령 방법
실업급여는 퇴직 후 12개월이 지나면 사라지므로 퇴직 즉시 신청해야 합니다.
	실업급여 신청 절차:
	1. 회사에 이직확인서 및 자격상실신고서 처리 요청 (고용24 확인).
	2. 고용24(www.work24.go.kr)에서 수급자격 신청 교육 이수.
	3. 워크넷 구직등록 후 14일 이내 관할 고용센터 방문 신청.
	  – 지급 금액(2026년 기준): 퇴직 전 3개월 평균 임금의 60%
	  – 상한액: 1일 68,100원 / 하한액: 1일 66,048원
	  – 지급 기간: 나이와 가입 기간에 따라 120일 ~ 270일 (만 50세 이상, 10년 이상 근속 시).

STEP 3. **빨리 취업하면 받는 '조기재취업수당'** 실업급여를 받는 도중 예상보다 빨리 취업했다면 인센티브를 받을 수 있습니다.	• 자격 조건: 구직급여 지급일수를 절반(1/2) 이상 남기고 재취업하여야 합니다. ☞ 재취업한 직장에서 12개월 이상 계속 근무해야 합니다. • 혜택: 남아있는 구직급여 미지급분의 50%를 일시금으로 지급합니다. • 신청 시기: 재취업 후 12개월이 지난 시점부터 3년 이내 신청해야 합니다.
STEP 4. **상황별 특별 지원 제도 (연장 및 수당)** 종류 주요 내용	• 개별연장급여: 취업이 어렵고 생활이 곤란한 경우 구직급여의 70%를 최대 60일 연장할 수 있습니다. • 훈련연장급여: 고용센터 지시로 직업훈련을 받는 경우 최대 2년 연장 가능합니다. • 광역구직활동비: 거주지 25km 이상 떨어진 곳에서 구직활동 시 교통비/숙박료 지원가능 합니다. • 직업능력개발수당: 직업훈련을 받는 동안 식비 등 1일 7,530원 지원합니다.

구 분	실천 핵심요약
STEP 5. 정년퇴직자와 재취업자의 실전 팁	• 정년퇴직 후 재취업: 정년퇴직으로 실업급여를 받던 중 재취업했다가 다시 그만둔 경우에도, 최초 퇴직 사유가 비자발적(정년)이었다면 남은 실업급여를 계속 받을 수 있습니다. • 세금 면제: 실업급여(구직급여)는 소득세, 주민세 등 세금을 한 푼도 떼지 않고 전액 지급됩니다. • 국민연금 실업크레딧: 실업급여 수급 시 국민연금 보험료의 75%를 국가에서 지원받아 가입 기간을 늘릴 수 있으니 반드시 함께 신청하세요. ☞ 소득인정은 퇴직 전 3개월 평균소득의 50%(최대 70만원)

실천 체크리스트

실천 점검사항	체크
퇴직 후 고용24 사이트에서 '이직확인서' 처리 여부 확인하기	(Y, N)
워크넷에 구직 등록하고 온라인 교육 이수하기	(Y, N)
실업인정일(4주마다)에 맞춰 구직 활동 증빙 준비하기	(Y, N)
조기 취업 시 '조기재취업수당' 대상인지 잔여 일수 확인하기	(Y, N)
연금 가입 기간을 늘려주는 '실업크레딧' 신청하기	(Y, N)

고용보험(실업급여)의 실천당부

고용보험의 실업급여는 비자발적 퇴직과 정년 퇴직하는 근로자들에게 소득단절을 완충하는 소득지원 자금이며, 재취업과 전직지원을 통해 행복한 인생2막을 설계하는데 도움 주는 공적 경제적 지원제도입니다.

실업급여제도는 단순히 생계보조가 아니라 재취업·전직·직업훈련을 지원하는 점에서 노후설계의 중요한 수단 중의 하나이며, 시니어 친화 일자리나 사회공헌형 일자리 등 고용사업 프로그램을 활용하여 중장년층의 단절된 노후소득을 완충하는 역할을 제공합니다.

공적보험 활용 체크리스트

영 역	점검 항목	체크 사항
국민 연금 활용	국민연금 가입을 통한 본인 상황에 맞는 연금수령(조기, 연기)를 관리하기	– 국민연금 가입기간과 납입내역을 정기적 확인하기 – 연금수령(조기, 연기)를 비교해 본인에 맞게 선택하기 – 예상 연금액을 확인하고 생활비 계획을 세우기 – 소득이 있을 때 추가납입을 검토하기
건강 보험 활용	국민건강보험 가입을 통한 정기적 검진과 장기요양 신청자격확인 및 활용하기	– 건강검진을 정기적으로 받기 – 본인부담상환제, 고액연금지원 등을 이해하고 활용하기 – 장기요양보험 신청자격을 확인하기 – 생활습관 개선한 식사로 의료비 지출을 줄이기
고용 보험 활용	퇴직시 실업급여 수급요건(근로기간, 이직사유 등) 확인과 신청절차 및 직업능력개발훈련, 재취업지원 프로그램 등 활용하기	– 퇴직시 실업급여 수급요건과 신청절차 이해 및 활용하기 – 직업능력개발훈련과 재취업지원 프로그램 활용하기 – 시니어 친화일자리 등 고용안정사업을 탐색하기

핵심 메시지

국민연금으로 노후의 기본 생활비를 확보하고, 국민건강보험으로 노후 생활에서 가장 큰 부담인 의료비부담을 줄이며, 고용보험의 실업급여와 재취업지원으로 퇴직 후 일정기간 동안 생계안정과 재취업 촉진으로 경제적·사회적 안정성을 유지해야 합니다.

공적보험은 단순한 제도가 아니라 기본적인 노후생활의 안전망이며, 이를 적극적으로 이해하고 활용하는 것이 중요합니다. 즉, 국민연금은 생활비 안정, 국민건강보험은 의료비 부담 완화, 고용보험의 실업급여는 실업시 생계안정과 재취업 지원을 보장합니다. 따라서 시니어층에게 공적보험은 노후의 불확실성을 줄이고, 안정적이고 행복한 삶을 가능하게 하는 노후의 핵심전략입니다.

인생2막 금융 AGI시대,

50$^+$

노 후 는
전략이다

제3장

퇴직연금 활용,
퇴직금 운영과 퇴직소득 세제

직장을 오래 일하다가 퇴직하면 일년마다 한 달의 월급에 해당하는 금액이 근무 연수를 곱하여 산출된 퇴직금으로 받게 됩니다. 2005년 12월부터 시행된 퇴직급여제도는 현금 지급이 가능한 퇴직금제도와 퇴직 후 정기적으로 연금수령이 되는 퇴직연금제도로 구분됩니다.

퇴직급여제도 이해

퇴직연금제도에는 확정급여형(DB), 확정기여형(DC), 개인형퇴직연금(IRP)가 있습니다. 퇴직연금의 종류에 대해 요약해 보면 다음과 같습니다.

구 분	DB형	DC형	IRP
명칭	확정급여형	확정기여형	개인형 퇴직연금
가입대상	정규직 근로자	정규직 근로자	누구나 (직장인, 자영업자 등)
퇴직금 운영주체	회사	본인(근로자)	본인 (추가 납입도 가능)
수익/손실 책임	회사 책임	본인 책임	본인 책임
특징	퇴직금 고정 수령	운용성과에 따라 수령액 변동	세액공제+자발적 노후준비

대부분의 퇴직자들은 퇴직금을 일시금으로 받아 자녀 양육비나 제2의 인생사업 자금 등 노후자금으로 사용하지만, 개인형 퇴직연금으로 이체하여 55세 이후 퇴직연금을 받으면 퇴직소득세의 30~40%를 감면적용 받을 수 있습니다.

주된 일자리에서 물러나서 퇴직하게 되면 퇴직금 수령과 활용에 관심을 갖게 됩니다. 이 때 주요 의사결정 포인트는 1) 퇴직금을 연금 혹은 일시금 선택 2) 연금 개시 시기 3) 연금수령 방법 4) 연금계좌 이전 등에 고민을 하게 됩니다.

§ 퇴직금 활용 행동플랜 §

1. 퇴직연금 제도 이해하기

- 퇴직연금이 국민연금·개인연금과 함께 3층 연금제도임을
  이해합니다.
- 퇴직금은 단순히 일시금이 아니라 노후생활을 위한 정기적
  자산임을 인식합니다.

2. 퇴직연금 운용전략 세우기

- 임금상승률과 투자수익률을 고려하여 퇴직연금 운용방식을
  결정합니다.
- 세금절세와 운용수익 극대화를 목표로 투자 포트폴리오를
  점검합니다.

3. 퇴직연금 세제적용 확인하기

- 퇴직연금 현물이전제도와 소득세(퇴직소득, 연금소득,
  기타소득)적용을 확인합니다.
- 세제혜택을 받을 수 있는 조건과 절차를 숙지합니다.

4. 퇴직금 수행요건과 방법 설계하기

- 퇴직금 수령요건과 방법에 따라 퇴직소득세 감면(30~40%)혜택을
  검토합니다.
- 퇴직소득세가 분류과세로 적용됨을 이해하고 본인에게 적합한
  수령방식을 선택합니다.

§ 퇴직금 활용 행동플랜 §

5. IRP계좌 활용하기

- 퇴직금을 IRP계좌로 이전해 운용하면서 연금형태로 수령하는 방안을 마련합니다.
- 퇴직금 중간정산 받았다면 세액정산특례를 활용할 수 있는지 확인합니다.

6. 실행 및 점검하기

- 실제로 IRP계좌개설 및 이전 절차를 숙지하고 진행해 봅니다.
- 매년 운용성과와 세제혜택을 점검하고 필요시 전문가와 상담 통해 전략을 수정합니다.

☞ **퇴직연금 활용법과 장점**

구 분	활용법	장 점
운용방식	DB형(확정급여형) vs DC형(확정기여형) 선택	임금상승률이 높으면 DB형, 투자수익률이 높으면 DC형이 유리합니다.
절세혜택	개인형 IRP 추가납입 (연 최대 900만 원)	연말정산시 최대 148.5만 원(16.5% 공제시) 세액공제 혜택이 있습니다.
세금감면	일시금 대신 연금으로 수령(만 55세 이후)	퇴직소득세의 30%~40% 감면(11년차부터는 40% 감면)됩니다
자산이전	퇴직연금 현물이전제도 활용	상품 매도 없이 금융회사를 옮겨 운용의 연속성과 수익률 방어할 수 있습니다.

01. 퇴직연금제도(DB형, DC형, IRP)가 3층연금이 되다.

우리나라의 경우 직장인이 퇴직하면 퇴직금을 대부분 일시금으로 받아 생활비로 사용함에 따라 고령화로 노후빈곤이 사회문제로 대두되자 기업파산과 노후파산을 막기 위해 2004년 12월 '근로자퇴직급여 보장법'이 국회를 통과해 1년 유예기간을 거쳐 2005년 12월부터 퇴직연금제도가 시행됐습니다.

금융감독원 통합포털에 따르면 퇴직연금 적립금 규모는 2024년 6월 말 기준 394조 2천억 원(은행 207조원, 증권사 94조원, 보험사 93조원 등)으로 매년 13%씩 증가했고, 퇴직연금은 국민연금, 개인연금과 함께 3층 연금으로 확고하게 자리 잡게 되었습니다.

퇴직급여제도는 현금 지급이 가능한 퇴직금제도와 퇴직 후 정기적으로 연금수령이 되는 퇴직연금제도로 구분됩니다.

1) **퇴직금제도**는 회사 내부에 퇴직금을 적립하여 근로자의 퇴직시 일시금으로 지급되는 퇴직보상기능은 있으나, 대부분은 생활비(소비나 대출상환 등)로 소진되어 노후소득 기능이 미약한 상황입니다.

2) **퇴직연금제도**는 사외적립으로 노후소득 재원으로 연금화가 가능

하며, 실질적으로 '근로자퇴직급여 보장법'에 따라 확정급여(DB)형 퇴직연금, 확정기여(DC)형 퇴직연금, 개인형퇴직연금(IRP)제도로 구분됩니다.

(1) **확정급여(DB)형**에서는 근로자의 퇴직급여가 미리 결정되어 퇴직 전 3개월간의 평균임금에 근속연수를 곱하여 지급됩니다.

(2) **확정기여(DC)형**과 개인형퇴직연금(IRP)제도에서는 매년 사업주가 지급해야 할 부담금이 사전에 확정되어 연간 임금총액의 12분의 1 이상을 근로자들의 연금계좌로 적립해 주는 연금제도입니다.

퇴직급여제도는 단순히 퇴직금을 받을 것인가의 문제가 아니라 퇴직 이후 소득을 어떻게 만들 것인가의 문제입니다. 3층연금으로서 퇴직연금은 한 번의 퇴직으로 끝나는 제도가 아니라 평생 이어지는 소득구조를 만드는 것입니다.

02. 임금상승률과 투자수익률에 따라 퇴직연금 운영하기.

    퇴직연금제도(DB형, DC형, IRP)의 운영은 근로자의 임금상승률과 투자수익률을 비교하여 근로소득의 임금상승률이 높은 경우 확정급여(DB)형, 근로자의 투자수익률이 높은 경우 확정기여(DC)형을 선택하는 것이 유리합니다.

    일반적으로, 임금피크제 적용으로 평균급여가 내려간다면 임금삭감 직전 확정급여(DB)형에서 확정기여(DC)형으로 퇴직연금을 전환하는 경우가 많습니다. 이때 주의할 점은 확정급여(DB)형에서 확정기여금(DC)형으로 전환한 후에는 확정기여(DC)형에서 확정급여(DB)형으로 전환이 불가능하고 확정기여(DC)형의 운용수익에 대한 책임도 본인에게 있으므로 사전에 반드시 철저하게 검토 후 실행해야 합니다.

    개인형퇴직연금 IRP는 근로자형 IRP와 퇴직자형 IRP가 있는데 확정기여(DC)형과 운영방식이 유사합니다. IRP는 개인이 본인의 노후를 위해 직접 관리하고 납입한 금액은 소득 있는 기간 동안 연말 세액공제 혜택이 부여되고, 55세 이전에 퇴직하는 경우에는 2022년부터 DB형과 DC형의 퇴직금은 IRP로 의무이전하여 IRP 계좌를 통해

서만 퇴직금을 수령하도록 의무화 하고 있습니다.

또한 퇴직연금을 운영할 때 운용관리 수수료와 자산관리 수수료가 있습니다.

1) **운용관리 수수료**는 퇴직연금 자산을 운용하는 자산운용사에 지급하는 수수료로, 자산가치의 일정 비율에 대해 매년 지급합니다. 이는 퇴직연금 자산의 운용 및 관리를 위한 비용으로 자산운용사에 따라 연 0.1~0.4% 수준입니다.

2) **자산관리 수수료**는 자산운용사가 퇴직연금 자산을 관리하는 데 필요한 비용으로, 일반적으로 자산가치의 일정 비율로 매년 지급합니다. 이는 자산운용사가 퇴직연금 자산을 안정적으로 관리하기 위해 필요한 비용으로, 투자여부와 관계없이 계좌에 돈이 있으면 부과되는데 펀드, ETF 등 투자상품에 따라 달라지며, 펀드는 평균 0.3~1.0%, ETF는 0.05~0.5%, 예적금은 일반적으로 수수료 없습니다.

퇴직연금 수수료는 장기적으로 자산형성에 중요한 영향을 미치므로, 운용관리 수수료와 자산관리 수수료를 비교하고, 저비용 상품을 활용하는 것이 좋습니다.

03. 퇴직연금 운영은 세금절세와 운용수익률이다.

퇴직연금제도의 운영핵심은 세금절세와 운용수익률입니다. 연금계좌(연금저축+IRP) 합산 세액공제한도는 연간 900만 원이며, 연금저축만 가입하면 연간 600만 원입니다. 퇴직연금의 상품은 원리금보장형 상품과 실적배당형 상품으로 구분됩니다.

1) **원리금보장형 상품**은 사전에 약정한 금리를 제공해 일정 금액의 이자와 원금이 보장되는 상품입니다. 대표적인 상품은 은행 예·적금과 보험의 원리금 상품이 있습니다.

2) **실적배당형 상품**은 개인이 선택한 상품의 운용성과에 따라 수익률이 변동되는 상품입니다. 대표적인 실적배당형 상품으로는 펀드, ETF(수수료가 저렴하고 전체 지수를 추적하는 장기투자에 유리한 펀드)와 TDF(투자자의 은퇴시점에 따라 위험자산과 안전자산의 투자비중을 자동으로 조절하는 펀드)가 있습니다.

IRP계좌에서는 원리금보장형 상품부터 실적배당형 상품까지 투자할 수 있고, 연금저축은 펀드, 보험, 신탁이 있는데 실적배당형 상품에 투자하려면 연금저축 펀드에 가입하면 됩니다. 위험자산 투자한도에 있어 IRP계좌는 70%까지만 위험자산에 투자할 수 있는데 반하여, 연금저축 펀드는 위험자산 투자한도를 적용 받지 않고 투자할 수 있습니다.

　DC형과 IRP계좌의 경우 개인투자성향과 관심도가 높은 상품에 투자하고 시장상황[13]에 따라 투자비중이나 운용상품을 변경하는 것이 좋습니다. 직장생활을 막 시작하는 사회초년생들은 수익성에 초점을 맞춘 다양한 투자상품을 통해 투자능력을 쌓을 수 있고, 직장시니어로서 연봉인상이 되지 않거나 임금피크제를 적용 받는 중장년층은 안정성에 초점을 맞춘 상품 포트폴리오를 구성해 노후에 대비할 수 있습니다.

---

13) 연도별 한국은행 기준금리 변화

년도	2000	2005	2010	2015	2020	2021	2022	2023	2024	2025
금리(%)	5.00 →5.25	3.25 →4.00	2.00 →2.50	2.00 →1.50	1.25 →2.50	0.50 →1.00	1.00 →3.25	3.25 →3.50	3.50 (종결)	3.50 →2.50

04. 퇴직연금 현물이전 제도 활용하기.

'퇴직연금 현물이전 제도'는 2024년 10월 31일부터 시행되어 가입된 기존 상품을 매도하지 않고 그대로 퇴직연금을 다른 금융회사로 이전할 수 있습니다. 지금까지는 가입자가 퇴직연금을 다른 금융회사 계좌로 이전하려면 투자 상품을 모두 팔아 현금화해야 했습니다. 그렇지 않으면 소비자가 이전하기 전 만기까지 기다려야 하기 때문에 이전 절차가 번거롭고 소비자 선택의 폭이 제한됐습니다.

퇴직연금 현물이전은 단순 퇴직금제도나 DB형 운영일 경우가 아닌 DC형과 IRP형에서 가입자가 퇴직연금 계좌를 다른 금융회사로 이전할 때는 동종의 퇴직연금 종류, 이전할 금융회사에도 판매 중인 상품으로 예금, 수익증권, 금융파생상품 등 기존 포트폴리오를 그대로 이전할 수 있는 제도입니다.

원칙적으로 금융회사 간에 이관회사와 수관회사에서 공통적으로 판매하는 금융상품만 실물이전을 할 수 있습니다. 이 때 DC형과 IRP형에서 IRP형으로 이전은 가능하나, DC형에서 연금저축이나 연금저축에서 IRP형으로 이전은 불가능하고 상품 매도 후 연금화하여 이전을 할 수 있습니다.

실물이전을 하게 되면 수수료를 줄일 수 있고 수익률이 높거나 다양한 상품을 가진 운용사로 손쉽게 옮길 수 있어 가입자가 선택할 수 있는 금융회사의 범위가 더 넓어질 수 있습니다.

일반적으로 퇴직운용 사업자인 은행은 원리금 보장형 상품 중심, 증권사는 투자 실적배당형 상품 중심으로 금융투자상품을 다양하게 보유하고 있어 본인 투자성향에 맞는 운용사를 선택하는 것이 좋습니다.

05. 퇴직연금 적용 세금은 소득세(퇴직, 연금, 기타)가 있다.

퇴직연금에 있어서는 개인의 나이, 경제능력, 개인적 성향 등을 고려하여 적합한 상품을 선택하여 중장기적으로 길게 관리하는 것이 중요합니다.

퇴직연금으로 인한 소득발생도 과세대상입니다. 퇴직연금에 적용되는 소득세는 '언제·어떻게 받느냐'에 따라 소득의 종류가 퇴직소득, 연금소득, 기타소득으로 나누어집니다.

1) **퇴직소득**으로 **과세**되는 경우는 퇴직연금(DB형, DC형, IRP)의 적립금을 일시금으로 퇴직시 수령할 때 근무연수공제와 퇴직소득공제한 후 분류과세 적용됩니다.

2) **연금소득 과세**는 퇴직연금을 연금형태로 만 55세 이후 수령할 때 수령나이에 따라 3~5% 적용되나 연간 1,500만 원 초과시 16.5% 분리과세 또는 종합과세를 선택해야 합니다.

3) **기타소득 과세**는 연금수령 요건을 충족하지 못하고 중도인출 또는 IRP로 연금이 아닌 방식으로 해지시 기타소득세 16.5%(지방세 포함) 과세 적용됩니다.

일반적으로 퇴직금으로 발생하는 퇴직소득세는 동일한 소득에 대해 근로소득세의 절반 수준으로 과세되며, 퇴직 시 퇴직금을 일시금 아닌 연금수령으로 인출하면 세제이전 효과도 볼 수 있습니다. 또한 퇴직연금 운용 중 퇴직연금 확정급여(DB)형으로 벌어들인 이자는 회사에 귀속되어 개인과 거의 관련이 없지만 확정기여(DC)형으로 벌어들인 이자는 비과세됩니다.

IRP의 운용이자는 연금을 받을 때는 연금 수령방법과 연금수령 당시의 나이에 따라 연금소득세 3.3~5.5%가 적용 부과되지만 일시금으로 받으면 이자에 대하여 기타소득세 16.5%가 적용됩니다.

06. 퇴직연금 수령요건과 퇴직연금 수령방법 이해하기.

퇴직연금 수령요건에는 첫째, 연금계좌 가입자가 55세가 되어야 연금을 개시할 수 있습니다. 둘째, 연금계좌 가입일로부터 5년이 경과해야 합니다. 55세 이후에 퇴직한 근로자는 연금계좌 가입시기와 상관없이 연금을 개시할 수 있습니다. 셋째, 연금수령 한도 이내에서 인출해야 세제감면 혜택을 받을 수 있습니다. 연금수령 한도를 초과해서 인출한 금액은 '연금외 수령'으로 간주되어 세제감면 혜택을 받을 수 없습니다.

퇴직연금 수령방법에는 일시금, 연금수령, IRP계좌 거치 등이 있습니다.

1) **일시금**은 퇴직 후 목돈을 바로 사용할 수 있으나 퇴직소득세가 한 번에 부과되어 퇴직금이 클수록 세금부담이 커집니다.

2) **연금수령**은 퇴직연금 관리하는 금융회사에 따라 다를 수 있으나 일반적으로 퇴직연금형태에 따라 확정형 연금(10년, 15년, 20년, 30년, 40년, 50년)과 종신형 연금(10년 보증, 20년 보증, 30년 보증) 중 하나를 선택하여 노후생활비를 월급처럼 매달 현금흐름을 만들어 갈 수 있습니다.

3) IRP계좌 거치는 바로 세금을 납부하지 않고 과세적용을 이연시킬 수 있습니다. 이 기간 동안 자금을 원리금 보장형과 실적배당형으로 선택하여 예금, 펀드, ETF 등으로 운용할 수 있습니다.

퇴직연금 수령시 주의할 점은 종신 연금형의 경우 사망 시까지 연금을 받을 수 있지만, 중도에 사망할 경우에는 잔여 보증 기간만 생존 유족에게 상속됩니다. 따라서 퇴직연금의 종신 연금형을 선택할 때는 조기사망 위험을 대비하여 원금보다 더 많이 지급될 수 있도록 종신형 보증 기간을 가능한 길게 설정하는 것이 좋습니다.

퇴직연금 수령시 적용되는 세금은 일반 소득세보다 낮은 세율이 과세되며, 일정기간 이상 나눠 받으면 퇴직소득세도 감면적용 받을 수 있습니다. 그러므로 퇴직연금 수령방법은 본인에게 적합한 방법을 선택하여 연금수령을 가능한 길게 나눠 받는 것이 좋습니다.

07. 퇴직연금 수령방법에 따라 과세적용도 다르다.

일반적으로 퇴직급여는 개인형 퇴직연금(IRP) 계좌를 통해서만 수령하지만 55세 이상이고 퇴직급여가 300만원 이하이거나 해외거주로 인한 이주할 경우에는 현금으로도 수령할 수 있습니다. 즉, 55세 이후에 퇴직하는 경우라면 퇴직급여를 일시에 현금으로 수령할 수도 있고, 연금계좌인 연금저축과 IRP에 이연퇴직소득을 이체하여 퇴직연금으로 수령할 수도 있습니다.

다만, 연금저축 가입자는 필요하면 언제든지 찾을 수 있으나 IRP 가입자는 법으로 정한 중도인출 사유(무주택자 주택구입, 본인과 부양가족 6개월이상 요양 필요 등)에 해당할 경우에만 인출할 수 있어 목돈이 필요하면 IRP계좌를 해지할 수 밖에 없습니다.

퇴직금이나 퇴직연금을 수령할 때 반드시 한 가지 지급방식만 선택해야 하는 것은 아닙니다. 수령자의 상황에 따라 지급비율을 설정하여 일부는 연금으로 수령하고 일부는 일시금으로 사용할 수도 있습니다.

1) 퇴직금을 퇴직연금계좌로 이체하여 퇴직연금으로 수령하면 연금 수령 방법과 연금수령 나이에 따라 퇴직연금 소득세율이 다르게

적용됩니다.

연금수령 나이가 55세~69세까지는 5.5%, 70세~79세까지는 4.4%, 80세부터는 3.3% 세율이 적용되고, 종신형 연금을 선택하면 55세~79세까지는 4.4%, 80세부터는 3.3%를 적용합니다.

2) 일시금 수령 시 신탁형 퇴직연금을 선택하면 퇴직연금 수령연차에 해당하는 금액에 대해서는 30%의 퇴직소득세 감면 혜택을 받을 수 있습니다.

감면 받은 퇴직소득세에 해당하는 금액을 IRP 계좌나 연금저축계좌로 다시 예치하여 연금 수령 시 세금을 분할 납부하면서 운영을 계속할 수 있습니다.

퇴직연금에 대한 과세방법과 세율적용은 퇴직소득 적립액, 연금수령당시 나이, 연금수령 연차, 연금수령한도 초과여부, 연금수령 방법에 따라 다르게 적용됩니다.

일반적으로 인출되는 퇴직금의 일시금과 퇴직연금 연금소득 재원에 따라,

1) 순수 퇴직금인 이연 퇴직소득을 중도인출하는 경우 퇴직소득은 근속연수에 따른 분리과세로 퇴직소득세율의 70%에 해당하는 감면세율로 과세되고,

2) 세액공제 받은 퇴직적립액과 운용수익에 해당하는 금액을 인출할 경우에는 기존 세제혜택을 받았으므로 수령시 연금소득세

3.3%~5.5%의 세율로 과세됩니다.

구 분	자금 성격	과세 방식
퇴직금 (순수 퇴직소득)	근로기간 동안 발생한 퇴직금	퇴직소득세(분리과세)
퇴직연금 일시금 수령	퇴직소득 + 적립금 + 운용수익	퇴직소득세 중심
퇴직연금 연금 수령(IRP)	퇴직소득 이연분 + 세액공제 적립금 + 운용수익	연금소득세(저율과세)
세액공제 받은 적립금	세제 혜택을 받은 납입금	연금소득세
운용수익	투자로 발생한 이자·배당·매매차익	연금소득세

퇴직연금의 세율적용이 수령방법에 따라 달라지는 이유는 자금의 성격이 서로 다르기 때문입니다. 퇴직소득은 근속연수에 따른 분리과세로 감면혜택이 크고, 세액공제 받은 적립금과 운용수익은 이미 세제혜택을 받았으므로 수령시 연금소득세가 적용됩니다. 따라서 퇴직금을 일시금으로 받는 것보다 IRP를 통해 연금수령 하는 것이 세율이 낮고 장기적으로 유리합니다.

퇴직연금 수령은 각 개인의 여건과 경제적 사항을 고려하여 각자에게 유리한 과세방법을 선택해야 합니다.

08. 퇴직연금의 퇴직소득세 감면은 30%~40%가 적용된다.

순수 퇴직금인 이연 퇴직연금의 퇴직소득세 감면적용은 55세 이상이면서 10년 동안 퇴직연금을 받으면 퇴직소득세 30%를 감면 받고, 11년 이상 퇴직연금을 실제 수령하였다면 퇴직소득세 40%를 감면 받습니다.

이처럼 연금소득세율을 산정할 때 연금 수령연차는 실제로 연금을 받은 기간인 '연금실제수령연차'를 뜻한다는 점을 유념해야 합니다. 즉, 실제로는 1원이더라도 11년 동안 계속하여 최소 금액이라도 퇴직연금을 받았어야 되고, 연금을 받지 않으면 11년이 경과해도 30%만 적용됩니다.

퇴직연금을 수령할 때 퇴직소득세의 30%~40% 감면되는 혜택은 연금계좌 가입일에 따라 연금 개시일과 연금 수령연차의 적용이 다릅니다.

1) 2013년 3월 이전에 퇴직연금을 가입했다면 연금 가입기간 10년, 연금 수령기간 5년 이상(이 경우 연금수령기간 6년 적용)으로 분할하여 연금을 수령해야 감면됩니다.

2) 2013년 3월 이후에 가입했다면 가입기간 5년, 연금 수령기간 10

년 이상(연간 연금수령기간 1년 적용)으로 분할하여 수령해야 감면 적용 받습니다.

다만 2013년 3월 이후에 연금계좌에 가입했더라도 퇴직연금계좌 가입일이 그 이전인 경우 연금계좌 이체 시 2013년 3월 이전에 가입한 것으로 봅니다. 즉 2013년 3월 이전에 퇴직연금에 가입했다면 5년 이상 퇴직연금을 수령하면 퇴직소득세 30%를 감면받을 수 있습니다. 첫 해는 6차년도에 적립한 퇴직연금의 24%, 2차년도는 7차년도의 30%, 3차년도는 8차년도의 40%, 4차년도는 9차년도의 60%, 5차년도는 10차년도에 해당하는 100%를 수령하면서 퇴직소득세 30%를 감면받을 수 있습니다.

예를 들면, 퇴직금 1억원과 퇴직소득세 10%가 부과되는 경우 일시금으로 수령하면 퇴직소득세가 1,000만원이지만 연금계좌로 납입 후 인출하면 6년차 해당하는 24%인 24백만 원의 퇴직소득세 168만 원(퇴직소득세 10%의 30% 감면혜택)과 나머지 76백만 원의 퇴직소득세 760만 원(퇴직소득세 10%)으로 총 퇴직소득세 928만 원 발생하므로 72만 원을 절약할 수 있습니다.

구 분	계산 과정	세금 부담
① 일시금 수령	1억 × 퇴직소득세율(10%) = 1,000만 원	1,000만 원
② 퇴직연금 수령 (6년차 적용 후 일시금)	☞ 6년차(24%는 30% 감면) 　1억 × 24% × 70% = 168만 원 ☞ 24% 초과분 7,600만 원(감면 없음) 　7,600만 원 × 퇴직소득세(10%) = 760만 원	928만 원
차액(절세효과)	1,000만 원 – 928만 원 = 72만원 절세	72만 원

　순수 퇴직금인 이연 퇴직소득은 인출 후 금액에 상관없이 전액이 분류과세가 적용됩니다. 퇴직금을 수령하다 중도에 연금계좌를 해지하면, 그동안 감면 받은 것은 그대로 인정되고 남은 금액에 대한 세율만 조정됩니다. 순수 퇴직금인 이연 퇴직소득은 본래의 퇴직소득 세율로 과세하고, 운용수익은 16.5%의 기타소득세로 과세됩니다.

09. 퇴직연금 수령한도액까지 감면적용 받아 인출 가능하다.

퇴직연금 수령은 55세 이후 최소 10년 이상 퇴직연금 수령한도인 [퇴직적립금/(11-연금수령연차)] × 120% 범위 내에서 퇴직연금을 나누어 받아야 퇴직소득세를 절감할 수 있습니다.

예를 들어 퇴직금 1억원일 경우 1년차 연금수령 한도액은 1억원 ÷ 10년 × 120% = 1천 2백만원(한번에 인출 가능)까지는 퇴직소득세 감면인출 가능합니다.

부부의 노후생활자금이나 자녀 지원자금이 필요하여 퇴직연금을 목돈으로 수령할 때는 신탁형 퇴직연금 연간 한도까지는 퇴직소득세 30% 감면혜택을 적용 받습니다.

앞에서 살펴본 것처럼, 퇴직연금 수령한도액=[적립금/(11-연금수령연차)]×120%입니다. 신탁형 퇴직연금이 감면 적용되는 연금수령 한도율[14]은 연도별로 퇴직금 총액의 1년차 12%, 2년차 13.3%, 3년

---

14) 신탁형 퇴직연금 연차별 인출 한도율(근로자퇴직급여보장법 시행령 제 23조, 금융감독원 퇴직연금 안내자료)

연 차	1년차	2년차	3년차	4년차	5년차	6년차	7년차	8년차	9년차	10년차
인출 한도율	12%	13.3%	15%	17.1%	20%	24%	30%	40%	60%	100%

☞ 한도 내 인출분은 퇴직소득세 산출 후 30% 감면 적용.

차 15%, 4년차 17.1%, 5년차 20%, 6년차 24%, 7년차 30%, 8년차 40%, 9년차 60%, 10년차 100%입니다. 연금수령시 한도내 인출은 퇴직소득세 산출 금액의 30% 감면적용을 적용 받으므로 장기적으로 연금형태로 수령할수록 세금부담이 줄어들고, 일시금 수령할 때 보다 절세효과가 훨씬 유리하게 됩니다. 또한 신탁형 퇴직연금의 연금 인출 한도율은 매년 1월 1일 기준으로 새롭게 산정되기 때문에, 12월 말과 1월초에 각각 인출하면 두 해의 한도율을 모두 활용할 수 있어 세제상 유리합니다.

연금수령연차는 최초로 연금수령이 가능한 날이 속한 년도로 연금개시 신청과 무관하게 55세부터 1년차가 시작되나 2013년 3월 1일 이전 퇴직연금 가입자 중 퇴직소득 전액(퇴직금 등 포함)을 IRP에 가입한 경우에는 6년차부터 시작합니다.

예를 들면, 퇴직금 1억원일 경우 1년차 연금수령 한도액은 퇴직금 인출한도 1억원 ÷ 5년(6년차로 계산) × 120% = 2천 4백만원까지 퇴직소득세 30% 감면 적용 받고 인출 가능합니다.

연금수령 한도액의 생성은 매년 1월 1일 기준이므로 12월 말, 1월 초로 나누어 퇴직연금을 인출하면 감면 적용되는 연금수령 한도액이 늘어납니다.

예를 들면, 퇴직금을 일시금으로 받는 것보다 신탁형 퇴직연금을 수령하면 수령연차에 해당하는 금액은 30%의 감면된 퇴직소득세를 납부합니다.

또한 금융회사에 따라서는 1년 차에는 95%를 지급(S보험사 규정상 연금형 1회 지급한도), 2년 차에 나머지 5%를 퇴직연금으로 지급하기도 합니다. IRP 가입 후 발생한 이자는 연금소득세 5.5%가 부과됩니다.

즉, IRP 인출한도 = 퇴직연금액 / (11-수령연차) × 120%이므로, IRP 납부 후 퇴직연금 수령 시 연간 인출한도 내에서는 퇴직소득세의 30% 감면 적용되나, 그 외 퇴직연금으로 인출하는 금액에 대해서는 5.5%가 부과됩니다.

10. 퇴직연금 인출순서 및 퇴직소득세 분리과세 이해하기.

퇴직연금을 받을 때 인출순서는 세금 혜택을 가장 적게 받은(과세 혜택을 받지 않은) 순서대로 인출이 이루어집니다.

세금 공제를 받지 않은 퇴직연금 납입금액이 먼저 인출되고, 다음에 이연 퇴직금(순수 퇴직금), 그 다음에 세액 공제된 퇴직연금 납입금액, 그리고 마지막으로 퇴직연금 운용수익이 인출됩니다.

이연 퇴직금의 퇴직소득세를 산출할 때에는 연금소득 금액과 무관하게 다른 소득과 합산하지 않고 따로 떼어 분류과세 적용하고 연분연승 방법에 따라 먼저 퇴직소득을 근속연수로 나누고(연분), 과세표준에 세율을 곱하여 산출세액이 계산되면 다시 근속연수를 곱해(연승) 최종 납부할 (퇴직소득)세금을 산출하게 됩니다.

근로소득과 달리 퇴직소득은 다른 소득과 합산하지 않고 분류과세와 함께 장기근속자를 우대하기 위한 근속연수공제와 퇴직급여의 크기에 따라 환산급여공제가 적용되어 세금 부담이 적습니다.

세액공제를 받은 퇴직연금 납입액과 운용수익은 연간 1,500만 원 이하일 경우는 연금수령 나이에 따라 5.5%~3.3% 연금소득세율로 분리과세 적용되나, 연 1,500만 원을 초과하여 인출되는 경우에는

전액 6.6%~49.5%의 종합과세 또는 16.5%의 분리과세 중 유리한 것
을 선택하여 납부할 수 있습니다.

따라서 순수 퇴직금(이연 퇴직소득)이외의 운용수익은 연간 1,500
만원 초과시 다른 소득과 합산해 종합과세 적용될 수 있으므로 이연
퇴직소득 재원이 전부 소진되면 연금 수령액을 1,500만원 이하로 조
정하는 것이 좋습니다.

11. 퇴직금 수령은 IRP계좌 개설하여 연금으로 받는다.

퇴직금 수령을 목적으로 하는 퇴직연금 IRP에 가입할 때는 퇴직소득 원천징수영수증과 신분증 사본을 지참해야 합니다. 다른 금융회사의 퇴직연금(DB, DC, IRP형) 가입자라면 퇴직연금 가입확인서와 신분증 사본이 필요합니다.

IRP 계좌개설은 금융회사별(A보험사, B은행, C증권사 등)로 1인 1개씩 각각 가입 가능합니다. 퇴직 이후에 자금사용처가 불투명하거나 자녀지원금 또는 사업자금 등으로 일시적 목돈이 걱정되신다면 IRP계좌를 은행이나 증권사에 각각 1개씩 더 추가적으로 개설하여 운영하다가 필요시 해약하여 사용하셔도 노후자금으로 운영하는 IRP계좌는 유지할 수 있어 안정적 노후생활을 영위해 갈 수 있습니다.

IRP를 해지할 때는 IRP 계좌에 납부한 개인부담금에 대해 세액공제를 받은 금액이 있다면 기타소득세가 부과되고, 퇴직급여인 사용자 부담금에 대해서는 퇴직소득세가 부과됩니다.

퇴직금을 일시금으로 받았다면 퇴직소득세를 전액 납부해야 하지만 연금으로 받는다면 퇴직소득세를 30%~40% 감면 받을 수 있습니다. 납부할 퇴직소득세가 1천만 원이라면 연금을 받으면 600만 원 ~700만 원의 세금만 내면 되어 결과적으로 300만 원~400만 원을 아낄 수 있습니다.

　퇴직금을 일시금으로 사용하기 위해 퇴직소득세가 공제된 금액을 일반 계좌로 받았지만 마음이 바뀌어 연금으로 받고 싶다면 퇴직금을 받은 날부터 60일 이내에 IRP 계좌를 개설하고 다시 입금하면 납부한 퇴직소득세를 환급 받을 수 있습니다. 이때 일시금으로 수령한 퇴직급여 중 일부만 연금계좌에 이체할 수도 있는데 전체 퇴직금에서 이체한 금액의 비율만큼 퇴직소득세를 연금계좌로 환급됩니다. 퇴직한 회사에 연락하지 않아도 IRP 계좌를 개설하는 금융회사 직원에게 이야기하면 알아서 처리해 줍니다.

12. 퇴직금 중간정산 받았다면 세액정산 특례를 활용한다.

퇴직금 수령할 때 중간정산을 받았다면 '퇴직소득 세액정산 특례제도(퇴직소득 합산 특례)'를 활용할 수 있습니다.

퇴직소득 세액정산 특례제도는 최종 퇴직금을 수령할 때 퇴직금 계속고용기간 산정일을 중간정산일이 아닌 입사일을 기산일로 계산하기 때문에 근속기간이 길어져 공제액이 증가하며 퇴직금 수령액도 많아집니다.

퇴직소득세를 세액정산 할 때는 중간정산 시 퇴직소득세 원천징수영수증도 함께 제시해야 합니다. DC형 퇴직연금이라면 퇴직연금 운용사에 확인할 수 있고 DB형 퇴직연금이라면 근속회사에 확인할 수 있습니다. 만약 금융회사나 근속회사에서도 증빙서류를 찾을 수 없다면 '지방세무서에 정보공개 요청'을 하면 과거 납부내역을 확인할 수 있습니다. 이때 퇴직소득 세액정산특례(중간정산특례)를 적용과 미적용하여 퇴직소득세를 산출하여 납부할 세금을 비교해 유리한 것을 선택하면 됩니다.

하지만, 중간정산으로 퇴직소득 세액정산 특례 적용 없이 퇴직금을 받아 퇴직소득세를 납부했다면 보장을 받기 어렵습니다. 다만 이를 세무서에 경정청구(납세의무자가 경정기간이 경과한 후 과다 납부한 세액의 환급을 청구하기 위해서는 납세신고일로부터 5년 이내 청구)를 하여 바로 잡는 방법이 있을 수 있으므로 퇴직소득 세액정산 특례에 관심을 두어 퇴직소득세를 줄여 가시길 바랍니다.

【제3장. 퇴직연금 핵심요약 정리】
: 제2의 월급 만들기

퇴직연금(DB, DC, IRP)은 3층 연금의 핵심으로, 임금상승률과 수익률을 고려해 운용해야 합니다. 퇴직금을 IRP 계좌로 받아 연금으로 수령하면 퇴직소득세를 30~40% 절감할 수 있으며, 현물이전 제도와 인출 순서, 분리과세 등을 활용해 절세 및 수익을 극대화해야 합니다.

퇴직금은 '한 번에 쓰는 목돈'이 아니라 '평생 나눠 쓰는 월급'입니다. 이 실천 가이드를 통해 세금을 줄이고 수익은 높이는 전략을 실천해 보세요.

구분	실천 핵심요약
STEP 1. **퇴직 전: 내 퇴직금 유형 확인 및 전환** 퇴직 전, 임금상승률과 투자수익률을 비교하여 유리한 유형을 선택해야 합니다.	– 승진 기회가 많고 임금이 계속 오른다면? → DB(확정급여)형 유지, – 임금피크제 진입 직전이거나 투자에 자신 있다면? → DC(확정기여)형으로 전환하기 ☞ 주의: DB에서 DC로의 전환은 가능하지만, DC에서 DB로 돌아가는 것은 불가능합니다. – IRP(개인형 퇴직연금) 활용: 연간 900만 원까지 세액공제 혜택을 받으며 미리 노후 자금을 적립하세요.
STEP 2. **퇴직 시점: 똑똑한 수령을 위한 계좌 준비** 퇴직금은 원칙적으로 IRP 계좌를 통해서만 수령 가능합니다. (55세 이전 퇴직 시 의무)	• 복수계좌 전략: IRP 계좌를 보험, 은행, 증권사 등에 각각 개설할 수 있으므로 2개 이상 만들어 둡니다. – 노후용 IRP: 장기 연금 수령용 (절세 극대화) – 비상용 IRP: 자녀 지원이나 사업 자금 등 목돈 필요 시 해지용 • 현물이전 제도 활용: 2024년 10월 31일부터 시행된 제도를 통해, 기존 상품을 매도하지 않고도 수익률이 높은 금융회사로 계좌를 통째로 옮길 수 있습니다.
STEP 3. **수령 단계: 세금 30~40% 줄이는 연금 전략** 퇴직금을 일시금으로 받지 않고 55세 이후 연금으로 받으면 퇴직소득세가 획기적으로 줄어듭니다.	**1) 절세 공식 기억하기** – 10년 이하로 나누어 받을 때: 퇴직소득세 30% 감면 적용 – 11년 이상부터(실제 수령 연치 기준): 퇴직소득세 40% 감면 적용 **2) 연금수령 한도 내에서 인출하기** – 세제 혜택을 유지하려면 퇴직연금수령 한도를 지켜야 합니다. ☞ 퇴직연금 연간 인출 한도 = [퇴직연금 연금평가액/(11 – 수령연차)] × 120%입니다. ☞ 팁: 12월 말과 1월 초로 나누어 인출하면 연간 한도를 효율적으로 활용할 수 있습니다.

구 분	실천 핵심요약
STEP 4. **운용 및 세금 관리** 수익률과 절세를 동시에 연금을 받는 중에도 자산은 계속 운용되어야 합니다.	• 투자 상품 포트폴리오: 　– 사회초년생: ETF 등 실적배당형 상품으로 수익성 추구하기 　– 시니어: TDF(은퇴시점 자동조절 펀드)나 원리금 보장형으로 안정성 확보하기 • 인출 순서의 비밀: 세금 혜택이 없는 금액부터 자동으로 인출됩니다. 1. 과세 제외 금액 → 2. 이연 퇴직금(순수 퇴직금) → 3. 세액공제 납입금 및 운용수익 순입니다. • 종합과세 주의보: 세액공제 받은 원금과 운용수익이 연 1,500만 원을 넘으면 종합과세(또는 16.5% 분리과세 선택) 대상이 되므로 수령액을 조절하세요.
STEP 5. **특수 상황 대응:** **중간정산 및 재입금**	• 중간정산 특례: 과거에 퇴직금을 중간정산 받았다면, 입사일부터 근속연수를 합산하는 '세액정산 특례'를 신청하세요. 근속연수가 길어져 세금 부담이 크게 줄어듭니다. • 60일의 기적: 이미 일시금으로 퇴직금을 받았다면? 받은 날로부터 60일 이내에 IRP에 다시 입금하세요. 이미 냈던 퇴직소득세를 환급받고 연금으로 전환할 수 있습니다.

실천 체크리스트

실천 점검사항	체크
나의 퇴직연금 유형(DB/DC) 확인하기	(Y, N)
목적별 IRP 계좌 2개 이상 개설하기	(Y, N)
과거 중간정산 퇴직소득 원천징수영수증 확보하기 (세액정산 특례용)	(Y, N)
연금 수령 기간을 11년 이상으로 설계하기	(Y, N)

행복한 노후준비 체크리스트

영역	점검 항목	체크 사항
제도 이해	퇴직연금제도 이해하기	- 퇴직연금이 3층 연금 제도임을 이해하기 - 퇴직금은 노후 현금흐름을 창출하는 자산 인식하기
운용 전략	퇴직연금 운용방식과 투자 포트폴리오를 점검하기	- 임금상승률/투자수익률로 퇴직연금 운용방식 결정하기 - 세금절세/운용수익 극대화 목표로 투자 점검하기
세제 적용	퇴직연금 현물이전제도와 적용되는 소득세 이해하기	- 퇴직연금 현물이전제도와 적용되는 소득세 이해 - 세제혜택을 받을 수 있는 조건과 절차를 숙지하기
퇴직금 설계	퇴직금 수령요건과 방법 이해하기	- 퇴직금 수령요건과 방법에 따라 퇴직소득세 감면받기 - 퇴직소득세의 분류과세 적용과 수령방식 이해하기
IRP 활용	퇴직금을 IRP로 이전해 연금 수령하는 방안과 세액정산특례 활용하기	- 55세 이전이면 퇴직금을 IRP로만 수령 가능 - 중간정산 받았다면 세액정산특례 활용하기
실행 및 점검	실제 IRP계좌 개설과 매년 운용성과를 점검하고 필요시 전략 수정하기	- 실제로 IRP계좌개설 및 이전 절차 진행해 보기 - 매년 운용성과와 세제혜택을 점검하고 전략 수정하기

핵심 메시지

퇴직연금은 단순한 퇴직금이 아니라, 노후의 안정적인 현금흐름을

직장에서 물러나는 중장년층은 퇴직연금의 제도이해, 운용전략, 세제적용 확인, 퇴직금 수령설계, IRP 활용, 실행과 점검 등의 행동을 통해 세금절세와 안정적 수익률을 동시에 마련해 가야 합니다.

퇴직연금 활용 핵심 전략을 정리해 보면,

- **제도이해:** 퇴직연금의 구조와 유형(확정급여형, 확정기여형, IRP)을 정확히 이해해야 올바른 활용이 가능합니다.

- **운용전략:** 다양한 금융상품(채권, 주식, 펀드 등)에 투자해 물가상승과 장수 리스크에 대비하며 자산을 증식하는 전략이 필요합니다.

- **세제활용:** 퇴직소득세 감면, 연금소득세 저율과세, 세액공제 혜택을 적극 활용해 세금을 줄이고 실질 수령액을 극대화합니다.

- **수령 설계 및 IRP 활용:** 일시금 vs 연금 수령, 연차별 인출 한도, 연말·연초 분할 전략을 설계하고 IRP 계좌를 통해 장기 운용 및 추가 세액공제를 이어갑니다.

- **실행과 점검:** 정기적으로 운용성과와 세제혜택을 점검·조정하여 시장변화와 개인 상황에 맞게 지속적으로 관리합니다.

즉, 퇴직금을 현명하게 운용하고 세제혜택을 적극 활용하는 것이 행복한 노후의 열쇠입니다,

제4장

개인보험 활용,
보장성 보험과 저축성 보험

보험은 미래의 우연한 사고로 인한 재무적 위험을 회피할 목적으로 사고발생 전에 가입하는 금융상품입니다. 보험은 미래의 불확실한 우연한 사고에 대비하여 예측 가능한 비용을 지급하여 장래의 불확실한 위험분산을 가능하게 하는 합리적인 재무계획을 수립하는데 유용합니다.

민영보험은 크게 생명보험과 손해보험으로 나누며 공통영역으로 제3보험이 존재합니다.

【민영보험상품】

여기에서는 민영보험 중 생명보험을 위주로 한 보장성 보험과 저축성 보험을 다루고자 합니다. 생명보험은 개인이 납입하는 보험료 금액에 따라 다양한 보장급부의 보험설계를 할 수 있습니다.

§ 개인보험 활용 행동플랜 §

1. 보장성 보험 활용하기

– 실손보험 가입여부: 의료비 부담을 줄이기 위해 가장 우선으로
  실손보험을 가입합니다.

– 종신보험 점검: 가족보호 목적이 크므로, 사망보장 범위와 보험료
  부담을 비교해 본인소득의 적합한 수준에서 보험료 납입을
  유지합니다.

– 보장급부 중심설계: 본인의 건강상태, 가족상황에 맞춰 필요한
  보장항목(질병, 상해, 입원 등)을 중심으로 보장자산을 설계합니다.

– 중복보장 점검: 여러 보험에 가입되어 있다면 중복되는 보장항목을
  줄여 불필요한 보험료 지출을 줄여야 합니다.

2. 저축성 보험 활용하기

– 연금보험, 저축보험 가입 검토: 은퇴 후 안정적인 생활비 확보를
  위해 장기저축성 연금보험과 세제적격 저축보험을 활용합니다.

– IRP계좌 활용: 세액공제 혜택을 받으면서 퇴직금과 연금저축을
  함께 관리합니다.

– 납입기간과 수령액 비교: 계약기간 동안 납입한 총액 대비 만기
  수령액을 확인해 비과세적용과 수익성을 점검합니다.

– 세제혜택 활용: 연금저축·IRP는 세액공제혜택이 크므로,
  연말정산시 적극 활용합니다.

3. 보험 가입 전 준비하기

- 보험용어 이해: 보험료, 보험금, 보장성 보험, 저축성 보험, 책임준비금, 해지환급금 등 기본용어 등을 이해합니다.

- 보험약관 꼼꼼히 확인: 보험금 지급조건, 면책사항, 해지환급금 등을 반드시 확인합니다.

- 상품구조 이해: 보험료 납입방식(월납, 연납 등), 보장기간, 만기수령액 등을 비교합니다.

4. 실행 및 점검

- 보험 포트폴리오 점검: 보장성 보험과 저축성 보험의 균형을 맞춰 과도한 보험료 지출을 방지해야 합니다.

- 정기적 재검토: 결혼, 자녀교육, 은퇴시점 등 인생 이벤트에 따라 보험을 재설계합니다.

- 전문가 상담 활용: 필요시 재무설계사나 보험전문가와 상담하여 본인의 여건과 상황에 맞는 최적의 상품을 선택합니다.

☞ 개인보험 실천 전략활용

'위험 대비 리스크관리 + 세액공제 + 복리효과' 활용이 가능합니다.

- 보장성 보험 활용: 미래에 우발적 사고(사망, 상패, 입원 등)가 발생 할 때 경제적 손실을 보장받기 위해 실손보험, 종신보험 등 보험상품을 활용합니다.

- 저축성 보험 활용: 목적자금과 노후자금 마련을 위해 보험의 복리효과와 세제혜택을 고려하여 자신의 경제적 여건에 적합한 연금보험, 연금저축, IRP 등 보험상품을 활용합니다.

01. 보험상품 가입시 자신에 맞는 보장급부 중심으로 보험설계하자.

오랫동안 보험회사에 근무하며 재무설계 강의를 해왔지만 보험상품만큼 복잡한 금융상품은 없다고 생각합니다.

보험은 하나의 상품으로 개인이 필요로 하는 모든 보장을 다 감당할 수 없기 때문에 개개인이 자신의 상황에 맞는 보장급부를 챙겨야 합니다. 일상적 삶을 살아가는데 꼭 필요한 보험준비는 최소 사망보장과 장해보장급부, 암·뇌·심장질환을 보장하는 진단보장금, 수술비와 치료비를 중심으로 한 실손보장급부라고 생각합니다.

보험 가입은 본인의 나이와 상황에 맞는 필요한 보장급부에 중점을 두어 설계해야 합니다. 젊었을 때는 보장보험에 집중하고, 나이가 들수록 저축성 보험 위주로 준비해야 합니다. 은퇴 후에도 보장성 보험에 집중하도록 설계되어 있기 때문에 보험료 납입으로 노후생활에 어려움을 겪는 사람들을 흔히 볼 수 있습니다. 자녀가 결혼하고 나면 부모의 보장급부는 가족보장의 보장성 중심에서 부부보장의 저축성 중심으로 전환해야 합니다.

자녀성장기에 부모들은 대부분 자녀교육자금을 우선적으로 지원하므로 부부의 노후준비는 자녀들이 결혼한 이후에 시작하게 됩니다. 이 때가 되면 부모는 다니던 직장생활을 퇴직하여 경제적 소득이 없거나 부부의 노후준비를 할 시간적 여유도 넉넉하지 못한 상태가 됩니다. 그러므로 퇴직 이후 노후를 준비할 때 보험상품은 꼭 필요한 금융상품이지만, 연금을 받아 보험료 납부할 수 있기 때문에 가입된 보장성 상품의 중복보장이나 실효성이 낮은 보장급부는 줄이거나 해지하여 가급적 부부중심의 저축성 상품 위주로 보험설계를 하여야 합니다.

02 보험상품을 가입 전에 보험용어와 보험약관 이해하기.

보험상품을 가입하기 전에 보험약관을 먼저 살펴보고자 합니다.

보험약관은 자신이 가입한 보험계약의 내용과 조건을 미리 정한 계약조항으로 보험계약자와 보험회사의 권리와 의무를 규정하고 있습니다. 보험약관에는 보장의 범위와 면책사항, 보험료와 보장 관계, 보험금 지급 및 지급제한, 청약철회, 계약취소, 계약 전 알릴의무 및 위반효과, 보험금 청구절차와 조건, 부활 등 보험계약의 중요한 사항에 대한 설명이 담겨 있습니다.

보험약관의 주요 용어를 이해하기 쉽게 간단히 정리해 보면 다음과 같습니다.

1) **보험료**는 보험계약자가 보험계약상 보장을 받기 위하여 보험회사에 납입한 금액입니다.

2) **보험금**은 피보험자의 지급사유가 발생하였을 때 보험회사가 수익자에게 지급하는 금액입니다.

3) **보험계약자**는 보험회사와 보험계약을 체결한 사람으로서 보험료의 납입의무가 있는 사람입니다.

4) **보험수익자**는 보험사고가 발생하였을 때 보험금을 청구할 수 있

는 권리를 가진 사람입니다.

5) **피보험자**는 보험사고의 대상이 되는 사람입니다.

6) **보험기간**은 보험계약에 따라 보장받는 기간에 해당합니다

7) **보험가입금액**은 보험금이나 보험료 및 책임준비금 등의 산정의 기준이 되는 금액입니다.

8) **책임준비금**은 보험회사가 장래의 보험금 또는 해지환급금 등을 지급하기 위하여 보험계약자가 납입한 보험료의 일정금액을 적립해 둔 금액입니다.

9) **해지환급금**은 보험계약이 해지 되었을 때 보험계약자에게 반환되는 금액입니다.

보험은 단순히 가입하는 것이 아니라, 약관과 용어를 이해해야만 제대로 된 보장을 받고 분쟁을 예방하며 장기적인 재정 안정망으로 활용할 수 있습니다.

03 보험상품 구성과 내용 이해하기.

보험상품은 주계약과 특약으로 구성되어, 주계약은 보험 가입의 목적으로 보험계약의 기본이 되는 보장의 핵심이며 특약은 특별약관의 줄임말로 주보험의 부족한 보장부분을 보완하고 추가적으로 다른 보장들을 다양하게 추가할 수 있는 선택사항입니다.

예전 보험상품은 수명이 짧아 70세, 80세 만기가 많았으며 특히 2000년 초반에는 자녀와 부모 보장을 결합한 통합보험이 유행하였는데 통합보험의 실손보장은 자녀가 성인(자녀27세)이 되면 특약이 만기가 되어 주보험과 특약의 만기가 다를 수 있으니 세심한 관심이 필요합니다.

또한 보험상품은 순수보장형과 만기환급형 두 가지가 있습니다. 순수보장형은 보험료가 저렴하지만 만기환급금이 없고, 만기환급금은 보험료가 더 비싸지만 계약종료시 납입한 보험료 일부 또는 전부를 돌려 받을 수 있습니다. 즉, 만기환급형은 만기에 원금을 돌려주지만 같은 조건에서 순수보장형보다 보험료가 더 높습니다. '10년납, 80세 만기'에서는 10년 동안 보험료를 내지만 80세까지 보장을 해주고, 80세에 보험 만기가 도래합니다. 보험료 환급은 10년 납입 기간이 아닌 80세 만기가 되었을 때 받습니다. 이 경우 동일한 조건으로 만기환급형과 순수보장형에 대한 견적을 받고, 일단 순수보장형 가입하고 만기환급형과 순수보장형의 보험료 차액을 적금에 가입합니다. 만기가 됐을 때 환급형으로 받을 수 있는 금액보다 훨씬 더 많은 금액을 돌려받게 됩니다. 보험상품이 아닌 저축상품은 사업비가 미비하기 때문입니다.

보험 상품의 상품명도 다양하지만 각 보험사와 보험설계사가 추천하는 상품의 보장급부도 다양합니다. 보험설계사의 조언에 따르면 종신보험은 조기사망 위험을 대비하기 위해, 연금보험은 죽지 않고 오래 살아 노후를 준비해야 하고, 죽고 사는 것 이외에도 암으로 병원비로 고생하므로 종신보험, 연금보험, 암보험 등은 모두가 가입하는 것이 필수적이라고 합니다.

흔히 보험가입비는 소득의 10%가 적당하다고 하지만 국민연금 4.5%, 건강보험 3.545%, 고용보험 0.9% 등 공영보험만으로도 약 8% 이상의 비용이 듭니다. 여기에 민영보험까지 더하면 보험료가 과소비 되는 결과를 초래합니다.

그러므로 보험가입자의 경제력, 가정형편, 건강, 나이 등을 고려하고 비교 검토해 가장 본인에게 적합한 보험상품을 가입하는 것이 좋습니다.

일반적으로 보험상품은 크게 생명보험과 손해보험으로 나뉘며 보장급부에 따라 보장성보험과 저축성보험으로 구분됩니다. 생명보험은 사망·질병 등 생애 리스크를 대비하는데 적합하고, 손해보험은 사고·재산 손실을 보장하는데 적합합니다. 보장성보험은 위험 대비 중심으로 하는 보험이고, 저축성보험은 자산형성과 노후준비를 중심으로 하는 보험입니다.

보험상품의 적용이율은 보험료 산정 시 적용되는 예정이율과 보험계약자 적립액 산정 시 적용되는 공시이율이 있습니다. 공시이율은 매월 1일 보험회사에서 결정하는 이율로 매 계약 마다 보험가입시점부터 매년 확정 적용됩니다.

보험은 단기적 혜택보다는 장기적 안전을 목적으로 가입해야 하므로 보험 상품의 특성을 이해하고, 보험의 상품 구성과 내용을 먼저 이해하는 것은 같은 보험의 보험료라도 보장범위와 저축 성격이 다르므로 자신의 목적에 맞는 보험상품을 선택하는데 효율적입니다. 각 보험상품이 지니고 있는 특성을 파악하여 자신의 상황과 목적에 맞는 보험상품을 선택하여 오랫동안 보험상품을 유지해 나가는 것이 중요합니다.

4-1 보장성 보험

보장성보험은 불확실한 미래에 우발적으로 발생할 수 있는 위험(사망, 상해, 입원 등)을 약속된 보장급부로 지급받기 위해 납입하는 보험료보다 만기시에 수령 받는 보험금이 적은 보험상품을 말합니다. 대표적인 보장성 상품으로는 실손보험과 종신보험 등이 있습니다.

§ 보장성 보험 활용 §

■ 주요 보장성 보험의 특징

- **실손보험:** 의료비 부담을 대비한 의료비 보장을 중심으로 하며, 가입시기에 따라 세대별(1~4세대) 보장범위와 보험료가 달라집니다.
- **종신보험:** 부부 각각 가입하여 사망보험금으로 홀로된 배우자의 노후자금 마련(연금·생활자금 등) 및 다양한 제도성특약을 활용할 수가 있습니다.
- **유니버설보험:** 일정기간(의무납입 2년) 이후 월대체보험료로 유연한 납입이 가능합니다.

■ 가입 및 관리시 유의사항

- 반드시 해당 상품의 보험약관·상품설명서를 확인 후 가입합니다.
- 실손보험은 표준약관 개정과 함께 통상 갱신보험료가 꾸준히 증가하므로 장기적 관리가 필요합니다.
- 실손보험 본인부담상환제, 실손보험 연계제도를 활용해 의료비 부담을 점검합니다.
- 보험리모델링은 5~10년 주기로 나이·경제적 여건 등에 맞춰 주기적으로 점검합니다.

☞ 국민연금 활용법과 장점

구 분	활용법	장 점
보장 우선순위	3대 진단비 (암·뇌·심장) 및 실손 위주 설계	고액의 치료비가 발생하는 중증질환에 대한 경제적 타격을 방지합니다.
실손 리모델링	4세대 실손 전환 검토(보험료 부담시)	나이가 들어 갱신 보험료가 높을 경우, 보장범위를 조정으로 유지 가능토록 합니다.
종신보험 활용	사망보장 + 연금전환 특약 활용	유가족을 위한 보장자산으로 쓰다가 필요시 노후생활자금으로 전환합니다.
납입관리	비갱신형 선택 및 중복보장 제거	은퇴 전 보험료 납입을 완료하여, 은퇴 후 보험료 부담 없이 보장 유지합니다.

04. 보험가입 할 때 보험약관, 상품설명서 등 확인해야 한다.

보험의 중요한 기능은 불확실한 미래에 발생하는 사고로 인한 경제적 피해를 줄이기 위해 보험사고 발생 전에 적은 보험료로 필요한 보장급부를 마련하여 위험을 전가함으로써 보험사고로부터 재정적 도움을 받는 것입니다. 보험에 가입하여 보험사고가 발생하면 계약조건에 따라 보험급여가 제때 지급되고 미래의 사고 위험으로부터 위험헷지 효과를 얻는 것입니다.

보험상품은 무형의 금융상품이므로 가입 시 보험약관이나 상품설명서를 꼼꼼히 살펴보고 계약서명, 병력고지의무 등 세부사항에 유의하며 문구나 내용이 이해가 가지 않을 경우 권유하는 보험설계사에게 문의한 후 계약서를 작성하여 보험사고 발생 시 민원이 발생하지 않도록 해야 합니다.

보험 가입할 때에 당뇨, 고지혈 등으로 약을 복용하고 있다면 일반보험 할증(부담보 조건) 또는 유병자보험으로 가입하면 되는데, 고지의무 위반 등의 경우 계약체결 이후 3년이내 보험회사는 계약해지가 가능하므로 고지의무 위반하면 보험사고 발생해도 보장받지 못하거나 계약취소 될 수 있습니다. 이는 보험계약 약관 23조 제2항 제2호에 따라 보험계약자의 고지의무 위반이 있을 경우 상법 제651조에 따라 보험회사가 계약체결일로부터 3년 이내에 계약을 해지할 수 있습니다.

또한 2010.4.1일 표준약관 개정내용 추가에 의하면 계약 전 알릴 의무(고지위반)으로 계약을 해지하였을 때에는 해지환급금을 드리며, 보장 제한(보험가입금액 한도제한, 부담보, 보험금 삭감, 보험료 할증 등)하였을 때는 보험료, 보험가입금액 등이 조정될 수 있습니다.

보험계약 이후 보험유지하는 동안에도 주소나 직업의 변경 등 개인신상의 변동이 있을 경우 보험회사에 알려야 할 통지의무를 준수해야 합니다. 보험은 가입하는 것보다 보험사고 나면 제대로 보장받는 게 더 중요하기 때문입니다.

05. 보험상품의 전기간부담보는 청약일부터 5년이 중요하다.

　보험계약을 체결할 때 보험상품의 전기간부담보는 피보험자의 건강상태가 표준체가 아닌 경우에 신체의 특정 부위나 특정 질환에 질병이 발생했을 때 보험보장을 제한하거나 사망보험금을 감액하는 특별조건부 계약서를 작성합니다. 청약일로부터 부담보 전기간 동안에 해당 신체부위로 5년 동안 추가적인 치료나 치료이력이 없는 경우에는 표준약관 제16조 5항 '보험계약의 성립'에 따라 5년 이후에는 보장한다는 규정에 의거하여 보험금 지급심사를 통해 보장여부를 결정할 수 있습니다.

　보험상품의 전기간부담보란 보험체결하여 보험계약을 유지하는 동안 신체의 특정부위나 특정질환에 해당하는 보험사고는 보험담보를 하지 않는다는 것으로 알고 있는 경우가 많은 것 같습니다. 앞에서 언급한 표준약관 변경에 따라 청약일로부터 5년 동안 부담보 신체부위에 해당하는 질병 등으로 추가적인 치료로 병원방문 이력이 없는 경우라면 가입한 보험회사의 지급심사를 통해서 보험금 지급여부가 결정될 수 있으니 미리 보장되지 않는다고 단정하지 않았으면 합니다.

여기서 유의해야 할 것은 보험계약기간 동안 5년이 아니라 청약일 기준부터 5년입니다. 전기간부담보 해제의 기본조건은 5년간 치료 이력(진단, 치료, 약물처방 등)이 없으면 전기간부담보 해제를 신청할 수 있습니다. 단순 건강검진 외의 추가 진단·치료가 있다면 5년이 지나도 해제가 불가합니다. 판매하고 있는 상품이나 보험회사 마다 다르거나 해석의 차이가 있으므로 해당 상품의 상품설명서와 보험약관을 꼼꼼히 확인하는 것이 중요합니다.

06. 유니버설 보험은 의무납입기간(2년) 이후에 월대체보험료가 대체납입이 된다.

유니버설 기능이 있는 보험은 의무납입기간 2년 이후 보험료 납입을 조절할 수 있습니다.

유니버설 상품은 2001년 최초 개발되어 보험료의 납입, 적립 및 인출이 자유롭고 보험료 대체를 통해 가입자의 경제적 상황에 따라 자금운용이 가능한 자유입출금 기능이 있어 유연성, 유동성, 보장성이 결합된 상품입니다.

의무납입기간 경과 후 보험료 납입이 어려울 경우 이미 납입한 보험료에서 위험보험료, 수금비를 제외한 특약보험료 등을 뺀 해지환급금 범위 내에서 월대체보험료를 대체납입 하게 됩니다. 월대체보험료는 보험상품 운영과 계약 유지를 위한 최소한 보험료로 계약 해당일에 보험료 납입여부와 상관없이 적립금에서 공제됩니다 다만 월대체보험료를 납입하는 기간은 납입기간 산정에 포함되지 않고 해약환급금이 줄어들어 장기간 보험료를 납입하지 않으면 보험이 실효되어 보장을 받지 못하게 됩니다. 예를 들어 20년납 보험을 가입하고 의무납입기간 2년 이후에 3년 대체납입했다면 월대체보험료 납입기간 3년 만큼 더 납입하여 남아있는 납입기간을 15년이 아닌 18년 이상 납입해야 정상적 보장을 유지할 수 있게 됩니다. 만약 미납 후 종신보장을 위해 추가보험료를 납입하려면 미납보험료 이외에도 미발생 이자분, 미납의 위험보험료 증가분, 추가 납입분 관리비용 등이 발생하는데 성별과 나이, 보험료수준과 미납횟수 등 계약유지 정도에 따라 추가 발생하는 보험료 납입금액이 다릅니다. 간혹 보험설계사 중에는 의무납입 2년 동안만 보험료 납입을 하면 대체납입이 되어 보험을 유지할 수 있다고 보험상품을 판매하는 경우가 있으니 주의해야 합니다.

보험료 미납 등으로 해지된 보험계약은 보험료 납입기간 이내에 한하여 부활(효력회복)이 가능합니다. 계약이 해지 되었으나 해약환급금을 받지 않은 경우에는 해지일로부터 3년 이내에 연체된 기본보험료와 연체이자를 납입하면 부활이 가능합니다.

07. 보장성보험은 사망, 진단비, 실손의료비 중심으로 보장설계를 준비한다.

보장성보험을 통하여 자녀가 성인이 될 때까지 안정적인 생활을 영위할 수 있도록 하는 사망보장, 진단보장 등을 중심으로 세대주를 피보험자로 하는 보험상품을 준비하는 것이 좋습니다.

일반적 보장보험을 준비할 때는 일상생활 중 병원에서 입원 또는 통원치료를 받을 때 자기부담금만 지급하면 병원비 걱정 없이 치료비를 보장하는 실손의료비보험과 암이나 뇌졸중 등 뇌혈관질환에 대한 성인병 보장보험 등과 같이 주요 사망원인인 암, 뇌, 심장질환을 보장해주는 3대진단비 중심으로 가입해 두면 도움됩니다.

민영보험으로 모든 위험에 대해 보장을 준비하면 좋으나, 보험료 부담이 과중될 수 있으므로 자신의 건강과 경제적 여건을 고려한 보장자산을 준비할 필요가 있습니다. 일반적으로 보험료가 저렴한 보장항목은 발생확률이 매우 낮은 질병을 보장하기 때문에 통상적으로 발생가능성이 높은 위험을 대비하는 보장항목들은 보험료가 높습니다. 따라서 자신이 가입한 보험의 중복보장이나 불필요한 특약감액을 통해 낭비되는 보험료 지출을 줄일 필요가 있습니다.

자녀가 성인이 된 후 긴급상황이 발생하더라도 국가 복지보장제도인 건강보험의 의료비본인부담상환제나 중대 질병에 지원하는 산정특례제도가 있어 치료비의 5~10%만 본인이 부담할 수 있으므로, 평소 지나친 보장급부로 지출되는 보험료는 줄여 노후생활비로 충당하는 것이 합리적 방안이라 생각합니다.

또한 국민연금의 유족연금(노령연금 40~60%)과 장애보상 등을 통해 노후생활의 기본 보장을 지원받을 수도 있습니다.

08. 보험회사 선택은 보장내용과 보장기간 등을 고려하여야 한다.

보험가입을 할 때 어느 보험회사에 가입해야 할지 고민하는 경우가 많습니다. 사망보장이 주계약을 이루는 종신보험이나 CI보험일 때는 생명보험회사를 선택하는 것이 유리합니다.

생명보험이 사망보장하는 범위가 손해보험보다 넓고, 보장기간도 종신토록 설정할 수가 있기 때문입니다. 생명보험은 사망보장의 경우 일반사망과 재해사망으로만 구분합니다. 즉 재해사망 이외의 사망은 일반사망으로 간주됩니다. 손해보험은 사망보장의 경우 상해사망과 질병사망으로 구분합니다. 사망의 경우라면 생명보험에서는 무조건 일반사망 또는 재해사망 중에 하나로 사망보험금이 발생하는 반면에, 손해보험에는 면책조항(보험금을 지급하지 않는 사고)이 많아 보험금이 발생하지 않는 경우도 있습니다. 예를 들면, 고의, 출산, 전쟁, 폭동 등으로 사망할 경우는 손해보험의 면책사항에 해당되기 때문입니다.

생명보험의 종신보험 경우 사망보장이 주계약으로 구성되어 있어 사망일 경우라면 재해사망 또는 일반사망 중 무조건 하나의 사망으로 보아 보험금이 지급될 뿐만 아니라, 손해보험의 질병·상해 사망도 포괄적으로 보장해 주기 때문에 보험금이 지급되지 않는 걱정은 하지 않아도 됩니다. 다만 생명보험의 종신보험은 보장범위가 넓은 대신 부담해야 할 보험료는 다소 비쌉니다.

보험에 가입할 때 보장되는 내용과 그에 따른 보험료의 차이가 중요하므로 보험가입하기 전에 보장내용, 보장기간, 보험료 등을 비교하여 본인의 상황에 더 적합한 보험회사를 선택해야 합니다.

09. 실손보험은 가입시기에 따라 보장 및 보험료가 다르다.

실손의료비보험은 2000년대 중반부터 대중화로 1세대부터 4세대로 갈수록 자기부담금 비율이 높아지고 반대로 보장범위와 보험료는 줄어듭니다.

실손의료비보험은 의료비 중 국민건강보험이 부담하는 급여항목을 뺀 본인부담금과 비급여 항목을 보장합니다. 국민건강보험에서 규정하지 않는 진료인 임의비급여항목은 실손보험에서 보장하지 않습니다. 총 치료비에서 자기부담금을 제외한 본인이 부담하는 실손의료비 중에서 1세대는 100%, 2세대는 90%, 3세대는 80~90%, 현재 판매하는 4세대는 70~80%를 실비보상 지원해 주는 상품구조입니다.

1) **1세대 실손보험**은 표준화 되기 이전의 실손보험으로 보험회사마다 보장급부가 다르지만 거의 100%를 입워치료 실비보상과 통원 10만원 한도에서 5천원 공제 후 지원됩니다.

2) **2세대 실손보험**은 표준화 실손보험으로 금융감독원의 감독에 따라 생명보험과 손해보험의 보장내용이 동일하게 판매되었습니다.

3) **3세대 실손보험**은 입원시 급여 10%, 비급여 20%의 자기부담금을 공제한 후 보장됩니다. 더구나 3세대 실손보험까지는 보험금

수령이 내 보험료에 직접영향을 주지 않았지만 4세대 실손보험부터는 본인의 보험금 수령금액에 비례하여 자신의 보험료가 적용됩니다.

4) **4세대 실손보험**은 입원시 급여는 20%, 비급여는 30%를 제외하고 보장됩니다. 만약 입원으로 치료비가 100이 발생하면 보통 80%~70%를 실손의료비를 보장받을 수가 있습니다.

실손의료비의 보장한도는 상품 약관에 따라 달라질 수 있지만, 구실손보험은 통원 10만원, 약제비 5만원 한도로 통원비 5천원, 약제비 3천원 초과 신청만 가능하며, 표준화실손(2009년 10월)부터는 통원 20만원, 약제비 10만원 한도로 통원비(의원 1만원/병원 1만 5천원/종합전문병원 2만원)와 약제비 8천원 초과 때에만 신청 가능합니다. 실손보험은 언제 가입 했는지에 따라 보장급부와 자기부담금이 다르므로 자신이 가입한 실손보험을 확인해 두는 것이 좋습니다.

1세대 실손의료비보험(가입기간: ~ 2009년 9월)은 자기부담금이 거의 없는 미비한 수준으로 외래진료비로 5천원만 부담하면 가입한도 내에서 나머지 금액을 보상받을 수 있지만 갱신 시 보험료 부담이 큽니다. 현재 판매 중인 4세대 실손의료비보험(가입기간: 2021년 7월~)은 보험료가 낮으나 자기부담금 비율이 가장 높으며 국민건강보험이 적용되는 급여는 20%, 비급여의 경우 30%의 자기부담금을 부담해야 합니다.

구분	1세대 (표준화 前)	2세대 (표준화 後)	3세대 (新 실손)	4세대 (현재)
판매 기간	'09.09월 이전	'09.10월 ~'17.03월	'17.04월 ~'21.06월	'21.07월~
갱신 주기	1년·3년·5년 (보험사별 상이)	1년	1년	1년
보장 변경	보험사별 보장 자유	표준화된 보장 (급여/비급여 구분)	도수치료·비급여 주사·MRI 특약으로 분리	비급여 항목별 보험료 차등·할증
상품 형태	비급여 포함, 다양한 특약	단일 상품형태, 특약 제한	급여·비급여 분리형 상품	급여·비급여 완전 분리형
보장 급부	자기부담금 거의 없음(손보) 자기부담금 20%(생보)	자기부담금 10~20%, 보장한도 5천만 원	자기부담금 10~30%, 보험료 상대적 저렴	자기부담금 20~30%, 보험료 인상률 관리형
특징	보험료 인상률 높음	보험료 인상 폭이 커서 장기유지 부담	보장범위가 넓고 자기부담률 증가로 보험료 인상 가능성 존재	보험료가 저렴해 신규 가입자에게 유리하나, 보장범위는 축소됨

　1세대는 보장범위가 넓지만 보험료 부담이 크고, 4세대는 보험료가 저렴하지만 보장범위가 제한적입니다. 본인의 의료이용 패턴(급여 vs 비급여 사용량)에 따라 실손의료비보험 세대선택 또는 전환여부를 판단해야 합니다.

　보험료가 가장 낮은 4세대 실손의료비보험(갱신보험료 개별적용, 1년)은 현행 1~3세대 실손의료비보험(갱신보험료 연대책임, 3년 또는 1년)가입자인 경우 언제든지 전환가입이 가능합니다.

10. 실손의료보험의 표준약관의 제정과 개정내용 이해하기.

판매기간별 의료실손 표준화상품 개정기준은 1) 2009년 6월 22일 이전 가입상품은 2회차 갱신시 표준화 선택가능 2) 2009년 6월 22일~2009년 7월 31일까지 가입상품은 1차 갱신시점(2012년)한해서 표준화 선택가능 3) 2009년 8월 이후 가입상품은 3년이후 갱신시 자동으로 표준화로 변경 4) 2009년 10월 1일부터는 표준화로 통상적으로 일반 판매하였습니다.

실손의료보험 표준약관시행(금감원 15.12.29)은 국민건강보험의 보장공백을 메우기 위해 2009년 10월 제정되어 2016년 1월 1일부터 시행되었으며, 보험회사별로 달랐던 보장범위를 통합하고 소비자 권익을 강화하는 역할을 합니다. 주요내용은 보장범위 명확화, 분쟁 예방, 소비자권익보호 등 입니다.

1) 퇴원 시 처방 받은 약제비를 입원의료비에 포함(입원의료비 최대 5천만 원 한도)합니다.

2) 입원의료비 보장기간 확대로 최초입원일로 재입원할 경우 1년 도래시 90일 면책 없이 보장한도 도달까지 계속 보장합니다.

3) 산재보험 처리 등으로 국민건강보험을 적용 받지 못한 경우는 약

관상 보장대상 건에 한하여 본인이 실제로 부담한 금액에서 공제

금액 차감 후 40%를 적용합니다.

4) 실손의료보험 가입자가 해외 장기체류 3개월 이상일 때 실손보험

료 중지하거나 귀국 후 입증 시 해당기간 납입보험료 반환(단, 납

입중지는 해외/국내 실손 가입회사가 동일 경우)합니다.

　실손의료보험 표준약관의 활용은 보험가입, 유지, 분쟁해결시 기준으로 삼는 것입니다. 모든 보험회사가 동일한 표준약관을 적용하므로, 표준약관을 통해 어떤 치료가 보장되는지 알 수 있고, 보험금 지급거절 등 분쟁이 발생할 경우 표준약관이 법적·제도적 기준으로 적용되어 보험회사가 임의로 보장범위를 축소하거나 불리하게 변경할 수 없어 소비자권익 보호하는 역할을 합니다.

11. 실손보험 갱신할 때 4세대 실손의료보험이 유리할까.

실손의료비보험 갱신에 따른 보험료 인상에 대한 불만이 있어 보험회사에 문의하면 보험료가 더 낮은 4세대 실손의료비보험으로 전환하라는 안내 권유를 받을 수 있습니다.

4세대 실손의료보험은 2021년 7월에 출시되어 3년간 가입자의 통계자료 확보를 위해 보험료 차등화를 미루어 오다가 2024년 7월부터는 갱신 전 1년간 지급한 비급여 보험금액에 따라 5등급(비수급자, 100만원 미만, 100만~150만원 미만, 150만~300만원 미만, 300만원 이상)으로 구분하여 순보험료에 대한 할인 5%부터 할증 100~300%까지 보험료차등제 적용을 받게 됩니다.

이때 국민건강보험법상 산정특례 대상 질환자나 노인장기요양보험법상 장기요양 1~2등급으로 판정받은 환자의 의료비는 취약계층의 의료 접근성을 고려해 등급 산정 과정에서 제외됩니다.

4세대 실손의료보험으로 전환할 경우 건강이 좋지 않아 병원을 자주 찾는 사람은 비급여(도수치료, MRI, 주사 등) 보험금 증가로 기존 1~3세대 실손보험에 비해 손해율이 급격히 높아지기 때문에 자기부담 보험료가 인상될 가능성이 높습니다. 하지만 병원을 자주 이용하지 않는다면 4세대 실손보험으로 갱신·전환하는 것이 보험료 부담을 줄이는데 유리합니다.

4세대 실손의료보험 전환시 주의해야 할 점은 4세대 실손보험은 비급여 보장이 줄어들기는 하나 나이가 많을수록 기존 세대가 가입자 의료비를 공동부담 하는 구조라서 보험료 인상 폭이 커지므로 4세대 전환이 유리할 수 있습니다.

12. 실손보험의 전환가입할 때 유병자는 유의해야 한다.

    실손보험 전환은 2021년 7월 이전에 가입한 보험계약의 실손특약(계약)을 현재 각 보험회사에서 판매 중인 실손의료보험으로 전환가입 하는 것으로 기존 1~3세대 실손의료보험 가입자가 갱신시점에 따라 4세대(또는 향후 5세대) 실손의료보험으로 갈아 탈 수 있도록 마련된 제도입니다. 의무가 아닌 선택사항이며 보험료 절감효과가 있지만 보장범위가 축소될 수 있다는 점을 반드시 고려해야 합니다.

    4세대 실손의료보험은 초기 보험료가 저렴해 보이지만, 비급여 진료를 자주 받으면 매년 할증되어 장기적으로 더 비싸질 수 있습니다. 나이가 많고 병력이 있는 경우라면 의료이용 빈도가 높아 기존 세대 유지가 상대적으로 유리합니다. 그러므로 실손의료보험으로 전환을 고려할 때 만성질환이 있거나 건강상태가 좋지 않은 경우라면 자기부담금이 적고 보장범위가 넓어 노후 의료비 부담을 줄일 수 있으므로 기존 1~3세대 실손의료보험을 최대한 유지하는 것이 좋습니다.

    대부분의 민영의 건강보장보험과 실손의료비보험은 갱신형이기 때문에, 갱신형 보험료가 크게 인상되기 전에 전환실손, 중복보장특약 해지, 비갱신특약, 주계약 감액완납 등을 통해 보험료 부담을 경감하여 은퇴생활 동안에도 보험을 장기간 유지하는 것이 좋습니다.

경제활동을 하는 기간에는 보험료가 다소 인상되더라도 부담할 수 있지만, 은퇴 후에는 넉넉하지 않은 노후생활비에 의존하게 되므로 보험료 납입이 어려워질 수도 있습니다.

13. 실손보험의 갱신보험료가 증가하는 것이 일반적이다.

실손보험 갱신보험료는 80세 또는 100세까지 상품의 계약기간 동안 일정 주기마다 갱신시점(갱신주기: 1년, 3년, 5년 / 갱신만기: 10년, 15년 등)에 따라 실비보험 갱신 여부를 계속 선택해야 합니다.

가입 초기에는 보험료가 저렴하지만 갱신할 때마다 보험료는 매번 계속 오르는 것이 일반적입니다. 갱신보험료가 증가하는 이유는 갱신 시점의 피보험자 연령 증가, 보험료 산정 위험률 증가, 의료수가 인상 등으로 주로 연령과 위험률에 따라 갱신보험료가 많이 변동합니다.

1) 피보험자 연령증가: 나이가 들수록 질병 발생률이 높아지고 의료비 지출이 많아집니다.

2) 보험료 산정 위험률 증가: 금융감독원 기준에 따라 보험사의 손해율이 높으면 보험료 인상이 허용되고 있습니다.

3) 의료수가 인상: 병원 이용량이 많아지고, MRI·도수치료·주사치료 등 고액 비급여 진료가 확대되면서 보험금 지급액이 커지고 있습니다.

4) 갱신 구조: 대부분 현재 1년 단위 갱신으로 운영되어 갱신시점마다

실손보험의 보험료가 시간이 지날수록 누적적으로 오르는 구조입니다.

4세대 실손의료보험은 개인별 비급여 사용량에 따라 보험료가 차등 적용되므로, 병원 이용이 적은 사람은 보험료 인상부담을 줄일 수 있습니다.

최근 2022년 대법원이 '입원치료가 불필요한 경우에는 통원 보장 한도 내에서 백내장 보험금을 지급하라'는 취지로 판결을 내리면서 비급여 과잉진료가 크게 줄었고, 보험료 인상에 따른 무고한 많은 가입자들 피해의 전가도 줄었습니다. 비급여 진료 확대는 단순히 보험회사의 손실을 초래할 뿐만 아니라 갱신보험료를 인상시켜 선량한 다른 실손보험 가입자들에게 피해를 안겨줍니다.

14. 실손보험의 자동갱신과 갱신보험료 비교 확인하기.

실손보험 갱신을 할 때 보험회사는 고객에게 보험자동갱신안내장을 사전 안내(만기 2개월 이내)를 통해 정상유지상태의 계약에 대해서 갱신 후 보험료 또는 갱신 중지에 대한 정보를 우편/모바일 또는 전화로 발송합니다.

이 경우 고객이 갱신 특약 가입 후 특약의 보험기간 만료일 최소 15일 전까지 특약 유지 중단 의사를 보험회사에 통보하지 않으면 특약은 자동 갱신됩니다.

갱신보험료를 비교 확인하는 가장 좋은 방법은 먼저 현재 가입한 실손보험의 세대를 확인 및 상품의 갱신 주기를 확인하고, 갱신 전 보험료와 갱신 후 보험료를 확인한 후, 해당 기간의 보험 차액인 연령 증가와 연령외 상승분을 구분하여 갱신보험료 변동 요인별로 비교 확인하는 것입니다.

1) 현재 가입세대 확인: 보험증권이나 가입시기를 통해 본인이 1~4세대 중 어디에 속하는지 확인합니다.

2) 보험료 인상구조: 나이·갱신주기에 따라 보험료가 급격히 오를 수 있습니다.

3) 보장범위 변경여부: 갱신시 약관이 바뀌면서 보장축소나 특약 자동 삭제가 발생할 수 있습니다.

4) 갱신 안내문 필수 확인: 보험회사에서 보내는 갱신안내문에 인상률, 보장변경 내용이 명시되어 있습니다.

5) 리모델링 타이밍: 기존 세대 보험료가 4세대보다 비싸지면 갱신대신 전환을 고려해야 합니다.

갱신보험료는 보험약관상 갱신일 피보험자 나이, 성별, 보험요율(보험료산출 기초율), 의료수가 등 변동으로 보험료가 인상됩니다.

보험감독 규정상 위험보험료의 최대 인상가능한도는 2018년 이후 1년에 25%로 3년단위 갱신인 경우 $(1.25) \times (1.25) \times (1.25) = 195.3$ (약 2배) 인상될 가능성도 있습니다.

15. 실손보험 연계제도는 실손의료보장의 공백을 해결한다.

실손의료보험 연계제도는 2018년 12월 시행되어 단체실손의료보험과 개인실손의료보험 간 연계됨으로써 은퇴 후 실손의료보장의 공백이 발생하거나 보험료가 이중으로 납입되는 문제를 해결하기 위한 것입니다.

단체실손의료보험을 5년 이상 가입한 직장인이 퇴직 후 1개월 이내에 단체실손보험을 가입한 보험회사에 신청하면 개인실손의료보험으로 전환해주는 제도입니다. 직전 5년간 단체실손의료비보험으로 200만원 이하의 보험금을 받았거나 10대 질병(암, 고혈압, 당뇨, 협심증, 뇌졸중, 에이즈 등) 중 어느 하나라도 치료 이력이 없으면 선별심사 없이 무심사 전환할 수 있습니다.

또한 개인실손의료보험을 가입하던 사람이 회사 취업한 후 단체실손의료보험을 가입하게 되면, 기존에 가입한 개인실손의료보험의 보험료 납입 및 보장을 중지하고 향후 단체실손의료비보험 종료시 중지했던 개인실손의료비보험을 재개하는 것으로 재개시점에 기존 상품 또는 당시 판매중인 상품을 선택할 수 있습니다. 개인실손의료비보험을 가입한 후 1년 이상 유지해야 연계전환이 가능합니다. 단체실손의료비보험 종료되면 무심사로 재개시점에 판매회사인 각 보험회사의 개인실손의료보험으로 재개하게 됩니다.

실손의료보험 연계제도는 단체실손의료보험과 개인실손의료보험 간에 연계되어 직장재직 중에는 단체실손의료보험을 활용하고, 퇴직 후에는 개인실손의료보험으로 연계해 지속적인 보장을 확보 가능하며 무심사 전환이 가능하다는 점이 중요합니다.

16. 실손보험금 본인부담상환제로 초과보험금이 환급된다.

실제 실손보험에 가입하고 보험사고로 보험금을 청구할 때 보험회사가 청구액을 지급하지 않는 경우가 종종 있습니다. 실손보험 약관에는 실손보험금 본인부담상환제로 인해 나중에 환급이 가능한 금액에 대해서는 지급하지 않는다고 명시되어 있기 때문입니다.

민영보험회사의 실손보험금 심사 시 가입한 보험계약의 약관에 따라 본인부담상환제에 따른 소득분위를 확인요청드릴 수 있으며, 확인된 소득분위에 따라 정확한 보험금 산정이 이루어짐을 알려드립니다.

실손보험금 본인부담상한제[15]는 급격한 의료비 증가에 따른 환자의 부담을 경감시키기 위해 개인이 부담하는 의료비 중 연간 건강보험 급여 항목의 본인부담금을 개인별 소득범위에 따라 책정된 상한

---

15) 실손보험금 본인부담상한제의 연도별 본인부담상환액(소득 분위별)

년 도	1분위(최저)	2~3분위	4~5분위	6~7분위	8분위	9분위	10분위(최고)
2023년	88만원	110만원	160만원	310만원	430만원	520만원	830만원
2024년	89만원	110만원	165만원	315만원	435만원	523만원	830만원
2025년	89만원	110만원	170만원	320만원	437만원	525만원	826만원

☞ 매년 물가상승률과 건강보험 재정상황을 고려해 조정됩니다.
☞ 본인부담상환액(2025년 기준): 1분위 89만원~10분위 826만 원입니다.

액을 초과하여 의료기관에 지불할 경우 그 초과금액은 국민건강보험공단이 부담하고 국민건강보험공단은 이듬해 8월경(7~10월) 초과금액을 건강보험 가입자에게 환급해주는 제도입니다. 즉, 실손보험에서 보험금 전액을 지급하는 것이 아니라 건강보험공단 환급금(본인부담상환제)을 제외한 금액만 보상해 주고 있습니다. 2025년 진료비 기준이라면 2026년 8월쯤에 국민건강보험공단에서 환급되며 환급 안내는 문자·우편으로 오고, 환자명의 계좌로 입금됩니다. 실손보험은 단독으로 운영되는 제도라기보다는 국민건강보험 제도와 연계되어 함께 운영되는 건강의료보험 제도라고 보시면 됩니다.

17. 종신보험은 사망 이외에도 노후생활자금으로 활용한다.

종신보험은 질병 및 재해로 인한 사망을 평생 보장받는 고유의 기능 외에도 종신보험의 '제도성 특약(연금전환)'을 활용하여 활동 기간 동안은 사망 위험을 헷지하고 은퇴 이후 부족한 노후 생활자금을 위한 연금을 받을 수도 있습니다.

은퇴 전 종신보험의 납입을 완료하는 것이 중요합니다. 은퇴 후 종신보험을 납입하는 경우라면 보장금액을 줄이거나 정기보험을 고려할 수 있습니다.

보장이 필요한 경우라면 노후 생활비가 부족한데도 종신보험료를 계속 납입하기보다는 보험료부담이 적은 정기보험(일정기간만 보장)에 가입하여 납입하는 보험료를 줄여나가는 방법도 생각해 볼 수 있습니다.

이외에도 상속세 재원, 사후 장려금 및 배우자의 생활자금, 중도인출 및 연금전환 등의 기능을 활용하여 다양한 노후자산 마련방안들을 고려해 볼 수가 있습니다.

종신보험에 가입하고 싶은데 병력이나 직업상 위험 등으로 피보험자의 건강이 좋지 않은 경우 3대 건강관련 질문에 해당하지 않는다면, 간편심사(질병이 있는 경우)를 통해 종신보험에 가입하는 방법도 있습니다.

간편심사(325)는 3개월 이내 입원/수술/추가 검사나 재검사가 필요한 소견, 2년 이내 질병/사고로 인한 입원/수술이력, 5년 이내 암/간경화/만성신장질환/파킨슨병/루게릭병 등 325 고지항목으로 운영됩니다. 질병진단/입원/수술이력 등 3가지 항목만 심사되어 비교적 쉽게 가입할 수 있습니다.

18. 종신보험의 다양한 제도성특약 활용하기.

종신보험의 제도성특약은 판매시기에 따라 상품별로 다양하기 때문에 자세한 내용은 해당 종신보험상품 제도성특약의 상품판매예규와 해당 특약의 약관을 참조하시기 바랍니다.

대표적인 예로 연금전환특약, 선지급서비스특약, 지정대리청구서비스특약, 계약승계특약 등이 있습니다.

1) **연금전환특약**은 보험가입 후 일정 시점에 주보험의 보장을 종료 또는 감액하고, 그에 따른 해약환급금을 연금재원으로 활용하여 전환 시점에 판매 중인 연금전환특약의 연금을 수령하는 제도입니다. 전환 전 계약의 보험료 납입기간이 경과한 후 전환 가능금액과 연령은 전환 시점에 회사의 기준에 의거하여 보험계약자가 선택한 연금종목형태에 따라 연금을 지급합니다.

2) **선지급 제도**는 피보험자의 생존 잔여기간이 12개월 이내라고 판명될 때 주보험의 계약자와 피보험자가 동일한 계약에 한해서 주계약을 감액하고 일부 또는 전부를 미리 지급하는 제도입니다.

3) **사망보험금 연금선지급제도**는 연금 선지급을 원하는 시점에 해당 사망보험금 또는 해지환급금을 연금으로 사용하는 제도입니다. 보험상품에 따라 연금지급하는 피보험자의 연령이나 연금종류 등

연금 선지급 조건이 다를 수 있습니다.

4) 지정대리청구서비스 제도는 보험계약자, 피보험자, 보험수익자가 모두 동일한 계약에서 보험수익자가 직접 보험금을 청구할 수 없을 때 보험계약자는 계약의 체결 또는 체결 이후 일정한 조건을 충족하는 자 중 1인을 보험수익자를 대신하여 보험금을 청구할 수 있게 지정대리청구인으로 지정 또는 변경할 수 있는 제도입니다. 이 경우 보험회사의 승인을 받아 보험금(사망급여 제외)을 청구하고 수령 받을 수 있습니다.

5) 계약승계제도는 보험료 납입기간이 경과한 이후에 사망보험금 또는 해약환급금의 전부 또는 일부를 활용하여 피보험자를 변경하고 종신사망보장을 승계하는 제도입니다. 피보험자는 승계 전 계약의 피보험자의 배우자 또는 자녀(가족관계등록부상 또는 주민등록상)이고 승계 후 계약의 보험료는 승계 전 계약의 사망보험금 또는 해약환급금의 전부 또는 일부를 일시납 보험료로 납입하는 것으로 합니다.

종신보험의 다양한 제도성 특약을 이해하고 본인에게 적합한 것을 활용하여 각자 노후준비를 해 나가시길 바랍니다.

19. 노후준비는 부부 각자의 종신보험이 필요하다.

은퇴 이후 노후의 삶이 길어지고 있는 현실에서 부부의 노후생활을 자식에게 의존하기보다는 부부 스스로가 준비해 나가야 합니다. 한국의 생명표에 의한 기대수명에서 보듯이 여성의 수명이 길어서 직장을 퇴직한 남성들은 배우자가 노후를 챙겨줄 수 있지만, 홀로된 여성 배우자는 자녀에게 의지하거나 요양병원을 선택해야 할지도 모릅니다.

노후가 길어진 부부의 노후생활을 해결하기 위해서는 누가 오래 살지 모르기에 부부 각자가 배우자를 피보험자로 하는 종신보험에 가입하는 것이 필요합니다. 부부의 노후생활비는 어느 정도를 준비해야 할까요. 개인의 여건에 따라 차이는 있지만, 통상적으로 가족 부양을 책임지는 동안 받는 연봉의 3배 정도의 사망보험금을 준비해야 한다고 합니다. 적어도 배우자가 사망한 이후 10~15년의 홀로된 노후생활비는 준비되어야 합니다.

시간이 흘려 자녀가 결혼을 하고 부부만 남게 되는 빈둥지기가 오면 가족 부양 부담과 부양 책임이 줄어들기 때문에 종신보험을 일부 해지하거나 감액완납하는 것이 좋습니다. 줄어든 노후생활비에도 종신보험료를 납부하는 것은 쉬운 일이 아닙니다. 만약 그럼에도 불구하고 노후에 경제활동을 위해 보장이 필요하다면, 부족한 보장금액을 충당하고 노후에 지출하는 금액을 줄이기 위해 정기보험에 가입하는 것을 고려해 보는 것이 좋습니다. 정기보험의 보험료는 종신보험보다 훨씬 저렴합니다. 종신보험의 보장액을 정기보험으로 대체하고 줄어든 여유자금으론 부부의 노후생활비나 홀로된 배우자의 노후생활자금 마련에 사용해야 합니다.

노후에는 버는 소득액보다 쓰는 소비금액을 줄여 낭비성 지출을 없애는 것이 노후의 금융자산을 길게 유지하는 것임을 명심해야 합니다.

20. 보험 리모델링은 나이와 경제적 여건을 고려해서 하라.

보장성 보험을 리모델링할 때는 나이와 경제적 여건을 고려하여 젊을 때는 사망보장(주계약)보다 재해·사고 대비가 중요하고, 은퇴 이후에는 소득보장과 함께 질병·의료비 보장이 핵심이므로 꼭 필요한 보장만 남기고 중복보장이나 불필요한 보장급부를 없애거나 줄여 나가야 합니다.

100세까지 사는 세상이라고 해서 반드시 기존에 가입된 80세 만기 보험을 100세 만기 보험으로 굳이 바꾸지 않아야 합니다. 100세까지 생존 확률이 낮아서라기보다는 80세 만기 보험에 가입한 사람들은 지금보다 더 젊은 나이에 가입했기 때문에 보험료가 저렴하고 은퇴 전에 보험료 납입이 끝나는 경우가 많습니다. 그러므로 20대나 30대에 신규로 보험에 가입하고자 한다면 100세 만기 보험을 추천합니다. 다만 50대 중후반이라면 기존 80세 만기 보험을 유지하는 것이 좋습니다.

보험리모델링은 단순히 보험을 줄이는 것이 아니라, 나이와 경제적 여건에 맞게 필요한 보장만 남기는 과정입니다. 은퇴 이후 나이가 되면 사망보장 중심인 주계약은 최소화하고 불필요한 특약은 줄여 보험료 부담을 줄이면서도 실질적인 보장을 유지하여야 합니다.

보험료를 줄이는 방법은 보험해약도 있지만 주계약의 가입금액을 줄이거나 특약을 일부 해지하는 방법도 있습니다. 특히 경제활동 기간인 젊은 시절에 저렴한 보험료로 보장성보험에 가입해 은퇴 전에 납입을 완료하는 것이 노후 대비에 가장 효율적인 방법 중의 하나입니다.

【제4-1장. 보장성 보험 핵심요약 정리】
: 세어 나가는 보험료 막고 보장 채우기

개인보험은 자신에게 맞는 보장 급부와 약관을 정확히 이해하고 설계해야 합니다.

보장성 보험은 사망·진단비·실손의료비 중심으로 준비하되, 실손보험은 갱신 주기와 세대별 특징을 고려해 리모델링하십시오. 종신보험은 사망 보장뿐 아니라 노후 자금으로도 활용 가능하므로 부부가 각자 경제 여건에 맞춰 전략적으로 가입해야 합니다.

보험은 복잡하지만, 은퇴 후에는 '지출'이 아닌 '자산'이 되어야 합니다. 불필요한 중복보장은 줄이고 꼭 필요한 보장만 남기는 실천 가이드 전략을 정리해 드립니다.

구분	실천 핵심요약
STEP 1. **보험 설계의 기본 원칙:** **"인생 단계별 맞춤 설계"** 하나의 보험으로 모든 것을 해결하려 하지 말고, 시기에 맞는 핵심 보장에 집중하세요.	• 젊은 시절: 사망 및 장해 보장, 3대 질병(암·뇌·심장) 진단비 등 보장성 보험에 집중해야 합니다. • 중장년/은퇴기: 보장성 비중을 줄이고, 노후 자금을 위한 저축성/연금 보험 비중 확대해야 합니다. • 필수 보장 4요소: ① 사망 보장 ② 장해 보장 ③ 3대 질병 진단비 ④ 실손 의료비

구 분	실천 핵심요약
STEP 2. **똑똑한 보험가입을 위한 상품 구조 이해** 보험료를 낭비하지 않으려면 보험상품의 구성을 정확히 알아야 합니다.	• 주계약 vs 특약: 주계약은 보험의 뼈대(핵심 보장)이며, 특약은 필요에 따라 추가하는 선택사항입니다. • 순수보장형 vs 만기환급형: 순수보장형이 훨씬 저렴합니다. 　☞ 원금을 돌려받는 만기환급형보다는, 차액을 직접 적금에 넣어 운용하는 것이 사업비 측면에서 훨씬 유리합니다. • 부담보(5년의 법칙): 특정 부위 보장이 제외되는 '전기간 부담보' 조건이라도, 청약일로부터 5년 동안 해당 부위로 추가 치료를 받지 않았다면 이후에는 보험심사 통해 보장이 가능할 수도 있습니다.
STEP 3. **실손의료보험(실비) 관리 전략** 가장 중요한 보험이지만, 갱신 시 보험료 폭탄의 주범이 되기도 합니다.	**1) 세대별 특징 비교** 아래 표 참조 **2) 전환 시 고려사항** - 유지 추천: 병원을 자주 가거나 만성질환이 있다면 기존 1·3세대를 유지하는 것이 유리합니다. - 전환 추천: 건강하고 병원 방문이 적으며, 당장의 보험료 부담을 줄이고 싶다면 4세대로 전환을 고려하세요. - 연계제도 활용: 회사 단체실손 가입 시 개인실손은 '납입 중지'하고, 퇴직 후 다시 '재개'하여 보험료 이중 납부를 막으세요.

1) 세대별 특징 비교

구분	1~3세대 실손	4세대 실손 (2021.07~)
장점	자기부담금이 적음 (0~20%)	보험료가 매우 저렴함
단점	갱신 시 보험료 인상 폭이 큼	자기부담금이 큼 (20~30%) 비급여 이용 시 할증

구 분	실천 핵심요약
STEP 4. **종신보험의 재발견:** **"사망 보장에서 노후** **자금으로"** 가족을 위한 사망 보장 기능 외에도 다양한 '제도성 특약'을 활용해 보세요.	• 연금전환 특약: 사망 보장이 덜 필요한 노후에 해약환급금을 연금 재원으로 전환하여 노후자금으로 활용할 수 있습니다. • 선지급 서비스: 잔여 수명이 시한부(12개월 이내)로 판명될 때 사망보험금 일부를 미리 받아 치료비로 사용할 수 있습니다. • 지정대리청구인: 치매 등으로 본인이 직접 청구하기 어려울 때를 대비해 미리 대리인을 지정하는 제도입니다. • 간편심사(325): 병력이 있어도 3가지 항목(3개월 내 추가검사 소견, 2년 내 입원/수술, 5년 내 암 등)에만 해당하지 않으면 가입 가능합니다.
STEP 5. **보험 리모델링 실천 가이드** 은퇴를 앞두고 있다면 다음 순서로 보험을 정리하세요.	• 중복 보장 정리: 실손보험은 여러 개 가입해도 비례 보상되므로 하나만 남깁니다. • 만기 확인: 80세 만기 보험을 굳이 100세로 바꿀 필요는 없습니다. (젊을 때 가입한 저렴한 보험료가 더 큰 자산입니다.) • 납입 완료 전략: 경제활동기에 보험료 납입을 끝내야 은퇴 후 고정 지출 부담이 없습니다. • 감액완납 제도: 보험료 납입이 힘들면 해지 대신 보장 금액을 줄이고 더 이상 보험료를 내지 않는 방식을 고려하세요.

실천 체크리스트

실천 점검사항	체크
내가 가입한 보험의 순수보장형 vs 환급형 여부 확인하기	(Y, N)
4세대 실손 전환 시 내년 예상 보험료와 비교해보기	(Y, N)
회사 단체보험과 중복된 개인실손 납입중지 신청하기	(Y, N)
치매 대비 지정대리청구인 미리 등록해두기	(Y, N)
3대 진단비(암·뇌·심장) 보장 금액이 충분한지 점검하기	(Y, N)

보장성 보험의 실천당부

시니어 노후준비는 실손보험으로 의료비 대비, 종신보험으로 홀로 된 배우자의 노후생활자금 확보, 제도와 특약 활용으로 노후보장과 노후생활자금 마련의 효율극대화가 핵심입니다.

저축성보험은 보장과 저축 기능이 있어 만기에 수령하는 환급금이 보험계약기간 중 지급한 보험료 총액보다 많은 보험상품입니다. 미래의 불확실한 재무적 위험에 대비하기보다는 중장기적으로 복리효과를 누리면서 일정한 보장을 받고 자녀지원금이나 부부노후자금 등 목적자금을 마련하는 보험상품입니다. 대표적인 저축성 상품으로는 일반 연금보험, 연금저축, 변액보험, IRP계좌 등이 있습니다.

§ 저축성 보험 활용 §

■ 저축성 보험의 특징

- **연금보험·연금저축·IRP:** 납입보험료보다 만기환급금이 높아 목적자금 등에 유용합니다.
- **변액연금보험:** 투자와 보험이 결합된 상품, 가입시기·상품에 따라 세금과세가 다릅니다.
- **사적연금보험:** 건강보험료 산정소득에 포함되지 않고 비과세 적용에 부담이 적습니다.

■ 노후준비 관점 활용

- 세제혜택이 있는 연금상품부터 가입하여 노후준비 하는 것이 효과적입니다.
- 연금보험·연금저축·IRP를 조합해 안정성과 세제혜택을 동시에 확보 가능합니다.
- 건강상태와 기대수명에 맞춰 종신형·확정형 등 연금수령방식을 선택합니다.
- 변액보험은 본인의 투자성향과 위험감내 수준 등을 고려해 가입해야 합니다.

☞ 개인 보장성 보험 활용법과 장점

구 분	활용법	장 점
세제 혜택	10년 이상 유지하여 비과세 요건 충족	관련 요건 충족시 이자소득세(15.4%) 면제로 실질 수익률 상승합니다.
운용 전략	시장 상황에 따라 변액보험 펀드 변경	주가 상승기에는 주식형, 하락기에는 채권형으로 변경하여 수익방어합니다.
수령 방식	건강상태에 따른 종신형 vs 확정형 선택	건강하다면 평생 받는 종신형을, 조기자금이 필요하다면 확정형을 선택합니다.
건보료 관리	사적연금 비중 확대	사적연금 수령액은 건강보험료 산정소득에서 제외되어 은퇴 후 건강보험료 등 부담이 경감됩니다.

21. 변액보험은 투자와 보험이 결합된 보험상품이다.

보험회사의 연금상품에 가입해 노후생활을 준비하는 사람들은 많지만, 가입한 연금상품이 세액공제 혜택이나 비과세 혜택이 있는지는 모르는 경우가 흔합니다.

더군다나 가입자 책임으로 투자펀드 운용수익률에 따라 적립금이 변동하는 변액연금에 가입했는데도 보험상품이니 보험회사가 상품관리를 책임질 것으로 믿고 펀드변경에 관심이 없거나 무관심한 사람들이 많습니다.

변액보험은 제1차 세계대전 이후 인플레이션으로 생명보험 실질 가치 저하를 극복하기 위해 네덜란드에서 자산운용 실적과 보험금을 연계하여 최초 판매하였으며, 우리나라는 2001년부터 생명보험회사에서 판매되고 있으며, 보험회사가 계약자가 납입한 주보험료에서 사업비와 위험보험료 등을 차감하고 펀드에 가입하여 운용하는 투자와 보험이 결합된 보험상품입니다.

변액연금보험의 제1보험기간(보험료 납입)은 특별계정을 통한 펀드의 투자 실적에 따라 계약자 적립액과 가입자가 받게 될 보험금이 변동되고, 제2보험기간(연금 수령)은 일반계정을 통한 공시이율로 운용하는 상품입니다.

일반적으로 '금리'는 저축상품에서, '수익률'은 투자상품에 사용되는 용어입니다. 저축성 보험의 적립액을 계산할 때 적용되는 금리는 일반계정의 공시이율로 보험회사와 상품마다 다르지만 은행 금리보다 약간 높습니다. 고객이 낸 보험료에서 사업비를 차감한 나머지 금액에 대해서는 보험회사 공시이율이 적용되기 때문입니다. 일반 연금보험의 사업비는 월 보험료의 약 12% 수준으로 가입 후 8~9년이 지나면 원금이 보장됩니다. 펀드투자 실적형 변액연금도 비슷합니다. 하지만 세액공제가 가능한 연금저축과 IRP계좌는 연간 사업비가 약 2.5%이고, 관리수수료가 약 0%~0.4% 정도로 일반 연금보험보다 훨씬 더 유리합니다.

22. 금융회사는 고객 금융소득을 지급할 때 원천징수한다.

금융회사가 고객에게 금융소득을 지급할 때에는 법적으로 원천징수하여 고객을 대신해 국세청에 납부하도록 되어 있습니다.

금융회사가 원천징수하는 세금에는 크게 세 가지 유형이 있습니다.

첫째, 이자소득세는 분리과세 14%의 단일세율로 적용되며, 여기에 지방세 10%가 가산되어 실제 세율은 15.4%가 자동으로 원천징수 됩니다.

둘째, 주식을 보유하면서 받는 배당금이나 펀드 등의 투자소득에 대해서는 15.4%의 배당소득세가 적용됩니다. 이자소득과 배당소득을 합산하여 금융소득이라고 합니다. 금융소득이 2천만 원을 초과하는 경우 초과금액에 대해서 사업소득, 근로소득, 연금소득, 기타소득 등과 함께 6%~45%의 종합소득세를 납부해야 하는 고율의 금융소득 종합과세를 적용합니다.

셋째, 연금소득세는 국민연금, 퇴직연금, 연금저축 등에서 연금을 지급받을 때 원천징수 됩니다. 연금소득세는 납세자의 나이와 연금방식에 따라 달라지는데, 연령이 높을수록 세율이 낮아집니다. 2024년부터 연금소득이 1천 5백만 원을 초과하는 경우에는 연금소득의 전액을 종합과세 또는 분리과세(16.5%)를 선택하여 납부해야 합니다.

세금을 줄이려면 **1) 가족명의로 자산분산 하는 것**으로 소득이 낮은 배우자나 자녀명의로 금융자산을 각자 2,000만 원 까지는 자산을 분산하는 방법입니다.

2) ISA·연금저축 등 세제혜택 금융상품을 활용하는 것으로 ISA(개인종합자산관리계좌)는 비과세혜택 또는 저율과세(9.9%) 적용을 받을 수 있고, 연금저축·IRP는 세액공제와 분리과세(3.3~5.5%) 적용을 받을 수 있습니다.

3) 이자·배당 수령시기를 분산하는 것으로 정기예금의 만기일이나 배당주식의 보유시점을 각각 12월과 1월로 조절해 수령시기를 연도별로 분산 설정하는 방식입니다.

이자나 배당으로 수익이 늘어나면 비과세, 분리과세, 소득공제, 세액공제 등의 혜택이 제공되는 금융상품을 선택하여 본인의 여건에 맞춰 활용해야 합니다.

23. 연금보험에는 상품에 따라 비과세와 세제혜택이 있다.

연금상품 가입을 가입하면 세제혜택(비과세 적용과 세액공제)이 있으므로 개인에게 유리한 연금상품을 선택해야 합니다. 연금상품의 구분은 일반 연금보험과 세제공제 연금보험으로 크게 나누어 볼 수 있습니다.

구 분	개인연금	연금저축
목 적	노후자금 보완으로 사용	절세 + 노후자금 대비용으로 사용
연금수령시 세금	납입기간 5년, 10년 이상 유지시 비과세	55세 연금 수령시 3.3~5.5% 연금소득세
세금혜택	세액공제 혜택 없음	연 최대 600만원 세액공제 혜택
적합대상	전업주부, 고소득 자산가	직장인, 사업자용 근로자

일반 연금보험은 민영보험회사에서 판매되는 연금상품이며, 세제공제 연금보험은 은행, 보험, 증권 등 금융회사에서 판매하는 연금저축 상품입니다.

일반 연금보험은 연말정산 혜택은 없지만 세제조건이 충족되어 10년 이상 유지하면 비과세 혜택이 있습니다.

일반 연금보험은 가입(2013년 3월이후)해서 납입기간이 5년 이상이고 10년 이상 유지시 연금으로 수령하면 비과세 혜택이 부여되며, 55세 이후 연금을 받을 때는 연금소득세가 없습니다.

일반 연금보험의 가입과 납입방법에 따라 1)일시납 경우 1억원 이하이고 10년 이상 유지 2)월납 경우 월 150만원 이하이고 5년이상 납입 및 10년 이상 유지 3)연금수령 경우 종신형 연금으로 보험료 납입완료하고 55세 이후부터 사망시까지 보험금을 연금으로 수령하면 보험차익 비과세 혜택을 받을 수 있습니다.

세액공제되는 연금저축 상품은 금융회사에 따라 은행의 연금저축신탁, 보험회사의 연금저축보험, 증권사의 연금저축펀드로 분류됩니다. 다만 연금저축보험의 경우 매월 정해진 보험료를 납부해야 하지만 연금저축신탁이나 연금저축펀드의 경우 납입액을 자유롭게 납부할 수 있습니다.

24. 비과세 연금상품에는 일반 연금보험과 변액 연금보험이 있다.

비과세 연금상품은 공시이율을 기초로 계약자적립금을 산출하는 일반 연금보험과 특별계정의 펀드투자수익률을 기초로 실적배당형 상품인 변액연금보험으로 운영됩니다.

일반 연금보험	변액연금 보험
– 일반계정(공시이율) 기반으로 안정적 운영구조 – 큰 변동 없이 예측 가능한 연금액 설계 가능함 – 물가 상승률에 따라 대응하기 어려움	– 특별계정(펀드운용 성과)에 따른 실적배당형 구조 – 경제환경 변화에 따른 장기적인 유연한 투자 가능 – 장기투자에 더 높은 수익기대

1) **일반 연금보험**은 가입 초기에 발생하는 사업비로 인해 적용이율이 공시이율 또는 예정이율을 적용하더라도 일정 기간이 지나서 원금이 도래하지만 그 이후에는 복리3효과로 누적 연금적립액이 기하급수적으로 증가합니다. 일반 연금보험 운영방식은 높은 수익률보다는 안정성과 지속성을 중심으로 하여 장기적으로 노후자금을 준비하고자 할 때 유용합니다.

2) **변액보험**은 보험계약자가 납입한 보험료에서 일부 사업비를 제외

한 자금을 수탁회사가 보관하고 자산운용사가 위탁을 받아서 선택한 펀드 등에 투자하고 운용수수료를 차감한 후 제1보험기간 동안은 특별계정의 실제 투자수익률을 적용하고, 제2보험기간 동안에는 일반계정의 공시이율을 적용하여 고객에게 돌려주는 상품입니다. 변액보험 운용방식은 종합주가지수를 추적하는 펀드종목들을 편입해 운용하는 인덱스(Index)형과 우량성장형 종목을 선별해 투자하는 액티브(Active)형이 있습니다.

일반 연금보험과 변액 연금보험을 이해하고 본인의 경제적 여건과 상황에 적합한 연금상품을 선택하고, 특히 변액상품의 경우 본인의 투자성향을 고려하여 펀드운용을 해 나가시길 바랍니다.

25. 연금보험의 연금수령은 연금개시 전에 보험회사 방문하여 연금형태 등 연금수령요건을 정해야 한다.

연금보험을 받으려면 제2보험기간인 연금개시연도의 계약해당일 (D) – 1영업일 이전에 보험회사를 방문하여 연금지급형태(확정연금, 상속연금, 종신연금 등)를 선택하면 됩니다.

1) **확정연금**은 계약자가 사전에 정한 기간 동안 연금수령합니다.

2) **종신연금**은 피보험자가 사망할 때까지 연금수령 하지만 피보험자 사망 후에도 지급보증 기간이 남아 있으면 잔여기간 동안 연금을 받을 수 있습니다.

3) **상속연금**은 적립금의 운용수익으로 연금지급 되며 사망하거나 만기도래 하면 남은 원금을 상속인에게 지급하게 됩니다.

같은 기간 동안 지급되는 연금수령액은 확정연금, 종신연금, 상속연금 순으로 많습니다. 과거 예정이율 연금상품의 경우 연금지급 기본형태가 거의 종신형만 존재하며, 금리연동형 상품부터 연금개시시점에 확정, 상속, 종신형 중 한가지 선택 가능합니다.

일반적으로 연금보험에 가입할 때 연금을 언제 받을 것인지, 연금을 어떻게 수령받을 것인지 등 연금조건을 선택하게 됩니다. 대부분의 사람들은 가입 당시 선택한 연금조건을 연금수령 시에도 따라야 한다고 생각하는 경우가 많습니다. 통상적으로 연금신청 가능시기는 연금개시 전, 후 모두 가능합니다. 연금개시일 이후 청구권 소멸시효 기간이 3년이므로 3년이내 신청하도록 보험회사에서 안내되고 있으나 연금 개시일부터 3년이 경과하더라도 연금신청은 가능합니다.

연금 수령기간과 연금지급방법은 연금개시일 이전에 언제든지 변경이 가능합니다.

1) 연금 수령기간은 비과세연금은 최대한 빨리 연금수령 해도 5년이고, 세액공제 연금은 최소 10년 이상 연금수령을 해야 합니다.

연금보험의 연금수령나이는 계약일을 기준으로 보험료 납입완료 시점부터 최소 거치기간 이후의 나이로 상품별 조건충족이 다양하나, 비과세 연금(일반 연금보험)은 최소 45세 이상 경과시점부터 가능하며, 세제공제 연금(연금저축, IRP계좌)은 55세부터 가능합니다.

예를 들면, 2013년 3월 1일 이전에 연금계좌를 가입한 경우라면 10년 이상 유지하고 55세 이후에 5년 이상 연금수령 해야하나, 2013년 3월 1일 이후에 연금계좌를 가입한 경우이면 5년 이상 유지하고 55세 이후에 10년 이상 연금수령 해야 합니다.

2) 연금지급방법은 개인의 건강상태와 경제적 환경을 고려하여 확정형 또는 종신형을 선택할 수 있습니다. 일반적으로 건강한 사람이

라서 75세 이후에도 생존하여 건강관리를 통해 장수할 수 있다면 10년보증 종신형연금을 선택하여 더 많은 연금액을 받을 수 있습니다.

연금지급기준은 피보험자이며, 피보험자의 연령과 생존여부에 따라 연금이 지급됩니다. 부부형의 경우 주/종피보험자 모두 연금개시나이(피보험자 기준 45세~80세) 요건을 충족해야 합니다.

26. 연금보험의 세제과세는 가입시기, 상품에 따라 다르다.

일반 연금보험의 세제과세는 2001년 기준으로 구분됩니다.

2000년 12월 31일 이전에 가입한 소득공제형 연금보험은 개인의 노후생활 안정을 목적으로 한 저축액을 가입자의 소득에서 빼주는 것으로 1994년 7월부터 2000년 12월까지 판매된 것으로, 연 납입 180만원으로 납입 보험료의 40%에 해당하는 연간 72만 원의 소득공제가 가능하며, 55세 이후 5년 이상 연금을 수령할 때는 비과세됩니다.

2001년 1월 1일 이후 소득공제형 연금보험에 가입하면 납입보험료의 최대 300만 원의 소득공제와 연금 수령할 때 5.5%의 연금소득세가 적용됩니다.

또한 세액공제는 결정된 세금에서 일부를 감면해 주는 것으로 대표적 연금상품으로는 연금저축과 IRP계좌가 있습니다. 연금저축만 가입하면 연간 600만원이나 연금저축과 IRP계좌를 합산하면 연간 900만원까지 납입하여 연말정산 시 세액공제(13.2% 또는 16.5%) 혜택을 받을 수 있습니다. 세액공제 받은 연금적립액은 연금수령 나이에 따라 3.3%~5.5%의 낮은 세율이 적용되지만 해지할 경우에는

16.5%의 기타소득세가 적용됩니다.

연금지급 형태	연금수령 나이	세율(지방소득세 포함)
확정기간형 연금	만 55세~만 70세 미만	5.5%
	만 70세 이상~만80세 미만	4.4%
	만 80세 이상	3.3%
종신형 연금	만 55세 이상~만 80세 미만	4.4%
	만 80세 이상	3.3%

일반 연금보험은 발생한 소득에 대하여 10년 이상이면 비과세되지만 10년 미만은 이자소득으로 간주해 15.4%의 세금이 부과됩니다. 다만, 법에서 정하는 부득이한 사유(가입자 사망, 퇴직, 3개월이상 입원 및 요양, 해외이주 등) 발생하고 6개월 이내에 중도 해지 시에는 비과세 혜택을 유지할 수 있습니다.

27. 사적연금은 건강보험료의 소득산정에 제외 적용된다.

금융자산이 많다면 연금저축이나 IRP계좌 등 연금계좌의 과세이연 효과(연금저축과 IRP 계좌의 합해서 최대 납입액 1천 8백만 원, 세액공제 한도는 9백만 원)를 활용할 수 있습니다. 금융소득이 2천만 원을 넘으면 초과금액만 종합과세되지만, 연금소득이 1천 5백만 원을 초과하면 전체 금액을 종합과세 하거나 16.5%의 분리과세를 선택하여 납부해야 합니다.

연금계좌를 활용 이외에도 세금절세에 따른 소득에 부과되는 건강보험료 부담을 줄일 수 있습니다. 현행 퇴직 후 지역가입자 건강보험료 산정기준은 공적연금에만 부과되고 사적연금인 연금저축이나 IRP계좌에는 적용되지 않기 때문입니다. 즉, 민영보험인 사적연금은 공적소득과 직접적인 연관이 없이 개인이 선택해 가입하는 사적계약으로, 소득에 따라 부과되는 공적부담금인 국민건강보험료 부과체계에서 제외 됩니다.

사적연금(연금저축, IRP, 퇴직연금 DC추가기여금)은 금액이 1,500만원을 초과하여 연금을 받으면 종합과세 또는 16.5%의 분리과세를 선택해야 되므로 연간 1,500만원 이하로 인출하여

3.3%~5.5%의 저율 분리과세 방식으로 관리해야 합니다.

세액공제 받지 않은 연금저축액은 연금소득 과세대상이 아닙니다. 또한 이연 퇴직소득(순수 퇴직금)의 연금소득은 금액에 무관하게 전액 분류과세 적용으로 종합과세 대상이 아닙니다.

최종적으로 남은 세액공제 받은 연금저축금액과 운용수익을 재원으로 한 연금소득만이 연금소득 과세대상입니다. 즉, 연금소득세 1,500만원의 사적연금 산정금액에는 국민연금, 퇴직연금, 비과세 연금보험, 2001년 이전의 구)개인연금저축 등으로 수령하는 연금금액은 제외됩니다.

28. 연금보험의 연금수령 시 건강하다면 보증이 짧은 종신형이다.

연금보험에 가입할 때 연금을 수령하는 시기와 방법을 결정하게 됩니다.

이는 연금 수령 전 언제든지 변경이 가능하나 개인적인 상황여건(건강상태, 경제력, 가족사항 등)에 따라 본인에게 가장 유리한 유형을 선택하는 것이 좋습니다. 유의할 점은 연금개시 되고 난 다음에는 특별한 경우가 아니고는 해약이 안되며 끝까지 계약에 따른 연금형태로 연금수령만 가능합니다.

연금 유형은 크게 확정형, 상속형, 종신형으로 나눌 수 있습니다.

구 분	확정연금 형	상속연금 형	종신연금 형
연금지급 기간	확정된 기간 동안 지급	피보험자 생존기간 동안 지급	사망시 까지 계속 지급
본인 사망시	지급종료	남은 금액 상속 지급	지급종료
수령자	본인	본인 → 상속인	본인
월 연금액	가장 많음	중간	가장 적음

- **확정연금 형:** 연금수령 기간을 확정하여 연금을 지급하는 형태.

- **상속연금 형:** 연금 개시시 연금재원에 대하여 생존기간 중 이자만

연금지급하고 피보험자 사망시 연금재원을 상속인에게 지급하는 형태

- **종신연금 형:** 보험대상자(주피, 부부형은 주종피)가 살아 있는 기간 동안 평생 연금을 지급하는 형태

10년보증 종신형은 살아있는 동안 연금을 지급하는 것을 의미하며, 10년 이내에 사망하더라도 10년간 연금액은 유가족에게 연금을 지급합니다. 건강하다면 종신형을 선택해 보증기간을 짧게 하는 것이 좋습니다. 종신형 보증기간이 길수록 보증비용이 높아져 연금지급액이 줄어들기 때문입니다.

연금형태에 따라 연금액이 차이가 나는데 보통 연금 지급기간이 짧아질수록 연금액은 커집니다. 그러므로 연금 수령을 최대한 늦춰 연금준비금을 적립하고 은퇴 후 필요할 때 연금을 수령하면 더 많은 금액을 받을 수 있습니다.

또한 연금개시하여 연금수령 중에 추가납입을 희망할 경우 소득세법상 연금수령 개시를 신청한 날 이후에는 연금보험료를 추가로 납입할 수 없으므로 다른 연금계좌를 하나 더 개설하여 불입액을 납입할 수도 있습니다.

29. 연금저축계좌이동제도로 금융회사 이동이 가능하다.

연금저축계좌란 일정한 기간 납입하고 연말에 세액공제를 받으며, 연금형태로 인출할 경우 연금소득으로 과세되는 세제혜택이 있는 금융상품입니다.

연금저축계좌는 2013년 3월부터 판매되어 가입기간 5년 이상, 납입한도는 연 180만 원 한도입니다. 연금저축계좌는 원칙적으로 만 55세 이후 연금수령이 가능하며, 중도해지시 세액공제 환급과 16.5%의 기타소득세가 부과될 수 있습니다.

연금저축의 종류는 연금저축 상품을 판매하는 금융회사에 따라 보험회사는 연금저축보험, 증권회사는 연금저축펀드, 은행은 연금저축신탁이라고 다양하게 사용되나 결론적으로 연금저축입니다.

구 분	연금저축 보험	연금저축 신탁	연금저축 펀드
주요 판매사	보험회사	은행	증권회사
납입방식	정기납입	자유적립식	자유적립식
적용금리	공시이율	실정배당	실적배당
연금수령방식	확정형, 종신형(생명보험만)	확정형	확정형
원금보장	보장	비보장	비보장
예금자보호	보호	보호	비보호

보험회사에 연금저축보험에 가입했는데 일정시간이 지나도 원금 수준이 된다면 수익률에 불만이 생겨서 증권회사의 연금저축펀드에 가입하기 위해 보험사의 연금저축보험을 해지하면 16.5%의 기타소득세가 부과됩니다.

이럴 때는 '연금저축계좌이동제도'를 활용하는 것이 좋습니다. 계좌이동을 하려면 연금저축계좌를 새로 개설하면서 이체요청만 하면 됩니다. 즉, 증권회사에 연금저축펀드계좌를 신규 개설하면서 보험회사의 연금저축보험 이동을 요청할 수 있습니다. 기존 보험회사에 연금저축보험 해지를 요청할 필요가 없습니다. 새로 가입하는 금융회사가 기존 연금저축상품의 금융회사에 연락해 신규계좌로 이체를 처리하도록 할 것입니다.

30. 연금계좌의 인출순서는 세제혜택 받지 않은 순이다.

연금계좌인 연금저축과 IRP계좌 등에는 세제혜택이 있어 인출방법(연금 또는 일시금)에 따라 다양한 세금이 부과됩니다.

연금계좌의 인출되는 순서는 다음과 같습니다.

1) 세액공제를 받지 않은 납입금액(과세 제외)

2) 다음으로 퇴직금(일시금은 퇴직소득세, 연금수령은 퇴직소득세의 감면적용)

3) 세액공제를 받은 개인기여금(일시금은 16.5% 기타소득세, 연금의 경우 3.3%~5.5% 연금소득세 적용되며, 연간 1,500만원을 초과하는 경우 전액 종합과세 또는 16.5% 분리과세 선택)

4) 마지막으로 운용수익(3과 동일) 순입니다.

2024년부터 연간 1,500만원(월 125만원) 이하의 세액공제 연금을 받으면 저율 분리과세율로 3.3%~5.5%를 원천징수하면 납세의무가 종결되지만, 1,500만원을 초과하면 종합소득으로 신고해야 하며, 해당 연금소득에 대해서는 종합과세와 16.5% 분리과세 중 하나를 선택할 수 있습니다.

구분		세금 종류	세율(지방소득세 포함)
연금개시 전 해지		기타소득세	16.5%
연금개시 후 해지	연금수령 한도 이내 금액	연금소득세	3.3%~5.5%
	연금수령 한도 초과 금액	기타소득세	16.5%

연금은 모으는 것도 중요하지만 인출하는 것도 중요합니다. 인출시 납입한 금액에 따라 연금소득세나 기타소득세 등 세금종류가 달라집니다. 연금을 노후생활비로 사용하기 위해서는 지금부터 본인의 연금계좌를 점검하고, 수령액을 기준선에 맞춰 조정하는 등 인출계획을 미리 세워 두는 것이 좋습니다.

31. 비과세 및 저율과세 적용되는 ISA계좌도 있다.

ISA계좌(Individual Savings Account, 개인종합자산관리계좌)는 한 계좌 안에서 예금, 펀드, 주식, 파생상품 등 금융상품 통합관리하면서 순이익 기준(일반형 200만원, 서민형 400만원) 비과세 혜택을 누리는 종합계좌로 계좌 만기시점(3년 의무가입)에 손익을 통산하여 초과분은 9.9%의 저율 분리과세로 금융소득종합과세 대상제외 적용되는 개인종합자산관리계좌입니다.

즉, ISA계좌는 시니어층에게 비과세·저율과세를 통해 은퇴 전후 금융소득을 종합관리하고, 연금소득과 금융소득의 과세균형을 조절할 수 있는 중요한 개인종합자산관리계좌입니다. 다시 말해 은퇴 전에는 금융소득종합과세를 예방하는 자산축적용으로, 의무가입 3년 이후 만기자금을 현금 수령일로부터 60일 이내에 연금저축계좌 또는 IRP계좌로 전환 입금신청 하면 해당하는 금액(최대 300만 원)을 추가 세액공제 혜택을 받을 수 있으며, 은퇴 후에는 생활비 보완·연금 전환을 통한 평생현금흐름 관리수단으로 활용할 수 있습니다.

ISA계좌의 장점은 다양한 금융상품을 하나의 계좌에서 자산의 흐름을 한눈에 파악할 수 있는 점과 손익통산으로 비과세와 저율 분리과세(9.9%)을 받으면서 납입한 원금 범위 이내에서 자유롭게 중도인출이 가능합니다. 하지만 단점으로 의무 유지기간 3년과 연간 2천만원, 최대 1억원의 납입한도가 있으며, 해외 펀드나 ETF등 간접투자만 가능합니다.

일반적으로 ISA계좌는 손익통산 적용하므로 과세대상 고수익 상품을 중심으로 많이 운용하고, 만기 이후에는 연금계좌(IRP 등)으로 이전하여 이전금액의 10%로 최대 300만원까지 기존 연금계좌 공제한도와 별도로 과세를 한번 더 추가공제 받는 것으로 절세측면에서 많이 활용되고 있습니다. 이는 개인의 투자성향과 소득에 따라 달라질 수 있기 때문에 전문가와 상의 후 본인의 재무 포트폴리오를 구성한다면 많은 도움이 되리라 생각합니다.

32. 50대에 3층연금 통한 노후준비는 세제혜택 있는 연금부터 입니다.

노후 재무준비를 할 때 개인연금은 국민연금, 퇴직연금과 함께 노후생활을 대비해야 하는 3층 연금자산 중 하나입니다.

3층 연금론은 1994년 세계은행의 보고서 '노년 위기의 모면(The Averting Old-age Crisis)'에서 처음 소개되었는데, 1층은 기본적인 생활을 국가가 보장하는 국민연금과 2층은 표준적인 생활을 보장하는 퇴직연금, 3층은 여유있는 풍요로운 생활을 보장하는 개인연금으로 연금에 대한 부담을 나누어 퇴직 이후의 삶을 안정적으로 준비하는 것입니다.

다시 말해 노후준비 하는 연금자산은 국민연금을 기반으로 퇴직연금을 보완하고, 개인연금으로 부족한 노후자금을 확보하여 여유로운 노후생활을 준비하고자 할 때 유용합니다. 개인연금은 말 그대로 개인이 알아서 가입하는 연금이라는 의미입니다. 개인연금의 가입률은 다소 강제성이 있는 국민연금이나 퇴직연금에 비해 현저히 낮습니다. 이는 개인연금이 강제성은 없고 개인의 의사에 따라 가입과 유지를 할 수 있는데 반해 연금저축과 IRP계좌는 연말정산 시 13.2%~16.5%의 세액공제 혜택이 부여되나, 해지시 기타소득세

16.5%가 부과되기 때문에 일반 개인연금보다 다소 유지율이 높습니다.

만약, 50대의 직장인이 개인연금 가입을 고려 중이라면 일반 연금보험보다는 먼저 세액공제 혜택이 있는 연금저축이나 재직자 IRP계좌를 이용하는 것이 좋을 것 같습니다.

33. 노후로 연금수령이 어려우면 지정대리청구서비스가 있다.

　　노후재무준비로 연금상품을 가입하고 있는 경우 개인연금으로 종신연금을 받을 때 건강 악화, 치매 등으로 연금 수령의 어려움을 걱정하는 경우가 가끔 있습니다.

　　이 경우 연금상품의 제도적 특약인 '지정대리청구서비스' 특약을 활용하는 것이 좋습니다.

　　지정대리청구인제도는 보험수익자가 직접 보험금을 청구할 수 없는 특별한 사정이 있을 때 보험계약자가 보험금을 대리하여 청구할 수 있는 자(지정대리청구인)를 지정 또는 변경할 수 있도록 하고 있습니다. 지정대리청구인은 피보험자와 동거하거나 생계를 같이 하고 있는 주민등록상의 배우자 또는 3촌이내 친족 중 1명으로 합니다. 보험에 관련된 보험계약자, 피보험자, 수익자가 동일한 경우에는 지정대리청구인의 성명, 피보험자와 간편 지정대리청구인의 관계만 기재하면 됩니다.

　　지정대리청구 서비스는 가입자가 치매·중증질환 등으로 연금을 청구하기가 어려울 때 미리 지정한 가족이나 대리인이 대신 청구할 수 있도록 함으로써 연금 수령권을 안전하게 보장하면서도 지급지연이나 분쟁을 예방할 수 있는 제도적 장치입니다. 종신연금을 고려하신다면 지정대리청구 서비스를 신청해 두는 것이 좋습니다.

　노후준비는 국민연금과 퇴직연금만으로 노후생활비를 충당하기에는 부족할 수 있으니 본인의 경제적 여력이 허락한다면 한 살이라도 젊을 때 빨리 사적연금(연금저축, IRP계좌, 개인연금)에 가입하여 여유로운 노후생활을 준비하시기 바랍니다.

【제4-2장. 저축성 보험 핵심요약 정리】
: 세금은 줄이고 연금은 키우는 노후 설계법

저축성 보험은 예금과 보장이 결합된 상품으로, 비과세 및 세제 혜택을 고려한 전략적 가입이 중요합니다. 연금 수령 전 수령 형태를 결정하고, 건강 상태에 따라 종신형 보증 기간을 조절하십시오. 특히 사적연금은 건강보험료 산정 시 제외되므로, ISA 계좌 및 연금저축을 활용해 50대부터 세제 혜택 중심의 3층 연금을 완성해야 합니다.

보장성 보험이 '사고'를 대비한다면, 저축성 보험은 '시간'에 투자하여 노후 자금을 만드는 도구입니다. 복리 효과와 세제 혜택을 극대화하는 실전 노하우를 정리해 드립니다.

구 분	실천 핵심요약		
STEP 1. **저축성 보험의 두 얼굴:** **비과세 vs 세액공제** 나의 상황에 따라 유리한 상품이 다릅니다. 두 가지 유형을 반드시 구분하세요.	**구분**	**일반 연금보험 (비과세형)**	**연금저축/IRP (세액공제형)**
	핵심 혜택	10년 유지 시 수익에 대해 세금 0원	매년 연말정산 시 13.2~16.5% 환급
	납입 시기	여유 자금이 있을 때 (비과세 목적)	직장인/사업자 필수 (절세 목적)
	수령 시 세금	연금소득세 없음	3.3~5.5% 연금소득세 발생

구 분	실천 핵심요약
STEP 2. **변액보험과 ISA계좌** **활용하기**	• 변액보험 (투자와 보험의 결합): 내가 낸 보험료를 주식·채권 펀드에 투자합니다. 인플레이션으로 인한 화폐가치 하락을 방어할 수 있지만, 투자 결과에 따라 적립금이 변동되므로 주기적인 펀드 변경 관리가 필요합니다. • ISA계좌 (만능 통장): 한 계좌에서 주식, 펀드 등을 운용하며 200~400만 원까지 비과세 혜택을 줍니다. 3년 의무 가입 후 만기 자금을 연금계좌(IRP 등)로 전환하면 전환금액의 10% 추가 세액공제 혜택까지 받을 수 있어 50대에게 매우 유리합니다.
STEP 3. **건강보험료와 세금을** **아끼는 인출 전략** 연금을 받을 때도 전략이 필요합니다. 잘못 받으면 건강보험료 폭탄이나 고율 과세의 대상이 됩니다.	• 사적연금 1,500만 원의 법칙: 연금저축과 IRP에서 받는 연금액을 연간 1,500만 원 이하로 맞추세요. 그래야 3.3~5.5%의 저율 과세로 종결됩니다. (초과 시 16.5% 분리과세 또는 종합과세 선택) • 건강보험료 면제: 사적연금(연금저축, IRP, 개인연금) 수령액은 지역가입자 건강보험료 산정 소득에서 제외됩니다. 공적연금(국민연금) 비중이 높다면 사적연금을 늘려 건보료 부담을 낮추세요. • 인출 순서의 비밀: 세금 혜택을 받지 않은 원금부터 인출되므로, 중도 인출 시 세금 부담을 최소화할 수 있습니다.

구 분	실천 핵심요약
STEP 4. **연금 수령 시 꼭 알아야 할 3가지 제도**	• 연금저축 계좌이동제: 보험사 연금저축의 수익률이 낮다면 해지하지 마세요! '계좌이동'을 통해 증권사(펀드) 등으로 옮기면 기타소득세(16.5%)를 물지 않고 그대로 유지할 수 있습니다. • 수령 형태 선택: 　– 종신형: 죽을 때까지 받음 (장수할수록 유리). 건강하다면 보증기간을 짧게 설정해 연금액을 키우세요. 　– 확정형/상속형: 정해진 기간만 받거나 원금을 남겨 상속합니다. • 지정대리청구 서비스: 혹시 모를 치매나 의식 불명에 대비해 가족을 대리인으로 미리 지정해두면, 본인을 대신해 연금을 청구할 수 있습니다.
STEP 5. **50대를 위한 3층 연금 완성법**	• 1층(국민연금): 국가가 보장하는 기본 생활비. • 2층(퇴직연금/IRP): 회사가 보장하는 표준 생활비. • 3층(개인연금): 내가 준비하는 풍요로운 생활비. Tip: 50대라면 세액공제 혜택이 즉각적인 연금저축과 IRP를 최우선으로 납입하여 연말정산 혜택을 누리며 노후 자금을 만들어 가세요.

실천 체크리스트

실천 점검사항	체크
내가 가입한 연금이 비과세형인지 세액공제형인지 확인하기	(Y, N)
연금저축+IRP 합산 납입액을 연 900만 원까지 세액공제 극대화하기	(Y, N)
수익률이 낮은 연금보험은 증권사 계좌이동 검토하기	(Y, N)
연금 수령 시 연간 1,500만 원이 넘지 않도록 수령 기간 조정하기	(Y, N)
ISA계좌를 개설하여 비과세 혜택과 연금 전환 준비하기	(Y, N)

저축성 보험의 실천당부

중장년층의 노후준비는 세제혜택이 있는 연금상품을 우선 활용하고, 본인의 건강과 재무여건에 따른 연금수령방식 선택 및 제도 서비스(지정대리인청구 등) 활용하는 것이 핵심입니다.

연금상품의 종신연금 신청 후 건강악화를 대비하여 연금의 제도성 특약(지정대리인청구 서비스)을 이용하면 연금지급 중단 없이 생활비·간병비로 안정된 연금수령이 가능하고, 상속인 간 분쟁예방 등도 가능합니다.

개인보험 활용 체크리스트

영 역	점검 항목	체크 사항
보장성 보험	실손과 종신보험 등 중심으로 가입하여 중복보장 없이 보장급부 설계하기	– 보장성 보험의 보장급부(사망보장, 암·뇌·심장 중심 진단금, 수술과 치료비 등) 본인에 맞게 설정 – 중복 보장항목을 줄여 보험료 지출을 방지하기
저축성 보험	연금과 연금저축 등 중심으로 가입하여 세제혜택 고려한 납입기간 설계하기	– 일반 연금보험의 비과세 적용과 연금저축·IRP 세제혜택 적용을 확인하고 가입기간을 설정하기 – 3층 연금으로 부족한 노후 생활자금 확보하기
보험 가입 전 준비	보험용어와 보험약관을 통한 해당 보험상품을 이해하고 상품비교 한 후 가입하기	– 가입하는 보험상품의 보험용어와 보험약관 이해 – 생명보험과 손해보험은 별개의 회사이므로 보장내용과 보험료 등을 비교한 후 가입여부를 결정

영 역	점검 항목	체크 사항
실행 및 점검	정기적인 재검토와 전문가 상담 활용하기	– 균형있는 보험 가입(보장성 보험과 저축성보험)하더라도 시간과 여건이 변하므로 정기적 점검 – 전문가 상담을 통한 본인의 최적의 상품을 유지

핵심 메시지

퇴직 전 직장인은 보장성 보험으로 위험을 대비하고, 저축성 보험으로 노후자금을 마련하는 것이 중요합니다.

즉, '위험대비 + 노후준비'하는 두 축을 균형 있게 관리하는 것이 핵심입니다.

보험은 단순히 가입하는 것이 아니라 보장과 저축을 고려하여 보장항목 점검, 저축성 상품 활용, 약관이해, 정기적 재검토하는 행동을 통해 실질적 노후 대비수단으로 활용해야 합니다.

인생 2막 금융 AGI시대,

50⁺

노 후 는
전략이다

제5장

주택연금 활용, 주택연금 이해와 수령

노부부가 매달 연금을 받기 위해 살고 있는 집을 담보로 주택연금을 가입함으로써 자녀에게 노후 삶을 의지하지 않고 부부 스스로가 노후생활자금을 마련하고자 할 때 자신의 집에서 평생 종신토록 생활하면서 연금으로 노후생활을 보낼 수 있습니다.

노후준비 방안 중 하나인 주택연금제도는 2007년 처음 도입되어 2000년 초만 해도 주택금융공사 자료에 미비한 수치(515명)를 보였지만 최근 2025년에는 주택연금 누적가입자가 약 146,710명 수준으로 퇴직연금 활용율과 비슷한 3~4% 수준입니다. 국토교통부의 2025년 주택실태조사 발표에 따르면 65세 이상 노인의 75.9%가 자가생활을 하고 있지만 주택연금에 가입하기보다는 자녀에게 주택을 상속해 주고 싶어합니다.

§ 주택연금 활용 행동플랜 §

1. 주택연금제도 이해부터 시작하기

– 주택연금은 역모기지론으로, 노후자금마련의 최후 보루수단임을
  인식해야 합니다.

– 주택연금의 신청대상, 절차, 담보방식 등 기본구조를 먼저
  이해합니다.

– 한국주택금융공사 등 공적기관에서 제공하는 안내자료를
  활용합니다.

2. 가족과의 시각차이 조율하기

– 부모와 자녀 간에 주택연금 활용의 인식차이가 크므로, 가족대화로
  해결점을 찾습니다.

– 자녀에게 주택연금의 장점(안정적 생활비 확보, 부모의 주거안정
  등)을 설명합니다.

– 가족회의를 통해 장기적인 주거·재산계획을 함께 논의해 나갑니다.

3. 부채관리 선행하기

– 주택연금 신청 전에 기존 부채 점검하고, 주택 다운사이징 통해 부채
  먼저 상환합니다.

– 부채가 정리된 상태에서 주택연금을 활용하면 안정성과 자녀부담을
  줄일 수 있습니다.

4. 신청 및 실행단계

– 신청절차를 숙지하고, 필요서류(주택등기부, 신분증 등)를
  준비합니다.

– 한국주택금융공사를 통해 예상 연금액을 확인하고, 본인의
  노후생활비 계획과 맞는 수령방식(종신형, 정액형 등)을
  선택합니다.

§ 주택연금 활용 행동플랜 §

5. 지속적 점검

– 주택연금 수령 후 노후생활비와 의료비 등 지출구조를 정기적으로
점검합니다.

– 가족과 주기적으로 상황을 공유하여 갈등을 최소화하고 부부의
노후준비를 해 갑니다.

– 필요시 전문가와 상담을 통해 제도변경이나 추가 활용방안을
검토해 나갑니다.

☞ 주택연금 활용법과 장점

구분	활용법	장점
지급 방식	종신 지급방식 선택(정액형 등)	내 집에 평생 거주하면서 평생연금을 수령하여 주거와 소득을 동시에 해결합니다.
인출 한도	인출한도 설정(전체 연금의 50% 이내)	긴급 의료비, 부채상환, 자녀 결혼자금 등 큰 돈이 필요할 때 미리 활용 가능합니다.
세제 혜택	연금 수령시 재산세 감면 등 활용	재산세 일부 감면 및 대출이자 비용에 대한 소득공제 혜택이 있습니다.
상속 관리	부부 중 한 명이 사망해도 배우자에게 지급	남은 배우자에게 유족보상금에 따라 연금을 보장하며, 사후 남은 집 값은 자녀에게 상속됩니다.

01. 주택연금은 노후자금 마련을 위한 최후 수단, 역모기지론 입니다.

주택연금은 고령화로 노후생활이 길어짐에 따라 추가적인 노후생활자금이 필요할 때 자가 주택을 담보로 거주하면서 매달 연금을 지급받는 제도입니다. 주택연금은 가입시점 결정된 주택가격을 기준으로 평생 연금 수령액이 결정되며, 이후 주택가격이 상승하더라도 월 연금수령액은 변하지 않습니다.

주택연금은 평생 거주하면서 연금을 받을 수 있는 장점이 있으나 보증수수료에 관심을 가져야 합니다. 처음 가입할 때 초기보증료인 주택가격의 1.5%와 매월 연금을 수령할 때마다 보증잔액의 연 0.75%의 보증수수료가 발생합니다(2026년 3월 시행: 초기보증료 1.5% → 1.0% 인하, 연 보증수수료 0.75% → 0.95% 변경 예정임). 이 모든 보증료와 보증수수료는 연금 수령 후 중도해지나 계약 종료 시 주택 처분과 함께 정산됩니다. 즉 주택연금은 주택가격 변동과 무관하게 처음 가입 당시와 동일한 연금액이 지급되는데 주택연금 지급 중간에 주택가격의 급격한 상승으로 중도해지 하거나 배우자의 사망으로 계약이 종료되면 주택시장가격의 처분금액과 해당 기간 동안 지급된 연금액과 보증비용 등을 포함한 총비용을 비교하여

정산합니다. 이 때, 주택의 시가보다 더 많은 주택연금을 수령했더라도 상속인들이 부담하지 않습니다. 반대로 더 적은 주택연금을 수령했다면 그 차액은 상속인들에게 지급됩니다. 주택연금 정산 이후 유불리는 수급한 연금액, 가입자와 배우자의 사망 시점, 담보된 주택의 처분 금액, 대출금리 등에 따라 차이가 달라질 수 있습니다.

주택연금은 노후 대비 자금을 마련하기 위한 최후의 수단이자 보루로서 노부부가 사망할 때까지 평생 자신의 집에서 생활할 수 있도록 해줍니다. 그러나 주택가격이 상승하여 중도 해지하거나 자녀 상속을 원할 경우 기존의 지급된 연금액과 이자를 포함한 보증수수료를 단기에 상환해야 하므로, 단순히 노후자금 마련을 위해 주택연금을 선택하기보다는 본인의 주택가격, 상속계획, 부부의 노후생활자금을 고려하여 종합적인 판단을 해야 합니다.

02. 주택연금 신청절차, 신청대상, 주택담보 보증방식 등 이해하기.

주택연금 신청 절차는 주택을 소유한 소유주가 한국주택금융공사에 보증을 신청하면 보증심사를 거쳐 보증서가 발급되고, 주택연금 신청자는 금융기관에 보증을 신청해 주택연금 대출을 받게 됩니다.

주택연금 신청대상은 1) 부부 중 한 사람이 만 55세 이상이면서 부부합산 공시가격 12억원 이하의 주택(2주택 보유자는 3년 이내 1주택 처분)이며, 2) 최초 가입시 초기보증료 1.5%, 보증잔액 0.75%를 매월 납부하며, 3) 평생 거주 및 배우자 자동승계(신탁방식 계약)를 통해 종신 지급되는 것으로 주택가격 및 신청연령이 높을수록 주택연금액이 높아집니다.

한국주택금융공사의 주택담보 보증방식은 소유자가 소유권을 가지고 공사는 건물 저당권 설정하는 저당권 방식과 공사에 소유권을 이전하여 공사가 우선 수익권을 얻게 되는 신탁방식이 있습니다.

저당권 방식은 주택소유권을 유지할 수 있지만 사망 이후 상속과정에서 가족 간 분쟁가능성이 있습니다.

신탁방식은 소유권을 공사에 이전하는 대신 자녀의 동의가 필요 없이 배우자 승계가 자동으로 가능합니다.

　주택연금의 주택가격[16)은 가입기준 적용시 공시가격으로 12억 초과 주택은 12억에 고정 책정되며, 연금액은 시장가격(시세)에 따라 결정됩니다. 중도해지시 수령액 이자반환과 보증료 미환급 되고 3년 동안 재가입 제한이 있습니다.

16) 한국주택금융공사의 일반주택 월 수령 조건표(2025. 3월 기준)

구 분	55세	60세	65세	70세	75세	80세	85세	90세
3억원	44.3	60.0	72.7	89.2	113.2	142.4	189.4	266.7
6억원	88.7	120.1	145.5	178.5	222.7	284.9	378.9	533.5
9억원	133.1	180.2	218.3	267.7	334.0	393.6	461.5	595.4
12억원	177.4	240.3	291.1	327.5	353.5	393.6	461.5	595.4

☞ 60세 기준: 주택 1억당 주택연금 20만원 종신지급 됩니다.

03. 주택연금 신청할 때 부모와 자녀 간에 시각의 차이를 좁혀야 한다.

주택연금 신청과 관련해서는 부모와 자녀 간에 시각의 차이가 있습니다. 노후생활 자금준비를 제대로 마련하지 못한 부모가 걱정되는 자녀들이 주택연금 신청을 권유할 때도 거절하는 부모가 있는가 하면, 자녀들이 부모의 부양비를 마련하는 데 어려움을 겪을 것을 우려해 부모가 주택연금 신청을 신청하려 해도 훗날 상속을 기대하며 막으려는 자녀가 있습니다. 주택연금은 자녀가 주택상속을 원하지 않거나 노부부가 자녀에게 의지하지 않고 편안하게 노후자금을 스스로 확보하고 싶을 때는 주택연금을 활용하는 것이 좋습니다.

한국주택금융공사(2024~2025년 기준)의 주택연금 신청현황을 살펴보면, 주택연금 평균가입연령은 약 72세, 평균 주택가격은 약 3억 9천만원, 평균 월 수령액은 약 120만원 수준이며, 종신지급형(약 61.9%)을 신청하고 있습니다.

평균 가입연령	평균 주택가격	평균 월 수령액	최선호 지급방식	최선호 지급유형
72세	3억 8,900만원	122만원	연금식 종신지급	월 정액형

　부부 중 한 명이 만 55세 이상이면 주택연금을 받을 수 있지만, 주택연금은 주택가격과 가입자 연령에 따라 가입 당시 나이가 많을수록, 주택가격이 높을수록 월 수령연금액이 많아지고, 일찍 신청하면 연금기간이 길어져서 연금 수령액이 줄어들기 때문에 최대한 늦추어 신청하면 월 연금수령액도 올라 더 많은 월 연금수령액을 받을 수 있습니다. 또한, 향후 자녀에게 상속을 하고 싶다면 최대한 늦게 주택연금은 신청해서 부부의 노후자금을 확보하여 사용하고 남은 금액은 상속자녀들에게 물려주면 됩니다.

　최근 고령화로 노후가 길어지고 있어 노후주택을 자녀에게 상속으로 물려주기보다는 주택연금을 통해 현재 부모가 살고 있는 주택을 부모들의 노후자금으로 사용하고, 자녀들이 부담하는 부모부양비를 자녀들 자신의 생활자금을 마련할 수 있도록 하는 것이 자녀에게 부담을 주지 않는 부모로 노후를 살아가는 현명한 방법이 아닐까 생각됩니다.

은퇴 후에도 남은 부채가 있다면 우선 주택 다운사이징을 해야 합니다.

아무리 연금으로 노후생활을 한다고 해도 연금을 받아 대출 원리금 상환에 사용하면 무슨 소용이 있을까요?

주택 규모를 줄이면 여유 자금의 흐름이 생길 뿐만 아니라 주택관리 및 생활에 여유시간이 늘어나 취미나 여가 활동을 통해 경제적, 정서적으로 여유로운 노후생활을 즐길 수 있습니다. 예를 들어 현재 살고 있는 10억 원짜리 주택을 축소하거나 주택가격이 더 낮은 지역으로 옮겨 7억 원짜리 주택을 구입하면 3억 원의 현금흐름을 만들어 부채 상환이나 노후 생활비로 사용할 수 있습니다.

축소 후 노후 자금이 추가로 필요하다면 주택연금에 가입해 더 많은 현금 흐름을 만들 수도 있습니다. 주택연금 신청절차는 만 55세 이상인 신청자가 한국주택금융공사에 보증신청하면 보증심사를 거쳐 보증약정, 담보설정으로 보증서가 발급되고 각 금융기관에 가서 주택연금을 대출 받게 됩니다. 주택연금 보증을 취급하는 금융회사

(16개)는 2025년 1월 현재 13개 은행, 2개 보험회사, 농·축협 등이며, 증권회사는 아직 취급하지 않고 있습니다.

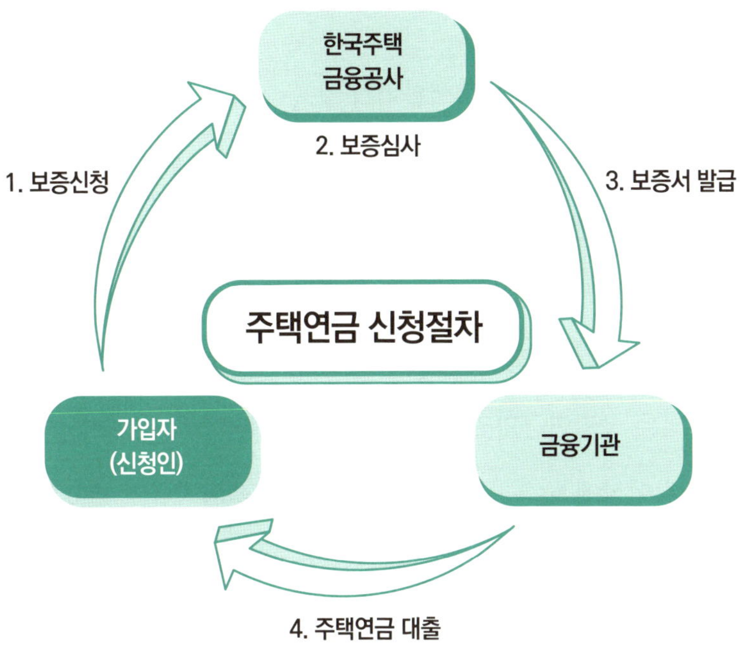

주택연금 수령계좌는 공사 지사 또는 취급 금융기관에 등록하며, 전용계좌(지킴이 통장)는 월 지급금액 185만 원 이하만 입금되고 압류가 금지됩니다.

 주택연금은 자녀의 부모에 대한 부담을 줄여줄 수 있는 대안이 될 수 있다.

은퇴 이후 노부부의 노후생활비가 부족하여 넉넉하지 않은데도 자녀에게 주택을 상속하기 위해 주택연금을 신청하지 않을 정도로 어리석지 않았으면 합니다.

자녀의 취업이 늦어지고 자녀가 홀로서기를 할 때가 되면 부모는 직장에서 60세 정년퇴직으로 소득절벽의 시기를 맞이합니다. 1969년생부터는 국민연금의 노령연금 수령이 65세가 되어야 가능하므로 최소 5년 이상에 해당하는 부부의 비상 노후생활자금이 필요합니다. 자녀의 결혼시기도 늦어지고 있어 만약 부모가 은퇴한 이후에 자녀가 결혼한다면 부모의 노후부족자금은 메울 수 없을 정도로 큰 부담으로 다가올 것입니다.

한편, 자녀가 커서 결혼하고 독립한 경우라면 거주하는 집의 규모를 줄여 주택다운사이징하거나 주택연금을 신청하여 자녀의 걱정이나 도움 없이 여유자금을 활용해 부부의 노후생활비 마련을 위한 현금흐름 확보하는 방안을 고려해 보시길 바랍니다.

마지막으로 주택연금과 주택다운사이징을 비교해 보면, 주택연금은 자가주택을 담보로 평생 거주하면서 연금을 수령하므로 노후생활

안정과 절세혜택 등이 있습니다. 주택다운사이징은 기존주택을 매도하고 더 저렴한 주택으로 이사하므로 매도차익의 일부를 연금계좌(IRP, 연금저축)로 이전해 연금을 수령하는 것입니다. 각 방법의 조건과 개인이 처한 경제적 여건에 따라 다를 수 있으므로 본인에게 적합한 노후자금마련 방법을 선택하여 활용하시길 바랍니다.

【제5장. 주택연금 활용 핵심요약 정리】
: "집 한 채로 끝내는 노후 생계 솔루션"

100세 시대 자녀 지원 등으로 노후 자금이 부족하다면, 살고 있는 집을 주택연금으로 활용해야 합니다. 내 집에 평생 거주하며 안정적인 월 소득을 보장받는 주택연금은 부부의 주도적인 노후 생활을 위한 핵심 재무 전략입니다.

주택연금은 내 집에 평생 살면서, 그 집을 담보로 매달 국가가 보증하는 연금을 받는 '역모기지론'입니다. 자녀에게 짐이 되지 않고 품위 있는 노후를 보내기 위한 실전 가이드를 정리해 드립니다.

구 분	실천 핵심요약
STEP 1. **주택연금의 정체: "상속 대신 연금"** 주택연금은 단순한 연금이 아니라 대출의 형식을 띕니다. 하지만 일반 대출과는 결코 다릅니다.	• 평생 거주 & 평생 지급: 부부 중 한 분이라도 살아계시는 동안은 금액 변동 없이 평생 연금이 나옵니다. • 초과 지급 시에도 안심: 나중에 부부 모두 사망 후 집을 팔았을 때, 받은 연금이 집값보다 많아도 상속인에게 청구하지 않습니다. (국가 보증) ☞ 남으면 상속: 반대로 연금을 적게 받고 사망했다면, 집을 판 차액은 자녀(상속인)에게 돌려줍니다. • 비용 발생: 초기보증료(집값의 1.5%)와 연 0.75%의 보증수수료가 발생하며, 이는 매달 내는 것이 아니라 나중에 집값에서 정산됩니다.

구 분	실천 핵심요약
STEP 2. **가입 자격 및 신청 절차** **(2025년 기준)** 신청 전, 우리 집이 대상인지 확인해 보세요.	<table><tr><th>구 분</th><th>주요 내용</th></tr><tr><td>연령 기준</td><td>부부 중 한 사람이 만 55세 이상</td></tr><tr><td>대상 주택</td><td>부부 합산 공시가격 12억 원 이하 (다주택자도 합산가 12억 이하면 가능)</td></tr><tr><td>연금액 결정</td><td>가입 시점의 주택 시가와 신청 연령에 따라 결정 (나이가 많을수록 많이 받음)</td></tr><tr><td>보증 방식</td><td>신탁 방식을 권장 (배우자에게 연금 수급권이 자동으로 승계됨) 저당권 방식(소유자가 주택소유권을 유지함)</td></tr></table> ☞ Tip: 주택연금은 공시가격으로 가입 기준을 따지지만, 매달 받는 연금액은 시장가격(시세)에 따라 결정됩니다.
STEP 3. **주택연금 활용의 황금률: "다운사이징이 먼저"** 집을 담보로 연금을 받기 전, 반드시 부채 정리부터 하세요.	• 주택 다운사이징: 현재 10억 주택에 대출 3억이 있다면, 7억 주택으로 옮기고 남은 3억으로 빚을 갚으세요. • 현금 흐름 확보: 빚을 갚고 남은 7억 주택을 주택연금에 넣으면, 원리금 상환 걱정 없는 순수 생활비가 생깁니다. • 관리비 절감: 큰 집을 유지하는 세금과 관리비를 줄이는 것만으로도 노후 생활의 질이 올라갑니다.
STEP 4. **부모와 자녀의 '현명한 합의'** 상속에 대한 집착이 부모의 노후를 망치고 자녀의 미래를 발목 잡을 수 있습니다.	• 부모의 입장: "자녀에게 집을 물려주겠다"는 생각에 소득 없는 노후를 고통스럽게 보내지 마세요. 주택연금을 통해 스스로 경제력을 갖추는 것이 진정한 자녀 사랑입니다. • 자녀의 입장: 부모님이 주택연금을 받으시면 자녀의 부모 부양비 부담이 사라집니다. 그 돈을 자녀 자신의 노후 준비에 쓸 수 있게 하는 것이 부모와 자녀 모두에게 이득입니다.

구 분	실천 핵심요약
STEP 5. **가입 시기 고민: "일찍** **vs 늦게"**	• 생활비가 급하다면: 만 55세부터 즉시 신청하여 소득 공백기(60세 퇴직~65세 국민연금 수령)를 메우세요. • 상속을 조금이라도 고려한다면: 최대한 늦게 신청하세요. 수령 기간이 짧아지는 대신 매달 받는 연금액은 커집니다.

실천 체크리스트

실천 점검사항	체크
우리 집의 공시가격 확인하기 (부동산공시가격 알리미)	(Y, N)
주택대출 했다면 현재 남은 주택담보대출 잔액 파악하기	(Y, N)
주택금융공사 홈페이지에서 예상 월 지급금 조회해보기	(Y, N)
배우자와 함께 신탁 방식(자동승계) 가입 여부 상의하기	(Y, N)
집 규모를 줄이는 다운사이징 가능 지역 리스트업하기	(Y, N)

주택연금 활용 체크리스트

영 역	점검 항목	체크 사항
주택연금 제도이해	주택연금제도 이해부터 시작하기	– 주택연금이 역모기지론으로 노후자금마련의 최후 보류수단임을 인식하기 – 주택연금의 기본구조 이해와 안내자료 확인하기
가족협의	가족과의 시각차이 조율하기	– 부모와 자녀 간 주택연금 활용에 대한 시각차이가 있으므로 대화로 좁혀나가기 – 가족회의 등 부모의 노후 삶을 함께 논의하기
부채관리	먼저 부채 점검하고 부채상환하기	– 주택연금 신청 전에 먼저 부채 점검하고 상환하기 – 먼저 부채정리를 하여 향후 자녀부담을 줄이기

영 역	점검 항목	체크 사항
실행하기	신청절차와 준비내용 확인하고 예상 연금액을 확인 후 수령방식 선택하기	- 주택연금 신청절차와 필요서류 등 사전 파악하기 - 예상 연금액을 확인하고 본인에 맞는 수령방식
지속적 점검	연금수령 후 정기적인 점검하기	- 연금수령 후 지출구조(생활비, 의료비) 점검하기 - 필요시 전문가와 상담을 통해 제도변경이나 추가 활용방안을 검토하기

핵심 메시지

주택연금은 단순한 금융상품이 아니라 노후생활자금 마련의 최후 보류수단임을 인식합니다.

주택연금을 노후생활자금 마련에 최후 보류수단으로 활용하기 위해선, 주택연금 제도이해, 가족과의 협의, 부채관리, 신청실행, 지속적 점검의 행동을 통해 주택연금을 현명하게 점검해 봐야 합니다.

- **제도이해:** 주택연금은 집을 담보로 평생 연금을 받는 제도이며, 가입요건, 지급방식, 세제혜택 등을 정확히 이해해야 올바른 활용이 가능합니다.
- **가족과 협의:** 주택은 가족의 공동 자산이자 생활 기반이므로, 연금 활용 여부를 가족과 충분히 논의해야 합니다. 특히 상속문제, 노부부의 거주 안정성 등을 함께 고려해야 합니다.

- **부채관리:** 주택담보대출 등 기존 부채가 있으면 연금 지급액이 줄어 들 수 있으므로, 부채를 정리하거나 사전에 관리 전략을 세워야 안정적인 연금수령이 가능합니다.

- **신청과 실행:** 실제 신청 시점과 방식(종신형, 확정기간형 등)을 개인 상황에 맞게 설계해야 합니다. 또한 신청시점에 따라 지급액이 달라지므로 타이밍도 중요합니다.

- **지속적인 점검:** 연금수령 후에도 생활비, 의료비, 가족상황 변화에 따라 조정이 필요하므로, 제도변경이나 시장환경 변화에 맞춰 주기적으로 점검해 나가야 합니다.

즉, 주택연금은 주택을 단순한 자산으로 보지 않고 안정적 노후생활비로 전환하는 노부부의 행복한 노후준비 마련의 안정적인 현금흐름을 창출하는 최후의 안정망입니다.

제**6**장

상속·증여 활용,
상증여세 이해와 재원 마련

상속설계란 현역생활과 은퇴생활 그리고 삶을 마무리하는 한 평생 살아온 재무적 자산과 비재무적 가치관 등의 이전과 관련된 계획을 의미합니다. 일반적으로 상속은 물질적 자산의 대물림으로 인식되는 경향이 있지만, 상속의 넓은 범주에는 무형자산인 가치관과 생활양식 등을 자손에게 대물림 하는 것도 포함하는 것입니다. 여기서는 간편 상속세와 증여세의 과세구조를 살펴보고, 상속과 증여시 고려해야 할 사전증여, 상증여세 공제, 상속세 재원마련 등 상속과 증여 활용 측면과 실행중심으로 보험활용 측면을 다루고자 합니다.

【상속세/증여세 과세구조 이해】

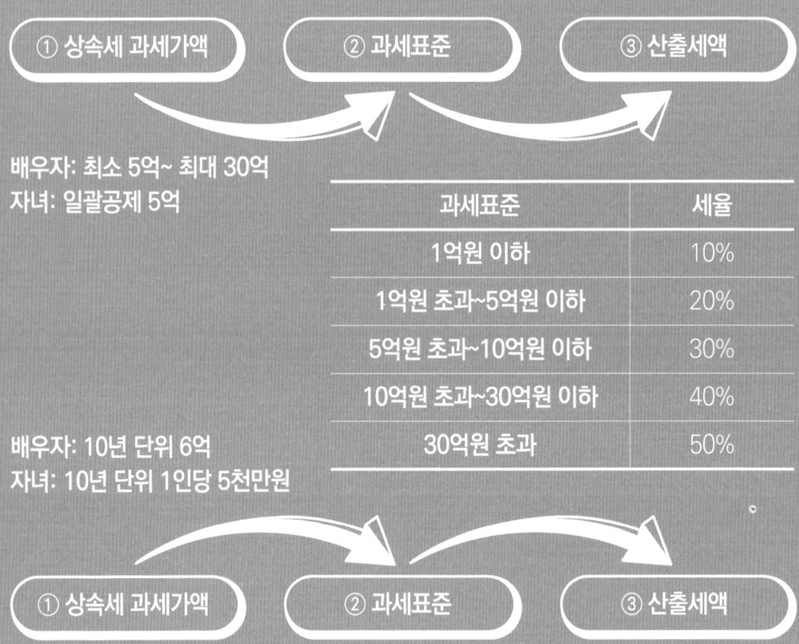

과세표준	세율
1억원 이하	10%
1억원 초과~5억원 이하	20%
5억원 초과~10억원 이하	30%
10억원 초과~30억원 이하	40%
30억원 초과	50%

상속세와 증여세는 재산이 무상으로 이전될 때 부과되는 과세표준에 따른 세금은 10%~50% 누진과세율 적용으로 동일하나 과세시점·과세방식·공제구조에서 차이가 있습니다. 즉, 상속세는 사망시점에 '한 번에 크게' 적용 받을 수 있으나 증여세는 '10년단위 나누어' 공제 활용시 절세효과가 커집니다. 따라서 상증여세는 개인이 처한 여건과 상황에 따라 유불리가 다릅니다.

§ 상속과 증여 활용 행동플랜 §

1. 사전 계획수립하기

- 상속과 증여는 갑작스럽게 진행하지 않고 생전에 미리
  사전계획합니다.
- 가족과 함께 상속증여 방향을 논의하여 불필요한 갈등을
  예방합니다.

2. 상속재산 및 공제액 이해하기

- 상속인은 피상속인의 재산과 의무를 모두 승계하므로, 상속재산
  범위와 상속공제액을 정확히 이해합니다.
- 상속세 계산구조를 숙지하고 재산분배시 세금부담을 고려해
  둡니다.

3. 상속세 재원마련하기

- 상속과 증여는 부유층만의 문제가 아니므로, 상속세 재원마련을
  부부의 노후자금준비와 함께 병행합니다.
- 현금·예금 등 유동성 자산을 일부 확보하여 현실적 세금납부에
  대비합니다.

4. 종신보험 활용하기

- 상속세 재원마련은 단순한 금전적 준비를 넘어 종신보험을
  활용합니다.
- 생명보험의 사망보험금은 상속인의 고유재산으로 인정되므로,
  상속세 납부재원으로 활용을 고려합니다.

§ 상속과 증여 활용 행동플랜 §

5. 분쟁예방을 위한 제도 활용하기

- 상속분쟁을 줄이기 위해 생전 상속계획을 수립해야 합니다.
- 필요시 사망보험금청구신탁제도를 활용해 상속설계를 체계적으로 진행할 수 있습니다.
- 법률전문가와 상담하여 분쟁가능성을 최소화하는데 노력해야 합니다.

☞ **상속과 증여 활용법**

구 분	활용법	장 점
과세 방식	- 유산과세형으로 피상속인 전체 상속재산가액을 기준으로 계산하고 상속인이 공동으로 부담합니다.	- 유산취득형으로 수증자별 증여재산가액을 기준으로 계산하고 각자 단독으로 부담합니다.
공제 · 세율	- 일괄공제 5억, 배우자공제 5~30억 등 다양한 공제가 있습니다.	- 10년 단위 공제로 배우자 6억, 직계 비속 5천만 원(미성년자 2천), 기타 친족 1천만 원입니다.
절세 활용 팁	- 상속개시일 전 10년이내 증여는 상속재산가액에 합산되며, 증여재산공제도 10년 단위이므로 10년 단위로 증여계획을 세워 분산하면 상속세/ 증여세를 줄일 수 있습니다.	

☞ **상속·증여 실천 활용**

- 사전증여(10년 단위로 배우자/자녀의 비과세)와 유류분 제도(법정상속지분 50%) 활용.
- 종신보험(수익자 지정시 상속재산 분리 가능, 사망보험금은 상속인의 고유자산) 활용.

01. 상속과 증여는 사전에 계획하고 준비하는 것이 필요하다.

기업체나 공무원단체 대상의 은퇴 재무설계를 하다 보면 세금을 놓친 것을 후회하거나 조금만 더 일찍 강의를 들었다면 좋았겠다는 사람들을 자주 만나게 됩니다.

상속과 증여는 재산이 많은 사람들이 준비해야 할 일로 여겨집니다만 현재 수도권 아파트에 거주하거나 소득이 높아져 재산이 증가하면 상속과 증여 대상이 되므로 상증여에 관심을 가져야 합니다. 상증여세는 누진과세이기 때문에 재산이나 소득이 많을수록 높은 세율을 적용 받습니다. 가능한 하루라도 빨리 계획을 세워서 탈세가 아닌 절세를 통해 행복한 노후를 준비해야 합니다. 증여는 적절한 시기와 방법을 놓치면 세금을 더 많이 내야 합니다.

상속문제도 자녀가 받는 상속의 금액 뿐만 아니라 상속의 분배에 대해서도 다툼이 많으므로 사전에 계획하고 준비하는 것이 필요합니다. 일반적으로 상속에 대한 고민은 은퇴설계 과정에 유기적으로 이루어 지며, 상속세 절세방법이나 가업승계 및 상속세 납부재원 마련 등 여러가지로 상속과 증여문제는 삶을 마치기 전까지 꼭 다루어야 하는 엄숙한 인생과제입니다.

장기간에 걸쳐 상속재산을 줄이기 위해서는 다음과 같은 내용을 사전에 상속계획을 수립할 필요가 있습니다.

1) 상속개시 10년 전부터 재산을 미리 증여하여 누진세 부담을 경감하기
2) 미래 가치상승 예상되는 주식이나 부동산 등을 조기증여로 세부담 줄이기
3) 상속재산의 구성을 사전 파악하여 배우자와 자녀 공제, 금융재산 공제 받기
4) 상속재산의 분할에 대해 세무사 등 전문가와 의논하여 절세전략 공유하기

상속과 증여에서 가장 중요한 요소는 시간 계획과 타이밍입니다. 즉, 자산가치가 상승하기 전에 최소 10년 이상의 장기 계획을 세워 자산을 미리 분산하고, 배우자공제·자녀공제·금융재산 공제 등 각종 세금 공제 혜택을 최대한 활용하는 것이 필요합니다. 또한, 전문가의 자문을 통해 가족의 상황에 맞는 최적의 자산배분 전략을 수립하고, 유류분 등 법적 분쟁 가능성을 사전에 검토하며, 상속세의 누진적 부담을 단계적으로 줄여 나가는 조기증여 전략이 중요합니다.

02. 상속은 피상속인의 재산에 관한 일체의 권리와 의무를 승계하는 것이다.

상속은 일정한 친족관계에 있는 사람들 간에 한 사람이 사망으로 다른 사람에게 재산에 관한 일체의 권리와 의무를 포괄적으로 승계하는 제도입니다.

상속계획을 수립할 때는

1) 부의 의미와 가치를 공유하기

2) 무형자산인 라이프 스타일을 물려주기

3) 상속계획을 가능한 일찍 작성하기

4) 전문가와 함께 관리하기

5) 사회 환원 등을 참고하여 작성해 두어야 합니다.

상속세는 피상속인이 사망하면 배우자의 생존여부에 따라 5억 원의 일괄공제와 5억~30억 원의 배우자공제를 선택하고 과세표쥰에 의거하여 10~50%의 세율을 적용하여 산출세액을 납부합니다.

상속세는 상속개시일(사망일이 속하는 달의 말일)부터 6개월 이내 신고 및 납부를 해야 합니다. 상속세 신고는 보통 6단계로 1) 상속인 및 상속재산 확인 2) 상속재산 평가 3) 금융기관 채무 확인 및 장례비 확인 4) 상속세 신고서 작성 5) 피상속인 주소지 관할 세무서 제출

6) 상속세 납부 등으로 이루어 집니다.

　상속은 단순히 피상속인의 재산이전뿐만 아니라 재산 평가 및 공제 활용 등 종합적인 자산관리가 필요하므로 반드시 사전에 전문가와 상담하고, 상속납부 기한 이내에 상속세를 신고·납부하는 것이 절세와 분쟁예방에 도움됩니다.

03. 상속재산과 상속공제액 이해하기

　상속재산은 피상속인에게 귀속되는 재산으로 본래 상속재산, 간주상속재산(보험금, 신탁수익, 퇴직금재산), 추정상속재산(상속개시 전에 처분한 재산 중 용도가 불분명한 재산, 1년(2년)에 2억(5억원) 이상인 재산, 합산대상 사전증여재산(10년 이내의 상속인 또는 5년 이내의 상속인이 아닌 사람에게 증여한 재산)이 포함됩니다. 즉 피상속인에게 귀속되는 경제적 재산적 가치가 있는 모든 물건과 법률상의 모든 권리를 포함하지만, 피상속인의 일신에 전속하여 피상속인의 사망으로 인하여 소멸되는 것은 제외됩니다.

　연말정산을 할 때 공제혜택(인적공제, 특별공제)이 있는 것처럼 상속공제에도 인적공제는 기초공제 2억원에 기타 인적공제를 합산 금액과 일괄공제 5억원 중에서 큰 금액을 선택할 수 있습니다. 배우자공제는 5억 원에서 30억 원이므로 실제 상속공제액을 계산할 때 대부분의 경우 인적공제의 일괄공제 5억원과 배우자공제액을 선택함으로 배우자가 살아 있으면 10억원, 자녀만 있으면 5억원 이상이어야 상속세가 발생합니다. 즉 부모 중 한 명이 살아 있으면 상속재산이 10억원을 넘으면 상속세를 내야 하고 자녀만 있으면 상속재산이 5억원을 넘으면 상속세를 내야 합니다.

상속세 계산구조와 신고납부

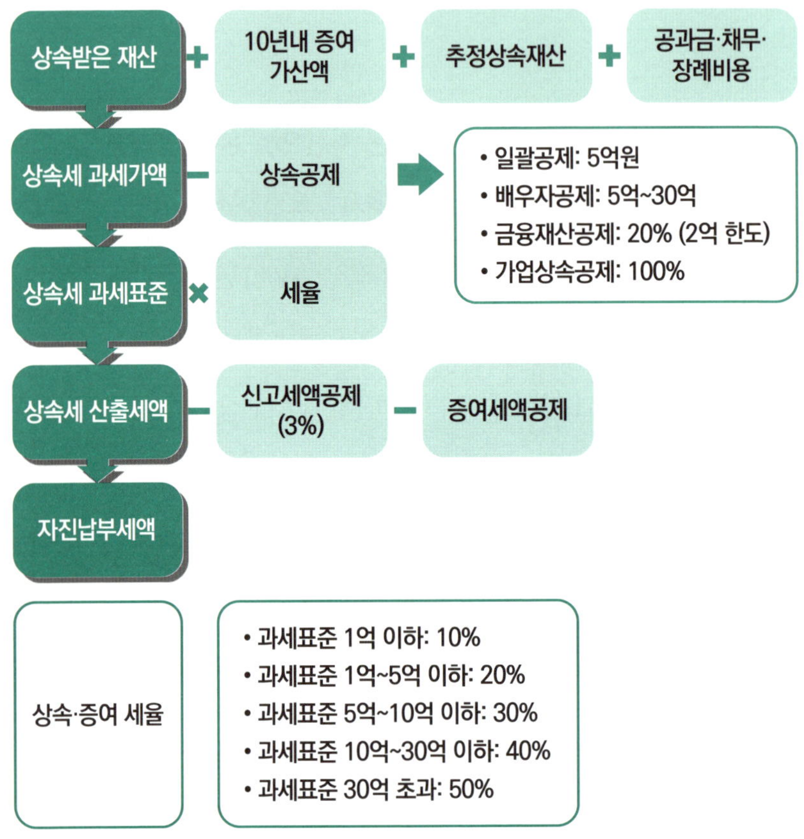

요즘 우리는 서울이나 수도권에 집을 한 채만 갖고 있어도 상속세 걱정을 해야 하는 시대에 살고 있습니다.

04. 상속과 증여는 부유층에게만 국한되는 문제가 아니다.

상속과 증여는 비단 부유층에게만 국한되는 문제가 아닙니다.

은퇴 후 시니어층의 보유자산은 대부분 살고 있는 주택과 여분의 퇴직금이 전부일 수 있으므로 보유한 재산세도 아끼고 더군다나 부부 중 한 명이 갑자기 사망할 경우를 대비해 상속세를 줄이기 위해 공동명의로 해놓는 것이 좋습니다. 남의 이야기로 방치하다 간 언젠가는 세금을 많이 내 후회하게 될 수도 있습니다.

증여세 공제액은 10년마다 계산되며, 증여재산 공제한도는 배우자 6억 원, 성년 자녀 5천만 원, 미성년 자녀 2천만 원입니다. 따라서 재산에 여유가 많아 증여세를 아끼기 위해서는 자녀가 성장해갈 때 10년마다 미리 사전 증여 실행하면 도움됩니다.

단순히 시망 직전 상속이니 증여가 목적이 아니라면 몇 년 후 결혼하는 성년 자녀의 결혼지원자금 마련을 위해 주식을 미리 증여하는 방법도 있습니다. 성년 자녀에게 5천만 원을 증여세 공제 한도로 증여할 수 있기 때문에 앞으로 주가가 오르면 소득세 납부만으로도 수익금을 증여하는 효과를 얻을 수 있습니다.

상장주식의 증여재산가액은 증여일 전후 2개월 동안에 공시된 일별 시세종가의 평균금액에 주식수를 곱하여 산정합니다. 주식의 가격은 총 4개월의 평균한 금액으로 과거 주가는 확정되어 알 수 있으나 미래 2개월간의 주가는 알 수 없습니다. 증여 후 주가가 상승하면 증여일이 속하는 달의 말일부터 3개월 이내에 증여를 취소할 수도 있습니다. 참고로 아파트나 토지 등의 부동산은 시장가치로 평가하는 것이 원칙입니다. 시장가치를 알 수 없는 경우에는 유사재산의 매매가격인 유사매매가격으로 평가합니다.

증여세는 증여일이 속하는 달의 말일부터 3개월 이내에 관할 세무서에 신고 납부해야 합니다.

결혼하는 자녀가 있다면 '혼인·출산 증여재산공제'제도를 활용하시면 도움됩니다.

1) **혼인·출산 증여재산공제**는 2024년 1월 1일부터 발생한 혼인신고일과 출생일 기준이며 둘 다 합산하여 1억원까지 공제가 가능합니다.

2) **결혼자금 지원**은 혼인신고일 기준으로 전후 2년 동안 직계존속(부모나 조부모)으로부터 받은 증여재산이며, 출산자금지원은 출생일 기준으로 2년내 직계존속으로부터 받은 증여재산입니다.

05. 상속세 재원마련도 부부의 노후준비자금과 함께 사전에 준비해 가야 한다.

상속세 납부는 상속개시일이 속하는 달의 말일부터 6개월 이내에 국세청에 납부해야 합니다. 상속세를 납부하지 않으면 신고불성실가산세 20%와 납부지연가산세가 매일 가산되어 가산됩니다. 이 때 부동산의 경우라면 경매에 부쳐질 수도 있고, 급매로 부동산을 매각하다 보면 손해를 보고 싸게 팔 수도 있기 때문에 상속세는 현금으로 납부할 준비를 해둘 필요가 있습니다.

상속세는 전체 상속재산에서 공제액(배우자 공제, 일괄공제, 금융재산 공제 등)을 뺀 후 남는 금액을 과세표준으로 하고, 해당 세액은 상속세 과세 범위 10~50% 범위 내에서 상속세 산출세액을 납부합니다. 먼저 배우지 공제액(5억~30억 원)은 지녀보다 0.5배 더 많으므로 자녀가 1명이면 배우자는 1.5입니다. 예를 들어 상속재산이 20억 원이고 배우자와 자녀가 2명이라고 가정하면 배우자 공제액은 대략 8억 6천만 원(20억 원×배우자 지분 0.43)입니다.

다음으로 일괄공제는 자녀가 있는 경우에는 5억 원까지 받을 수 있습니다. 자녀가 없는 경우에는 기초공제 2억 원에 인별 인적공제를 별도로 더해 산출하지만, 보통은 5억 원의 일괄공제가 크기 때문에 5억 원으로 산출됩니다. 그 다음으로 금융재산 공제는 순 금융자산(금융자산 - 금융부채)의 20%로 하여 최대 2억 원까지만 공제됩니다. 예를 들어, 총 금융자산이 5억 원이고 금융부채가 3억 원이라고 가정하면 순 금융자산은 2억 원이며 20%인 4천만 원을 공제받을 수 있습니다. 마지막으로 총자산에서 공제액을 뺀 금액인 과세표준에 상속세율을 곱하여 산출세액을 계산합니다. 예를 들어, 과세표준이 30억 원 초과라고 가정하면 상속세 산출세액은 10억 4천만 원(30억 x 50% - 4억 6천만 원)이 될 것으로 예상됩니다. 이처럼 상속·증여세 신고기한(상속세 6개월, 증여세 3개월) 이내에 신고하는 경우 세액의 3%를 상속·증여세액에서 공제해 주고 있습니다. 상속 증여세 신고세액 공제율은 과거 10% 적용되다 2017년에 7%, 2018년에 5%, 2019년부터 3% 적용되고 있습니다. 최종적으로 상속세 산출세액에서 신고세액(3%)와 세액공제를 뺀 자진납부세액이 최종 산출됩니다.

간편상속세 계산방식은 상속받은 재산에 추정상속재산을 더하여 상속세 가세가액에 상속공제를 빼면 상속세 과세표준액이 산출됩니다. 상속세 과세표준에 세율(10~50%)을 곱하면 상속세 산출세액이 나옵니다. 산출세액에서 신고세액공제를 빼면 실제 자진납부세액이 최종 산출됩니다.

① 배우자 지분 공제(5억~30억 원): 상속재산×배우자의 지분

② 일괄공제 5억 원(기초공제 2억원+인적공제)

③ 금융재산 상속공제(한도 2억 원): 순금융재산×20%

④ 상속·증여세율

과 표	세 율	누진공제
1억 이하	10%	–
5억 이하	20%	1천만원
10억 이하	30%	6천만원
30억 이하	40%	1.6억원
30억 이상	50%	4.6억원

예를 들어, 상속재산 50억을 물려줄 경우 배우자 유무에 따라 상속세 납부액은 다음과 같이 약 10억 원의 차이가 발생합니다.

배우자, 자녀 2명, 금융재산 10억 원 가정			배우자 無, 자녀 2명, 금융재산 10억 원 가정		
구 분		금액	구 분		금액
상속재산		50억	상속재산		50억
공제액	배우자공제	21.4억	공제액	배우자공제	–
	일괄공제	5억		일괄공제	5억
	금융자산공제	2억		금융자산공제	2억
과세표준		21.6억	과세표준		43억
산출세액		8.64억	산출세액		21.5억
상속세 납부액		약 7억	상속세 납부액		약 17억

이러한 간편상속세 계산방식은 시니어들의 노후준비를 언제, 어떻게, 얼마의 본인 노후준비를 해야 하는지 미리 살펴볼 수 있어 유용하게 활용할 수 있습니다.

06. 상속플랜은 살아 생전에 절세마련과 함께 사전증여도 고려하면 좋다.

상속플랜은 사망할 때가 아닌 살아있는 생전에 장기간에 걸쳐 상속자산을 정리하고 상속세 절세방안을 마련하여 합리적으로 적절한 시기에 상속자산을 줄이고 조기증여를 통해 자녀들도 일찍 경제적 안정을 이룰 수 있도록 만들어줄 수 있습니다.

예를 들면 10억을 자녀에게 물려줄 때

1) 사전증여 5억인 경우라면 10년전 사전증여 5억+상속5억이므로 증여세 8천만원((5억-5천)×20%-1천)+상속세 9천만원(5억×20%-1천만원)이므로 상속세 1억7천만원입니다.

2) 사전증여 없는 경우라면 10억 원을 초과하는 상속세 2억 4천만 원(10억 원 x 30% - 6천만 원)이므로 사전증여가 있을 때 7천만 원을 더 절세할 수 있어 유리합니다.

10억 원을 자녀에게 물려줄 때	
① 사전증여 5억원이 있는 경우	② 사전증여가 없는 경우
1. (5억원 – 5천만원)×20% – 1천만원 　 = 8천만원 2. 5억원×20% – 1천만원 　 = 9천만원	10억원×30% – 6천만원 = 2억 4천만원
상속세 1억 7천만원(①+②)	상속세 2억 4천만원
사전증여(5억원)할 경우가 상속세 7천만원을 더 절세할 수 있습니다.	

증여세를 미리 계획하고 실행하면 10년단위로 증여할 수 있으므로 자녀가 30대 중반에 1억 4천만원(태생 2천 + 10대 2천 + 20대 5천 + 30대 5천 증여)을 세금 없이 물려줄 수 있습니다. 자녀가 30대 중반에 단번에 1억 4천만 원을 증여할 경우에는 5천만 원 초과 금액인 9천만 원에 대해 증여세를 내야 합니다.

07. 상속세 재원마련은 금전적 준비를 넘어 종신보험으로 준비하자.

국세청 통계자료[17])에 따르면, 상속세 부과 대상자는 2020년에는 약 15,974명에서 최근 2024년 약 2만 1,193명으로 고령화·부동산·금융자산가격 상승으로 지속 증가하는 추세에 있습니다.

상속세 플랜은 세금을 절약하는 데 도움이 될 뿐만 아니라 자녀의 경제적 자립과 노후 부부의 건강보험료 절약에도 도움이 됩니다. 일찍 상속준비를 하지 않으면 자녀들의 사후 재산분할에 대한 분쟁과 세금 납부에 대한 분쟁이 발생할 수 있습니다.

상속의 문제는 상속세를 어떻게 절약하느냐 뿐만 아니라 이를 납부할 재원을 어떻게 확보하느냐에 있습니다. 상속세를 납부할 재원을 확보하는 것은 금전적 준비를 넘어 종신보험으로 생의 마지막을 준비하는 가장 엄숙하고도 자녀를 위한 부모 스스로가 준비할 수 있

17) 상속세 부과대상자 현황(국세청 통계 기준)

구 분	2020년	2024년
피상속인(사망자)	33만 4,000명	35만 8,979명
상속세 신고 건수	15,974년	21,193명
전체 대비 비율	4.8%	5.9%
상속세 납부 규모	약 4조 원대	약 5조 원대

☞ 고액자산가 중심에서 중산층까지 확대되고 있음

는 인생의 과제입니다.

　부모가 사업이나 전문적인 업무에 종사하는 경우 상속계획에서 자녀 한 명에게 사업을 물려주는 경우가 있습니다. 이럴 때 상속유류분에 해당하는 금액만큼은 사업을 상속받지 않는 자녀의 몫으로 종신보험의 수익자로 지정하여 준비해 두는 것이 좋습니다.

08. 상속인이 실제 납입한 생명보험의 사망보험금은 상속인의 고유재산으로 사망자의 상속재산에 포함되지 않는다.

부모의 사망으로 상속을 받게 되는 보험금(실제 보험료 납입한 계약자가 부모일 경우)은 간주상속재산에 포함되는 것이 일반적이나, 만약 자녀가 계약자로 실제 보험료를 납입하고 수익자로 받는 보험금은 상속인의 고유재산으로 간주되어 사망자의 상속재산에 포함되지 않습니다. 또한 부모의 상속재산보다 빚이 많아 상속포기 또는 한정승인을 하더라도 보험수익자 지위로서의 보험금지급청구권은 보험계약상 보험수익자의 고유의 권리로 보험금을 받을 수 있습니다.

상속세 납부 재원으로 상속준비가 걱정된다면 사망시 수익자를 상속인으로 하는 생명보험(성년 자녀의 경우 실제 납입하는 사람이 보험 계약자와 수익자인 경우 상속세 또는 증여세 납부 의무가 없음)을 권장합니다.

사망자의 채무가 상속재산보다 많을 때에는 유족들이 상속개시 있음을 안 날로부터 3개월 이내에 상속포기 또는 한정상속을 선택할 수 있습니다. 만약, 후순위 상속인이라면 대법원 판례에 따라 상속포기는 선순위 상속인의 신청여부와 무관하게 먼저 신청 할 수 있으나,

한정승인은 선순위 상속인 보다 먼저 신청을 할 수는 없습니다. 이 때 상속포기를 하더라도 보험계약에서 본인이 수익자로 지정된 유족은 사망보험금을 받을 수 있습니다. 이는 상속재산이 아니라 보험계약상의 권리로 취급되기 때문입니다.

민법상 생명보험의 사망보험금은 상속인의 고유재산으로 간주되어 사망자의 상속재산에 포함되지 않습니다. 즉 보험수익자의 보험금 지급청구권은 보험계약의 효력으로 발생하는 보험수익자(상속인)의 고유한 권리입니다. 물론 사망자가 보험계약자인 보험으로부터 사망보험금은 상속세 및 증여세법 제2장 제8조 '상속재산으로 보는 보험금'에 따라 상속재산에 포함됩니다.

09. 상속인이 보험계약자이자 수익자로서 실제로 보험료를 납부한 경우는 상속재산 제외된다.

상속인이 보험계약자이자 수익자로서 보험료 납부능력이 있고 실제로 보험료를 납부한 경우에는 상속재산에서 제외됩니다.

2004년 7월 대법원 2004. 7. 9. 선고 2003다29463 판결에서는 '보험계약자가 피보험자의 상속인을 수익자로 하여 체결한 생명보험계약에서 피보험자의 상속인은 피보험자의 사망이라는 보험사고의 발생에 대하여 보험수익자로서 보험자에게 보험금의 지급을 청구할 수 있고 이 권리는 보험계약의 효력으로 인하여 당연히 발생하므로 상속재산이 아니라 고유재산에 해당한다'고 밝혔습니다.

상속은 대부분 부모와 자식들 간 사이에서 갑작스러운 피상속인(부모)의 사망으로 상속재산이 일시에 상속인(자식)들에게 단번에 순간적으로 이전되므로 상속에 대비한 목돈이나 유동성 자금 등을 상속인들이 평소에 준비해 가지 않으면 상속인들은 자신의 일상생활을 지속할 수 없는 상태를 직면하거나 상속인들 간에 유산분쟁 등의 불화로 고인의 뜻과는 다른 상황을 맞이할 수도 있습니다.

부모가 상속을 위해 종신보험을 준비할 때 유의할 점은 자녀가 성장하여 실제 보험료를 납부할 능력이 생기면 계약자와 수익자를 자녀명의로 변경하는 것이 좋습니다. 보험의 세금은 보험금이 발생할 때 과세되는데, 만약 20년 납입기간 중 자녀가 절반에 해당하는 10년을 보험료 납입하였다면 부모 사망으로 발생한 보험금의 50%만 상속세가 과세되기 때문입니다.

10. 사망보험금 청구신탁제도를 통해 사망전 미리 계획대로 상속설계가 가능하다.

최근 금융소비자가 사망보험금을 보험회사 등 신탁회사(수탁자)에 재산을 관리하고 처분하도록 위탁할 수 있는 사망보험금 청구권 신탁제도가 2024.11.12일부터 시행되었습니다. 사망보험금 청구신탁제도는 보험계약자가 사망보험금을 수익자에게 직접 지급하는 대신, 신탁회사를 통해 지급·관리하도록 지정하는 제도로 상속발생시 복잡한 절차를 줄이고 상속세·증여세 부담을 효율적으로 관리하며, 상속인 간 분쟁을 예방하는데 도움이 됩니다.

실무에선 보험금 청구권 신탁은 생명보험회사에서 지급되는 일반 사망보험금 3,000만원 이상인 종신보험과 정기보험이 대상입니다. 보험 계약자와 피보험자, 위탁자가 모두 동일인이어야 하고 수익자는 직계존비속과 배우자로 제한됩니다.

신탁계약의 내용은 정해진 형식이 없고 고객의 필요에 따라 사망전에 미리 계획한 대로 보험금이 지급될 수 있도록 만들 수 있습니다.

1) 사망보험금을 자녀의 생애주기에 맞춰 자녀가 성인이 되기 전까지는 매월 일정액을 교육비와 생활비로 분할지급하고 대학입학이나 결혼할 때 목돈으로 받을 수 있게 설계할 수 있습니다.

2) 사망보험금이 많을 때에는 보험금의 30%는 사망 후에 일시금으로 지급하여 상속세 납부로 사용하도록 하고 여분의 금액은 매년 일정 금액씩 지급하는 방식 등 다양하게 설계가 가능합니다.

일반적으로 상속재산은 피상속인 사후에 상속인에게 이전되어 피상속인의 의지와 계획이 반영되기가 어렵습니다. 하지만, 사망보험금 청구권 신탁제도를 이용하면 생전에 자신의 상속재산을 원하는 대로 처리할 수 있을 뿐만 아니라 상속순위에서 벗어난 손주들에게도 직접 할아버지의 사랑과 의지를 전할 수도 있어 상속재산을 주도적으로 설계할 수 있습니다.

11. 상속분쟁을 줄이기 위해서는 생전에 부모의 상속계획이 필요하다.

상속분쟁의 경우 상속재산의 규모와 상관없이 공정하지 않으면 자녀 간에 상속재산 배분에 관한 분쟁이 발생할 수 있으므로 부모님께서는 시간을 두고 미리 상속계획서를 작성해 두셔야 합니다.

실전 상속세 전략에서 배우자 상속지분 활용과 상속재산의 분산에 대하여 살펴보는 것이 중요합니다.

1) **배우자 상속지분 활용:** 배우자의 상속공제 한도 30억 원을 최대한 활용하는 것으로, 상속인 간 합의를 통해 협의 분할시에 배우자 상속지분을 늘려 최대 30억 원 공제 활용하고, 2차상속(배우자 사망시) 세부담도 함께 고려하여 생전에 상속계획을 설계해야 합니다.

2) **상속재산의 분산:** 상속세는 누진과세가 적용되므로, 재산을 분산하여 세율구간을 낮추는 것으로, 10년 단위로 성인 자녀당 5,000만 원 증여공제를 실시하여 증여 후 10년 경과시 상속재산 합산에서 제외됩니다. 만약 증여 받은 재산이 증여일로부터 10년 이내이면 상속개시기 상속재산에 합산되므로 주의해야 합니다.

상속세를 납부에 대해서도 사망할 때 대비하기보다는 평소에 긴 시간을 두고 잘 계획하여 합법적으로 상속재산을 줄여 실제 상속할 때 세금을 절감할 수 있게 해야 합니다.

상속세는 사전계획으로 상속과 증여를 분산하고, 상속공제(배우자공제 포함)를 어떻게 조정하느냐에 따라 세부담이 달라지므로 생애 말기에는 부모님의 자산뿐만 아니라 가치관이나 철학과 같은 비재무적인 요소도 함께 이전하는 상속계획이 필요합니다.

【제6장. 상속·증여 활용 핵심요약 정리】
: "재산뿐만 아니라 가치까지 물려주는 지혜"

노후 자산 이전은 시기와 방식에 따라 세금 부담이 결정되므로 사전 계획수립이 필수입니다. 10년 단위 증여를 활용해 세금을 절감하고, 재무적 자산과 비재무적 가치를 조화롭게 전달하여 가족 간 갈등 없는 안정적인 마무리를 준비해야 합니다.

상속과 증여는 부유층의 전유물이 아닙니다. 수도권 아파트 한 채만 있어도 상속세 대상이 될 수 있는 시대, 사전에 계획하고 준비하는 것만이 가족 간의 분쟁을 막고 소중한 자산을 지키는 길입니다. 상속과 증여시 도움될 수 있는 실천 가이드로 정리해 드리겠습니다.

구 분	실천 핵심요약
STEP 1. **상속세, 우리 집도 대상일까? (공제 한도)** 상속세는 피상속인(사망자)의 재산이 일정 금액을 넘을 때 발생합니다.	• 상속세 면제 한도 (일괄공제 기준): 　– 배우자가 살아있는 경우: 10억 원까지 면제 (일괄공제 5억 + 배우자공제 최소 5억) 　– 자녀만 있는 경우: 5억 원까지 면제 (일괄공제 5억)입니다. • 주의사항: 최근 부동산 가격 상승으로 서울/수도권 자가 보유자는 대부분 상속세 가시권에 들어와 있습니다. 공동명의 등을 통해 사전에 재산을 분산하는 것이 유리합니다.

구 분	실천 핵심요약

STEP 2.
절세의 핵심: "10년 주기 사전 증여"
증여세는 누진세율이므로, 한꺼번에 물려주기보다 시간을 두고 나누어 주는 것이 가장 좋습니다.
	• 증여재산 공제 한도 (10년 주기):
	  – 배우자: 6억 원입니다.
	  – 성년 자녀: 5,000만 원 (미성년 2,000만 원) 입니다.
	• 혼인·출산 특례: 결혼이나 출산 시 부모·조부모로부터 추가로 1억 원까지 세금 없이 증여 가능 (기본 5천만 원 포함 시 총 1.5억 원).
	• 주식 증여 활용: 주가가 낮을 때 자녀에게 주식을 증여하면, 향후 주가 상승분에 대해서는 추가 세금 없이 자산을 이전하는 효과가 있습니다.

STEP 3. **상속세 재원 마련: "현금이 없으면 집을 팔아야 한다"** 상속세는 사망 후 6개월 이내에 현금으로 납부하는 것이 원칙입니다.	• 현금 자산의 중요성: 부동산 비중이 높으면 세금을 내기 위해 급매로 집을 팔거나 경매에 넘어가는 손해를 볼 수 있습니다. • 종신보험의 활용: 자녀가 보험료를 납부하고 수익자가 되는 종신보험에 가입해 두면, 부모님 사망 시 받는 보험금은 상속재산에 포함되지 않으면서 즉시 상속세 납부 재원으로 사용할 수 있습니다.
STEP 4. **새로운 제도: "사망보험금 청구권 신탁" (2024.11 시행)** 사후에도 부모의 의지대로 재산이 관리되도록 설계할 수 있는 제도가 생겼습니다.	• 내용: 사망보험금(3,000만 원 이상)을 신탁회사에 맡겨, 자녀의 생애주기에 맞춰 나눠 지급하도록 설정합니다. • 활용: "자녀가 성인이 될 때까지 매달 교육비로 지급", "결혼할 때 일시금 지급" 등 맞춤형 설계가 가능합니다. 손주에게 직접 할아버지의 사랑을 전하는 수단으로도 유용합니다.

구 분	실천 핵심요약
STEP 5. **상속 분쟁 예방:** **"유형보다 무형의 가치"** 재산 배분만큼 중요한 것이 부모의 가치관과 철학을 전달하는 것입니다.	• 상속계획서 작성: 살아생전 상속 비율과 취지를 명확히 밝힌 계획서를 작성해 두면 자녀 간 유산 분쟁(유류분 반환 청구 등)을 줄일 수 있습니다. • 고유재산 활용: 자녀가 계약자인 보험금은 상속인이 포기하거나 빚이 많아도 건드릴 수 없는 상속인의 고유재산이 되어 자녀의 최소한의 경제적 자립을 돕습니다.

실천 체크리스트

실천 점검사항	체크
우리 가족의 총자산(부동산+금융)이 5억 또는 10억을 넘는지 계산하기	(Y, N)
자녀에게 마지막으로 증여한 지 10년이 지났는지 확인하기	(Y, N)
결혼을 앞둔 자녀가 있다면 '혼인 증여재산공제' 활용 계획 세우기	(Y, N)
상속세 납부 재원용 종신보험(계약자: 자녀) 가입 검토하기	(Y, N)
가족이 모인 자리에서 부모님의 재산 관리 철학과 상속 의지 공유하기	(Y, N)

상속·증여 활용 체크리스트

영 역	점검 항목	체크 사항
사전계획 수립	상속·증여 사전계획 수립하기	– 상속과 증여는 생전에 미리 계획하기 – 가족과 함께 상속·증여 방향을 논의하여 불필요한 갈등을 예방하기
상속재산 및 공제액 이해	상속세 계산구조와 공제액 이해하기	– 상속인은 피상속인의 재산과 의무를 일체 승계하므로 상속재산 범위와 상속공제액을 정확히 이해 – 상속세 계산구조 숙지하여 재산분배시 세금절세

영 역	점검 항목	체크 사항
상속세 재원마련	상속세 재원마련과 부부의 노후자금 준비를 함께 병행하기	– 상속세 재원마련은 부부의 노후자금 준비와 함께 병행하기 – 현금·예금 등 유동성 자산을 일부 확보해 상속세 납부에 대비하기
종신보험 활용	상속세 납부재원을 위한 종신보험을 활용하기	– 생명보험의 사망보험금은 상속인의 고유재산임 – 다자녀인 경우 상속유류분 만큼은 종신보험 준비
분쟁예방	상속분쟁을 줄이기 위해 법률전문가와 상담하기	– 상속분쟁을 줄이기 위해 생전 상속계획을 수립 – 사망보험금 청구신탁제도를 활용하기

핵심 메시지

상속과 증여는 단순히 재산을 물려주는 과정이 아니라 세금·노후·가족갈등까지 고려해야 하는 종합설계입니다.

중장년층은 사전계획, 상속재산 이해, 상속세 재원마련, 종신보험 활용, 분쟁예방 등을 통해상속과 증여를 제대로 준비해야 합니다.

즉, 상속·증여 계획준비는 부유층만의 문제가 아니라 모든 가정의 노후안정과 가족화합을 위한 필수전략입니다.

제7장

실습
(노후생활자금 만들기)

마지막 장으로 은퇴 재무설계에서 가장 중요한 부분은 현재 자신의 재무상황을 파악한 후 각 개인에 맞는 노후 자금흐름을 적절하게 분배하고 실행하는 것입니다. 노후 생활자금의 준비도 파악순서는 1) 필요자금 산정 2) 준비자금 점검 3) 부족자금 실행 순입니다.

1. 필요한 노후생활자금은 얼마인가?
(월 부부 노후생활비 + 이벤트 자금)

2. 준비된 노후자금은 어느 정도인가?
(3층연금 이외 주택연금 + 목돈 및 정기적 소득)

3. 부족한 노후자금 마련은 어떻게 할 것인가?
(자산 포트폴리오를 통한 자신에 맞는 금융투자상품 투자하기)

☞ 노후자금 준비현황은 1년에 한번씩 정기적으로 점검해 나가는 것이 필요

물론 세부적인 은퇴 계획을 세웠더라도 은퇴 생활이 원활하게 진행되지 않을 수 있지만, 은퇴 전 준비 없이 당면한 과제에만 집중하다 노후를 맞이하게 되면 행복한 은퇴 생활보다는 불안하고 당혹스러운 은퇴생활에 직면할 수 있습니다.

§ 노후생활자금 만들기(실습) §

1. 필요자금 산출하기

- 노후 예상 생활비(주거, 식비, 의료비, 여가비 등)를 항목별로
  계산합니다.
- 평균수명(100세시대)을 고려하여 최소 30년 이상 생활비를 추정해
  놓습니다.
- 노후의료비·돌봄 비용 등 필수 지출을 별도 항목으로 반영합니다.

2. 준비자금 점검하기

- 3층연금(국민연금, 퇴직연금, 개인연금)중심으로 예상 수령액을
  확인합니다.
- 개인보험(저축성 보험, IRP, 연금저축 등) 납입액과 만기 수령액을
  점검합니다.
- 공적보험(국민연금, 건강보험, 실업급여 등) 이해와 활용 중심으로
  정리합니다.
- 주택연금 활용 가능여부와 예상 수령액을 확인합니다.
- 상속·증여계획을 통해 상속세 재원마련 여부를 사전에 점검해
  놓습니다.

3. 부족자금 파악하기

- 필요자금과 준비자금을 비교하여 부족액을 계산해 둡니다.
- 부족자금이 발생하면 퇴직 전 추가 저축·투자·보험 등으로
  보완전략을 세웁니다.
- 생활규모를 조정해 지출을 줄이는 방안을 마련합니다.

4. 행동 실천하기

- 퇴직 전 퇴직연금 운용전략을 점검하고 IRP계좌를 만들어
  준비합니다.

- 개인보험 포트폴리오를 재점검하여 보장성 보험·저축성 보험
  균형을 맞춰 나갑니다.
- 실업급여 및 재취업 프로그램 활용 및 계획을 세웁니다.
- 국민건강보험을 통해 정기적 검진을 받고, 장기요양보험
  신청자격을 확인합니다.
- 자녀 출가 후에는 주택 다운사이징 및 주택연금 신청을 고려해
  봅니다.
- 상속·증여 계획을 생전에 수립하고 종신보험, 신탁제도 활용을
  고려해 봅니다.

5. 정기적 점검하기

- 매년 필요자금, 준비자금, 부족자금을 재검토하고 수정·보완해
  갑니다.
- 가족과 함께 재무상황을 공유하고 노후생활에 관해 협의·상의해
  갑니다.
- 전문가 상담(재무설계사, 세무사, 보험전문가, 변호사 등)을 통해
전략을 보완합니다.

☞ 노후생활자금 만들기 실천 활용법

노후자금은 국민연금, 퇴직연금, 개인연금 등 3층연금과 저축을 균형
있게 준비하고, 물가상승률과 장수리스크를 반영해서 젊을 때 일찍
꾸준히 모으는 것이 핵심입니다.

1) **필요자금 산출:** 은퇴를 늦추고 일정 소득을 유지하면서 긴 노후를
   준비해야 합니다.
2) **연금·저축 전략:** 퇴직금은 IRP로 이관하여 계속 운영할 수 있으며
   연금저축·IRP는 세액공제(최대 900만원, 13.2~16.5%)와 낮은
   연금소득세(3.3~5.5%)혜택이 있습니다.
3) **운용·투자:** 노후생활의 지출관리와 보험리모델링 및
   주택다운사이징 통한 저축여력을 확보하고 건강·의료비 대비와
   평생 현역 구조를 만들어 가야 합니다.

01. 자녀가 성장하여 결혼했으면 보험의 보장자산을 줄여 부부의 노후 여유자금을 만들어 가야 한다.

일단 노후생활자금을 본격적으로 실행하기 위해서는 자녀가 일정 나이로 성장한 이후에는, 기존에 가입해 온 보험료의 보장 규모를 합리적으로 조정하여 환급 받은 자금으로 노후 여유자금을 확보해야 합니다. 보험계약을 해지하면 단기적으로는 급한 자금을 마련할 수 있지만 해지 후에는 노후질병이나 재해에 대한 대비가 부족해 막대한 비용부담이 발생할 수 있습니다.

보험계약을 유지하면서 자금을 확보할 수 있는 방법은

첫째, 보장금액을 줄여 줄어든 보장금액만큼 보험의 일부가 해지되는 감액제도를 활용하는 것입니다. 감액은 보장금액을 축소하여 보험료를 낮출 뿐만 아니라 감액한 부분은 보험을 해지한 것으로 해지환급금을 돌려 받을 수 있습니다.

둘째, 중도인출제도를 이용하여 보험기간 중 납입보험계약의 주계약 해약환급금 범위 내에서 일부를 중도인출하는 제도입니다. 중도인출이 가능한 보험상품에서 대출이자 부담 없이 중도인출을 이용할 수 있지만 사망보험금과 해지 환급금이 감소하게 됩니다.

셋째, 보험계약대출을 이용하여 해약환급금의 일정 범위 내에서 심사나 수수료 없이 긴급하게 필요한 자금을 조달할 수 있지만 이자부담은 해당 보험상품의 적용금리에 1.5%~2.5%정도 추가되어 발생합니다.

자녀의 성장으로 막내가 결혼하면 부모의 보장자산은 부부 중심의 노후 보장자산으로 전환하거나 보장금액을 줄여 나가야 합니다. 보험의 제도성 특약을 알아보고 연금전환이나 주계약을 감액하여 부부 중심의 노후생활자금을 마련하는 것이 중요합니다.

02. 현재 나의 재무상태를 파악하여 노후준비를 하면서 부족자금은 주택규모 줄이기와 보험 리모델링을 통해 마련해야 한다.

나의 현재 재무상태를 파악하기 위해 다음같이 질문하면서 정리해 갑니다.

1) 대학 졸업까지 자녀의 교육비는 얼마인가요?

2) 자녀의 결혼 비용은 어느 정도 지원하나요?

3) 나의 퇴직금은 얼마이고 어디에 사용할 건가요?

4) 은퇴 후 부부의 적정 노후생활비는 얼마인가요?

5) 연금 소득(국민연금, 퇴직연금, 개인연금)은 언제, 얼마가 나오나요?

=> 먼저 국민연금, 퇴직연금, 주택연금의 가입현황을 파악하여 연금개시일과 월 연금수령금액을 파악해야 합니다. 이때 금융감독원에서 운영하는 '통합연금포털'이나 국민연금공단의 '내연금 알아보기' 서비스(내 연금조회, 내 곁에 국민연금)를 이용하면 본인이 가입한 연금계약정보를 통해 연금종류, 상품명, 연금개시일, 연금액 등을 알 수 있습니다.

다음으로 주택 다운사이징과 보험리모델링 등을 통해 불필요한 소비성 지출을 줄여 금전적 여유자금을 확보하여 노후생활자금으로 활용해야 합니다. 주택 다운사이징으로 주택의 크기를 줄인다는 것은 자녀의 결혼 등으로 은퇴 후 부부만 사는 경우 큰 집을 유지할 필요가 없다는 것을 의미합니다. 주택의 크기를 줄이고 남은 돈을 노후생활비로 사용하는 것이 더 행복한 노후를 준비하는 데 도움이 될 것입니다.

보험 리모델링을 할 때 50대라면 보험을 추가하기보다는 가입된 보험상품의 혜택을 재점검하고 보장내용과 보장금액의 중복을 줄여 보험료를 절감함으로써 합리적인 노후준비를 대비할 수 있습니다. 더욱이 직장에서 일찍 은퇴했거나 정년퇴직을 했다면 경제활동기간에 비해 가족에게 가장의 중요성이 감소하기 때문에 보험의 보장급부를 줄이고 노후생활비에 보험료를 효과적으로 사용할 수 있습니다.

60세 전후라면 가입한 보험상품과 보장급부 등을 꼭 살펴보고, 재해보장보다는 질병보장에 초점을 맞추고 모든 보장보다는 실비나 진단급여에 초점을 맞춰야 합니다. 이외에 불필요한 보장항목은 제외하여 나이들어 보험사고 위험률이 낮은 보장항목은 줄이는 것이 좋습니다. 나이가 들수록 실제 보장내용들은 실손의료비 항목이 대부분 포함됩니다. 간혹 암이나 뇌졸중 등 중증질환으로 경제적 어려움을 겪을 수 있지만, 최근 정부가 건강보험을 통한 의료비 본인부담 상환제(소득에 따라 연간 83만원~598만원)와 중증질환자의 본인 일부 부담금 산정특례 등 건강보험 보장 강화되었습니다. 따라서 민영보험에는 본인 사정에 맞는 필요한 보장급부(최소한의 사망보험금, 암뇌심의 3대 진단비, 수술과 치료비 중심의 실손비용)만 남겨놓으면 됩니다. 필요하지 않은 보장급부는 보험료만 빠져나가고 있을 뿐입니다.

이 때 주의해야 할 것은 기존 보험의 해약과 보장급부 감액은 신규보험 가입 후나 연체상태에서 진행하면 됩니다. 실손보험의 경우라면 먼저 자동이체통장 해지 후 연체계약일 때 더 저렴한 실손보험을 가입 이후에 해약해야 보장공백을 줄여가는데 도움 받을 수 있습니다.

나의 재무상태를 파악하고 부족자금을 채우는 방법으로 주택규모 줄이기와 보험리모델링 이외에도 여러 가지 방법들을 활용할 수가 있습니다.

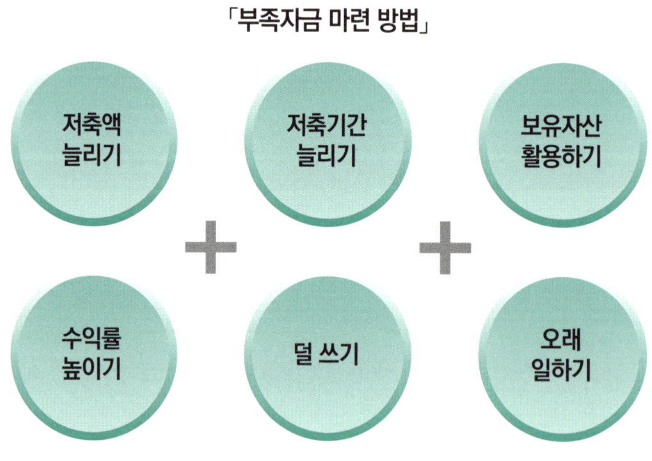

03. 결혼자금이나 주택마련 등의 목적자금을 위해 우선 저축시스템 통한 씨드머니를 만들어 가자.

세 주머니 저축시스템은 월급을 받으면 소비 통장, 투자 통장, 비상 통장으로 나눠 저축을 하는 방식입니다. 예를 들어 300만 원의 월급을 받으면 체크카드나 현금 등의 소비 통장에 150만 원을 넣고 절반은 투자 통장인 저축, 펀드, 보험 등에 150만 원을 나누어 넣을 수 있습니다.

보너스나 상여금 등 일시적 목돈을 받으면 비상 통장에 있는 CMA에 가입해 사용하는 것입니다.

생활자금에서 여유자금이 생기면 투자 통장에 넣어 사용할 수도 있고 투자 통장을 사용하다가 생활자금이 부족하면 소비 통장으로 이전히여 이용할 수 있습니다.

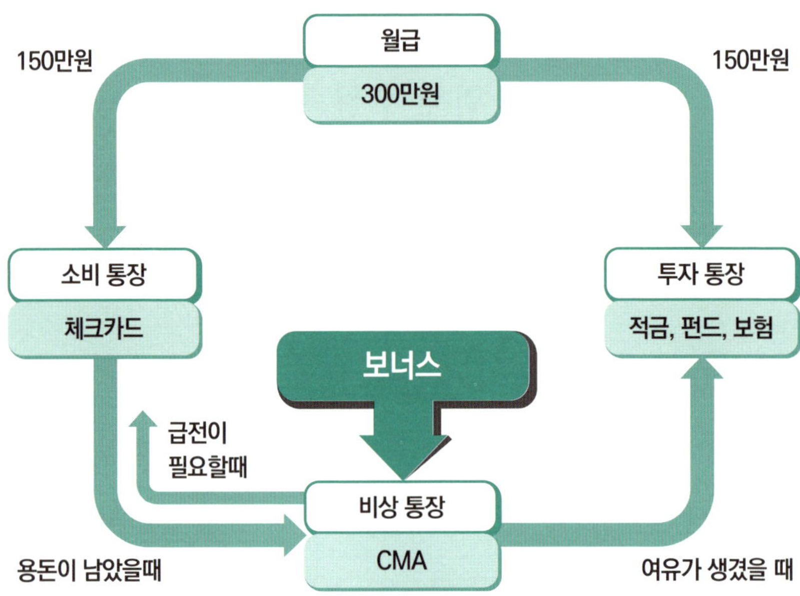

150만원
월급
300만원
150만원
소비 통장
체크카드
보너스
투자 통장
적금, 펀드, 보험
급전이
필요할때
비상 통장
CMA
용돈이 남았을때
여유가 생겼을 때

04. 금융투자상품 이해와 활용하기.

금융투자상품의 선택기준은 본인의 투자 위험성향에 맞춰 투자목적이나 투자기간에 따라 기대수익률을 합리적으로 잡아야 합니다. 투자목적이 자녀교육자금이라면 교육보험에 가입하고, 부부의 노후자금이라면 연금보험 등에 구분하여 가입해야 합니다. 투자기간도 단기, 중기, 장기에 따라 가입시기를 달리해야 하며, 본인의 투자성향을 고려하여 안정형, 중립형, 공격형 등으로 나누어 투자하여야 합니다.

금융투자상품은 저위험 저수익 상품으로 CMA와 MMF, 중위험 중수익 상품으로 펀드나 변액보험, 고위험 고수익 상품으로 선물옵션과 주식 등이 있습니다.

투자목적		투자기간		투자성향	
원금보전 · 생활안정	종신보험, 저축성 보험	초단기 (6개월 이하)	CMA, MMF, 단기채권	안정형	예금, 국공채, 채권형 펀드
노후준비 · 연금확보	연금보험, 퇴직연금	단기 (1년 이하)	단기 예금, 단기채권 펀드, 회사채	안정 추구형	채권·혼합형 펀드, 우량주 ETF, 저축보험

투자목적		투자기간		투자성향	
의료비 대비	실손의료보험, 암보험, 건강보험	중기 (1~3년)	채권형 펀드, 혼합형 펀드, 저축성 보험	위험 중립형	주식·채권형 혼합형 펀드, 글로벌 ETF, 연금보험, 하이일드 채권
자산증식 · 투자목적	변액보험	중장기 (3~5년)	주식, 글로벌 ETF, 혼합형 펀드, 연금보험	적극 투자형	주식, 성장주 ETF, 해외펀드
상속·증여 목적	종신보험, 사망보험금 신탁	장기 (5년 이상)	주식, 연금저축 펀드, 부동산펀드, 변액보험	공격 투자형	파생상품, 레버리지 ETF, 해외 고위험 펀드

금융투자상품의 활용방법으로는 1) 본인이 이해하는 금융상품에 투자하기 2) 본인이 투자한 금융상품에 라벨링하기 3) 절세상품에 우선 투자하기 4) 연말정산을 통해 환급 받는 금융상품에 투자하기 5) 목표금리 선택 및 선택한 상품을 수시로 변경하지 않기 등을 고려해 보시길 바랍니다.

노후생활자금은 조기저축상품 활용, 연금상품 활용, 다양한 금융투자상품 활용, 재무목표와 생활비 계획 등 여러 방법으로 마련해 갈 수 있습니다.

조기저축과 복리효과 활용: 젊을수록 일찍 저축을 매달 꾸준히 일정한 금액을 저축해 금융상품의 복리효과를 극대화하는 것이 중요합니다.

연금상품 활용: 국민연금, 퇴직연금, 개인연금 등 연금제도를 이해해야 합니다. 각 상품이해와 자신의 여건에 맞는 상품을 활용할 필요가 있습니다.

다양한 금융투자상품 활용: 주식, 채권, 부동산, 펀드 등 여러 금융자산에 분산투자하여 투자리스크를 줄이면서 수익 극대화할 필요가 있습니다.

재무목표와 생활비 계획: 은퇴 후 예상 노후 생활비, 의료비, 여가비 등 구체적으로 계산해 목표금액을 설정해 실천해 가는 것이 중요합니다.

보장성보험	연금저축	IRP	청약저축
100만원 한도 세액공제 13.2%	600만원 한도 세액공제 13.2%	900만원 한도 세액공제 13.2%	납입액 40% 소득공제 (300만원 한도)

금융상품의 세제혜택과 관련하여 살펴보면,

1) **보장성보험**: 연 100만원 한도, 세액공제 13.2%(주민세 포함)

2) **연금저축**: 연 600만원 한도, 세액공제 13.2% 또는 16.5%(주민세 포함)

3) **IRP 계좌**: 연 900만원 한도, 세액공제 13.2% 또는 16.5%(주민세 포함)

4) 주택청약종합저축: 연 300만원 한도, 납입액의 40% 소득공제가 적용됩니다.

5) ISA 계좌: 3년 기준, 투자상품 합산 순이익 200만원 비과세, 9.9% 저율 분리과세가 적용됩니다.

금융투자상품과 노후생활자금은 지속적인 경제상황과 세제혜택, 건강, 가족구성 변화와 여건에 따라 주기적으로 점검하고 저축, 연금, 투자, 목표설정을 균형 있게 조정해 가야 합니다.

05. 부부의 노후 적정생활비 파악하기.

부부의 필요한 노후생활비는 개인 상황에 따라 차이가 있습니다.

2025년 기준 국민연금관리공단의 보고서에 따르면 은퇴 후 부부의 최저생활비 월 약 240만 원과 적정생활비 월 약 336만 원에 관한 정보를 알 수 있지만, 이는 누군가에게는 부족하거나 여유로울 수 있는 노후생활비입니다.

실제 강의에서 물어보면 월 200만 원에서 300만 원 정도라고 쉽게 이야기하지만, 은퇴 기간이 30~40년이라고 한다면 노후생활비가 7억 원에서 14억 원 정도가 소요됨을 알 수 있습니다.

최근 통계청에 따르면, 60대 부부 기준 월 생활비는 약 240만~336만 원입니다. 월 300만원으로 30년을 고려하면, 월 300만 원 × 12개월 × 30년 = 10억 8천만 원으로 단순 계산으로도 약 10억 원 가까운 자금이 필요합니다.

2025년 국민연금 1인 월 평균 수령액은 약 67만 원 수준이며 부부 합산시 약 111만원이고, 20년 이상 가입자 평균 수령액은 약 108만 원 수준으로 국민연금 만으로 적정생활비는 물론 최저생활비도 어렵습니다.

만약, 국민연금으로 월 100만 원 수령한다면, 부족액 200만 원은 국민연금 이외 자금으로 200만 원 × 12개월 × 30년 = 약 7억 2천만 원의 추가자금을 더 준비해 가야 합니다. 보통 연금준비도는 70%를 권장하고 있으니 본인의 예상 연금준비도를 점검해 보시기 바랍니다.

■ 본인 예상 노후생활비 월 (　　　)万/ 현재 만 (　　　)세 기준, 월 연금수령액

	본인	배우자
국민연금	万	万
	ⓐ(　　　万)	
퇴직연금	万	万
	ⓑ(　　　万)	
개인연금	万	万
	ⓒ(　　　万)	

> **연금준비도 = (70%)**
> ⓐ+ⓑ+ⓒ / 예상 월생활비

06. 은퇴시기에 따라 노후준비는 달라질 수 있다.

노후를 준비하는 과정에서 은퇴 시기를 결정하기 위해서는 노후에 필요한 자금이 확보한 자금과 일치하는지 확인하고, 부족한 자금이 없도록 하기 위해 근로소득이나 사업소득으로 채워야 합니다.

Life Cycle에 다른 연령별 재무목표를 살펴보면,

- 20~30대 **사회초년기 및 결혼준비기**(결혼자금, 자녀양육비, 주택자금 등)

- 30~40대 **신혼 및 자녀양육기**(자녀교육비, 주택확장비 등)

- 40~50대 **자녀성장기**(자녀교육비, 은퇴자금 등)

- 50~60대 **은퇴준비기**(노후생활비, 의료비, 자녀결혼자금 등)

- 60~70대 이후 **노후생활기**(노후생활비, 의료비 등)

직장인을 보면 현실적으로 50대 경제적 정년을 맞이하고, 60대 초반쯤 자녀나 배우자의 목적자금에 집중하다가 은퇴 이후에는 모아둔 은퇴자산을 소득흐름 창출(Cash Flow)로 길어진 노후생활을 영위해 나가고 있습니다.

각자의 처한 여건과 경제적 상황에 따라 은퇴 시기는 60세나 70세가 될 수 있으므로 자신에게 맞는 적합한 은퇴 시기에 맞춰 은퇴를

준비해야 합니다.

우리나라는 '고용상 연령차별금지 및 고령자 고용촉진에 관한 법률(정년 60세 연장에 관한 법률)'에 따라 2016년부터 기업의 정년이 55세에서 60세로 연장되었습니다. 모든 직장인이 정년퇴직을 하는 것은 아니지만, 임금피크제와 더불어 자신의 정년을 60세로 보는 이들이 많습니다. 60세에 정년퇴직을 하더라도 1969년생부터는 국민연금 개시연령이 65세이므로 퇴직 후 최소 5년 이상 근로활동을 해야 부족한 노후자금을 채워갈 수 있습니다.

경제협력개발기구(OECD, 2025)에 따르면 한국 남성의 실질적 노동시장 이탈연령은 약 68세로 법정 정년인 60세에 은퇴하더라도 약 8년을 더 일하게 되고, 실제 은퇴연령은 약 71~73세를 감안하면 정년퇴직 이후에도 약 11~13년을 더 일을 하여 부족한 노후소득의 공백을 메우는 삶을 영위하게 됩니다.

우리는 노후준비가 되어있지 않으면 쉴 수 없는 반퇴시대를 살아가고 있습니다. 대학을 졸업하고 직장을 구한 후 20대에는 결혼자금, 30대에는 주택자금, 40대에는 자녀 교육자금에 집중적으로 돈을 지출하고 있습니다. 그러다가 어느새 50대가 되어 자녀들은 대학에 입학하게 되고, 60대에는 노후자금 준비 없이 은퇴를 시작하게 됩니다. 노후생활비는 은퇴 전 생활비의 70% 정도로 준비되어야 하는데도 불구하고 노후준비 없는 은퇴생활을 시작하게 됩니다. 60세에 은퇴를 하더라도 자녀들의 결혼자금 등에 대한 지원으로 충분하지 않은 노후 상황에 직면하게 됩니다.

노후생활비를 연령대별로 나누어 보면 60~70세는 노후생활비의 100%를, 71~80세는 노후생활비의 70%를, 81세부터는 노후생활비의 50%를 지출합니다. 반면 나이가 들수록 건강이 악화되고 의료비도 증가합니다. 노후를 준비하는 것은 노후에 필요한 자금과 확보한 자금의 격차를 줄여가는 것입니다.

노후준비는 은퇴를 중심으로 자산소득을 축적단계와 인출단계로 나누어 볼 수 있습니다. 인생 후반기 안정된 노후생활은 축적된 자산을 운용하며 사용하면서 인출하고도 남는 자산을 남기는 삶일 것입니다.

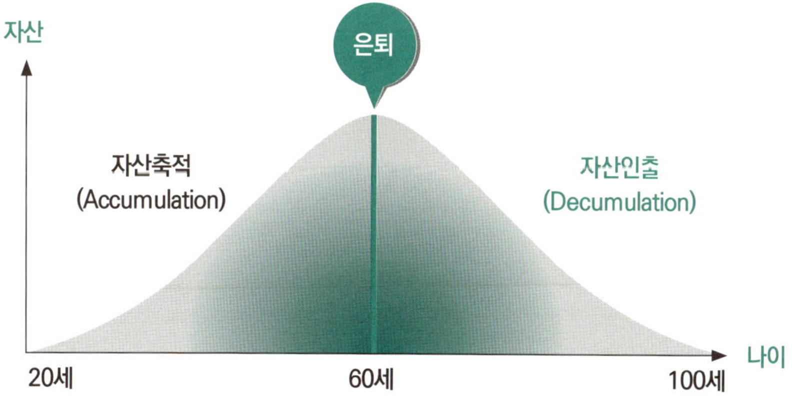

매년 업데이트를 하여 본인의 상황에 맞게 은퇴시기를 조정할 수

있도록 해야 합니다. 은퇴생활비를 준비했지만, 좀 더 여유로운 노후생활을 위해 하루 종일 일하지 않더라도 체력과 건강상태에 따라 기간제나 시간제를 선택하여 남은 시간 동안 취미활동이나 여가활동을 하면서 보낼 수도 있습니다.

또한 금융소득이나 임대소득으로 활용하여 노후생활비를 추가로 마련하여 노후생활을 보다 풍요롭게 할 수 있습니다.

07. 은퇴 후에도 금융지식을 배우고 익혀 금융자산을 관리해 나가야 한다.

은퇴 후에도 금융지식을 배워서 금융자산을 관리해야 합니다. 그렇지 않으면 차라리 아무것도 하지 않는 편이 나을 것입니다.

아는 친구의 권유로 무작정 가입한 보장성 보험상품으로 인해 목표자금을 투자해 큰 손실을 입거나, 주식이나 투자금융상품에 투자하여 실패하면 만회할 시간이나 돈, 기회가 다시는 주어지지 않기 때문입니다.

그러므로 은퇴 시 자산의 리밸런싱을 할 때 신중해야 합니다. 목적에 맞게 자산을 배분하고 비효율적인 자산을 과감히 청산하며 노후생활에 적합한 상품을 늘려가야 합니다.

먼저 보장성 보험은 계약을 해지하거나 일부 특약을 해지하여 가입금액을 줄이거나 특약 일부 해지하는 방법이 있습니다. 다음은 안전자산과 위험자산의 비율을 조정하는 방법입니다. 위험자산의 투자비율은 '100-(본인의 나이)의 범위' 내에서 보유자산을 운용해야 합니다. 예를 들어 50대라면 보유한 금융자산 중 50%범위 내에서 위험자산 투자를 운용해야 합니다.

나이가 들수록 공격적 투자나 위험자산 투자는 줄이고 안전자산의 비율을 높여 노후생활비를 보다 안정적으로 늘려 가야 합니다.

08. 노후준비는 빨리 시작하고 자산보다 소득 중심으로 적은 돈이라도 조금씩 차곡차곡 모아 가야 한다.

노후준비는 빠를수록 좋습니다. 노후에 부족한 자금을 메우기 위한 노후준비는 본인의 자산을 활용한 자산 중심과 현금흐름 시스템을 활용한 소득 중심의 두 가지 방법이 있습니다. 예를 들어, 은퇴나이를 60세로 하고 노후생활비를 월 300만 원, 은퇴기간을 30년으로 가정할 때 노후준비자금은 자산 중심으로 현금 10억 8천만 원이 필요하며, 소득 중심으로 월 300만 원의 현금흐름이 필요합니다.

먼저 필요한 노후생활자금을 파악한 후 지금까지 준비한 노후생활자금을 확인하고 마지막으로 부족한 노후생활자금을 확보하기 위해 준비하는 것입니다. 이처럼 노후준비는 노후에 필요한 생활자금과 지금까지 준비한 노후자금의 차액인 부족한 자금을 줄이는 과정입니다.

소득 중심의 노후 준비는 지금 당장 시작할 수 있습니다. 개인의 투자 선호에 따라 투자 상품이 달라질 수 있지만, 일시금 1억 원을 기준으로 생활비를 계산할 때 즉시연금 가입시 월 생활비는 약 35만 원으로 결정할 수 있습니다. 즉, 일시금 10억 원을 즉시연금으로 가입하면 월 생활비 300만 원을 확보해 갈 수 있습니다.

부족한 자금을 마련하는 방법은 다양하지만, 은퇴 전이라면 세액공제 금융상품에 먼저 투자하고 연금저축과 IRP계좌를 이용한 월 적립식을 통해 조금씩 적립해 나가는 방법이 있습니다. 은퇴 후 퇴직금은 일시금보다는 연금으로 받는 것이 세금 효과가 있습니다.

행복한 노후생활을 위해서는 현재의 재정 상황을 정확히 진단하고, 부족한 노후자금을 체계적으로 마련하는 계획을 수립하는 것이 중요합니다. 이러한 준비가 이루어질 때 안정적이고 효과적인 자금 흐름을 구축할 수 있습니다. 작은 부분이라도 노후준비에 도움이 되었다면 지금이 실천에 옮겨야 할 때입니다. 지금 바로 행복한 노후준비를 시작하셨으면 좋겠습니다.

기본적인 국민연금으로만 충분한 노후생활이 어려우므로 퇴직금의 연금화는 중요한 대안이지만, 실제로 퇴직금 1억 원을 종신연금으로 환산(60세 기준, 10년 보증 종신형)하면 월 약 40만 원 수준에 불과합니다. 평균적인 부부 기준으로 월 300만 원의 생활비가 필요하다고 가정하면, 퇴직금 약 7억원 수준의 금액을 연금화하여 운영할 수 있어야 합니다. 결국 은퇴 이후 30년을 살아가기 위한 재무 전략은 단순히 국민연금만이 아닌, 퇴직연금, 개인연금, 주택연금, 보험 등 다양한 수단을 활용한 종합 설계가 필요합니다.

(예시: 60세 기준 종신연금 수령 가정)

*즉시연금은 일시금 1억당 약 35만 원 종신연금.

가정(종신형 10년 보증, 남 60세, 이율 2.62%)

*퇴직연금은 퇴직금 1억당 약 39만 원 종신연금.

가정(종신형 10년 보증, 남 60세, 이율 2.84%)

*주택연금은 주택가격 1억당 약 20만 원 종신연금.

가정(종신지급, 60세 기준, 2024.3월 19.8만 원)

※ 이 케이스는 부부 맞벌이 기준으로 가정한 예시이며 개인상황에 따라 달라질 수
  있습니다.

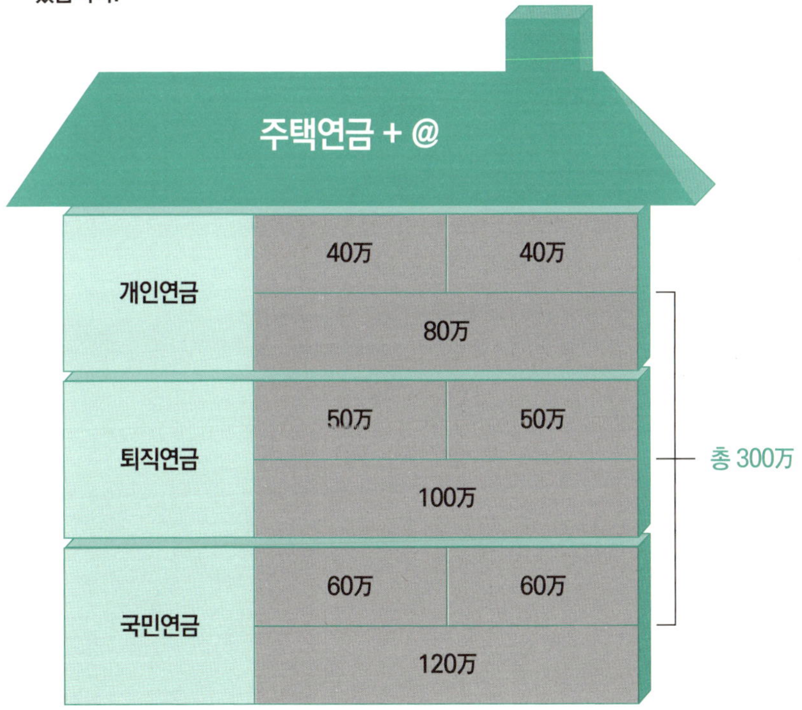

※ 위 표는 하나의 예시로서, 단순한 참고용입니다.

세무서에 경정청구(납세의무자가 경정기간이 경과한 후 과다 납부한 세액의 환급을 청구하기 위해서는 납세신고일로부터 5년 이내 청구)를 하여 바로 잡는 방법이 있을 수 있으므로 퇴직소득 세액정산 특례에 관심을 두어 퇴직소득세를 줄여 가시길 바랍니다.

【제7장. 실습(노후생활자금 만들기) 핵심요약 정리】
: "불안을 확신으로 바꾸는 현금흐름 설계"

은퇴 재무설계의 완성은 이론이 아니라 '실전'입니다. 현재의 재무 상태를 냉정하게 진단하고, 부족한 부분을 채워 넣는 3단계 실행 전략을 정리해 드립니다.

구 분	실천 핵심요약
STEP 1. **재무 진단: "내 연금 통장에 얼마가 찍힐까?"** 막연한 불안감 대신 정확한 숫자를 파악하는 것이 시작입니다.	• 연금 통합 조회: 금융감독원 '통합연금포털'이나 국민연금공단 '내연금 알아보기'를 통해 [국민+퇴직+개인연금]의 총합과 개시일을 확인하세요. • 5대 핵심 질문: 1. 자녀 교육/결혼 지원비로 어디까지 얼마를 쓸 것인가? 2. 나의 예상 퇴직금은 얼마이고 어디에 사용할 것인가? 3. 부부의 적정 노후생활비는 얼마인가? (평균 월 336만 원) 4. 연금 소득(국민, 퇴직, 개인)은 언제부터, 얼마씩 나오는가? 5. 소득 절벽(퇴직 후 국민연금 수령 전까지 5년 이상)을 어떻게 버틸 것인가?

구 분	실천 핵심요약
STEP 2. **자산 리모델링:** **"보장에서 소득으로"** 5060 세대라면 이제 보험과 주택의 성격을 '유지'에서 '인출'로 바꿔야 합니다. `	• 보험 리모델링: 자녀가 독립했다면 가장의 사망 보장을 줄이고, 감액제도를 통해 해약환급금을 노후 자금으로 쓰세요. ☞ 건강보험 본인부담상한제 등 국가 보장 기능을 믿고, 민영보험은 실손+3대 진단비 위주로 슬림화하여 보험료 지출을 줄이세요. • 주택 다운사이징: 자녀가 떠난 큰 집을 팔고 작은 집으로 옮겨 발생하는 차익(Seed Money)을 연금이나 비상금으로 활용하세요. • 주머니 나누기 3주머니(3-Pocket): 월급을 받으면 소비(체크카드), 투자(저축/연금), 비상금(CMA) 통장으로 나누어 관리하는 시스템을 구축하세요.
STEP 3. **투자와 절세:** **"수익률보다 중요한 것은 세금"** 은퇴 후에는 원금을 잃지 않으면서 절세 혜택을 극대화하는 투자 포트폴리오가 필요합니다.	• 절세 상품 우선순위: – ISA 계좌: 비과세 및 저율 분리과세 혜택 활용. – 연금저축/IRP: 세액공제를 받으며 연금 재원 적립. – 보장성 보험: 연 100만 원 한도 내 세액공제 활용. • 나이별 투자 비중: 위험자산의 적정비율은 '100 – 나이'이나 보수적으로 '80 – 나이' 법칙을 기억하세요. 60세라면 자산의 20% 이내만 위험자산(주식 등)에 투자하고 나머지는 안전자산으로 운용해야 합니다.

실천 체크리스트

실천 점검사항	체크
통합연금포털 접속하여 내 연금 합계액 확인하기	(Y, N)
불필요한 보험 특약 삭제하여 매월 고정 지출 10만 원 줄이기	(Y, N)
퇴직금 수령 시 일시금이 아닌 연금(IRP)으로 신청하기(퇴직소득세 절감)	(Y, N)
주택연금 가입 시기를 결정하여 소득 절벽 구간 대비하기	(Y, N)
건강이 허락하는 한 경제활동 기간을 1년이라도 더 늘리기	(Y, N)

"노후 준비의 가장 좋은 시점은 바로 오늘입니다. 오늘 정리한 내용 중 가장 먼저 실행해보고 싶은 항목은 무엇인가요?"

노후자금만들기 활용 체크리스트

영역	점검 항목	체크 사항
필요자금 산출	자신의 행복한 노후자금 산정하기	– 예상 노후생활비(주거, 식비, 의료비 등)계산하기 – 최소 30년 이상 생활비로 고정비와 변동비 고려하기
준비자금 점검	주로 3층연금 중심으로 점검하기	– 먼저 3층연금의 예상 수령액을 확인하기 – 주택연금 활용 여부와 예상 연금액을 파악하기
부족자금 파악	'필요자금-준비자금'에서 파악하기	– '필요자금-준비자금=부족자금' 통해 현황파악하기 – 준비자금에서 정기적 수입(예: 임대수입, 예적금 및 주식 배당금, 저작권·특허권료 등) 고려하기
실천 행동	3층연금 외 주택과 상속·증여 고려하기	– 퇴직전 연금운용 전략을 점검하고 IRP 등 활용하기 – 주택이나 개인보험 등을 재점검하고 리모델링하기
정기적 점검	가족과 재무상황을 공유하고 전문가 상담으로 정기적 점검하기	– 매년 필요자금, 준비자금, 부족자금을 다시 계산하기 – 필요시 전문가 상담으로 주기적인 재점검 실시하기

핵심 메시지

노후생활자금 만들기는 단순히 돈을 모으는 것이 아니라 필요자금 산출, 준비자금 점검, 부족자금 파악하여 노후의 삶을 안정적으로 살아가기 위한 중요한 생애재무 전략입니다.

퇴직 전 직장인이라면 행복한 노후준비를 퇴직연금, 개인보험, 공적보험, 주택연금, 상속·증여를 종합적으로 활용해 현실적이면서도 실천 가능한 방법들을 단계별로 완성해 갑니다.

지금 이 시점에서 자신의 부족자금을 줄이고, 안정적인 노후생활자금을 마련해야 합니다.

| 진단 워크북 |

100세 시대, 나만의 은퇴설계를 워크북 형식으로 참여자가 직접 써보고 계산하고 점검할 수 있는 『실습형 워크북』으로 구성하였습니다.

【워크북 개요】

- 진행5단계: 1) 나의 예상 은퇴진단 → 2) 예상 (부부)노후생활비 설정 → 3) 노후자금 준비도 → 4) 부족자금 마련 → 5) 실행 및 점검.
- 목표대상: 노후준비에 관심 있는 40~60세대와 직장생활 이직하는 사람
- 특징: 강의와 연계한 실습중심 / 현실적 수치기반 자가진단 / 계획 - 보완 - 실행 단계를 재점검하고 자가진단 하는 방식입니다.

PART 1. 나의 예상 은퇴 진단하기

1-1. 나는 몇 세까지 살까?

- 나의 현재 나이: _______________________________
- 예상 은퇴 연령: _______________________________
- 예상 기대수명(평균: 남 80세, 여 86세): _______________
- 은퇴 후 예상 생활 기간 = _______________________ 년

➡ 예상 은퇴생활과 준비점검, 은퇴 후 노후기간을 계산해 보세요.

1-2. 나의 현재 은퇴 준비 상태는?

준비됨(3점) 보통(2점) 부족(1점) 항목점수 부여.

- 국민연금(공적연금)에 가입되어 있다:

준비됨 □ / 보통 □ / 부족 □ (　　　　　)점

- 퇴직금 또는 퇴직연금에 가입되어 있다:

준비됨 □ / 보통 □ / 부족 □ (　　　　　)점

- 개인연금(보험 포함)에 가입되어 있다:

준비됨 □ / 보통 □ / 부족 □ (　　　　　)점

- 은퇴 후 월 생활비 계획이 있다:

준비됨 □ / 보통 □ / 부족 □ (　　　　　)점

- 가족과 은퇴계획을 논의한 적 있다:

준비됨 □ / 보통 □ / 부족 □ (　　　　　)점

총점: ＿＿＿＿＿ / 15점

➡ 12점 이상: 준비 잘됨 / 8~11점: 보완 필요 / 7점 이하: 적극적 설계 필요

PART 2. 노후준비자금을 위한 예상 노후생활비 설정하기

2-1. 매월 필요한 예상 (부부)노후생활비는?

월 주거비(관리비, 임대료), 식비 및 생필품, 의료비 및 약값, 교통비, 취미 및 여가비, 기타(경조사, 여행, 예비비 등)

항목	설 명	월 예상금액(원)
주거비	전세 전환시 관리비 혹은 월세	
식 비	집 밥 위주(외식비 미포함)	
생필품	위생용품, 가정용품, 세제 등	
공과금	전기, 가스, 수도, 통신비 등	
의료비	건강보험료, 병원 진료비, 약값	
교통비	대중교통비, 차량유지비 등	
여가 및 문화생활비	여행, 외식비, 동창모임 등	
경조사 및 용돈	경조사비, 자녀와 부모님 용돈	
기타 예비비	가전 교체비, 비상예비비 등	
예상 (부부) 노후생활비 합계		(원)

* (참조) 부부 노후생활비
  1. 최소(월180만원) 2. 보통(월 250~300만원) 3. 여유(월 350만원 이상)

- 월 (부부)생활비 합계: _______________ 원

- 연 생활비: 월 생활비 × 12 = _______________ 원

- 은퇴 후 기간 × 연 생활비 = 총 필요 예상 자산: _________ 원

➡ 당신에게 필요한 (부부)노후생활비와 예상 총자산을 계산해 보

  세요.

PART 3. 노후자금 준비도(준비된 자금) 파악하기

3-1. 나의 국민연금 예상 수령액

- 예상 연금수령 시작 나이: _______ 세

- 연금수령 방식: ① 노령연금(65세) ② 조기연금(60세~64세)

       ③ 연기연금(66세~70세)

항목	내 용	비 고
가입시기	최소 10년 이상 필요	( )년도 연금가입
선택연금	노령연금, 조기연금, 연기연금	( )연금 수령
연금 수령일	매달 정기적으로 연금지급	( )년도 연금수령
연금 수령액	가입기간과 소득수준에 상이함	( )원

- 연금 수령액(예상): 월 _______________ 원 × 12개월

= 연 _______________ 원

➡ 국민연금공단 홈페이지(https://www.nps.or.kr) 또는 모바일

앱 '내 곁에 국민연금'에서 조회가능 합니다.

3-2. 국민연금 외에 수령할 수 있는 공적연금 예상 수령액

연금종류, 월 수령액, 연금수령 나이, 국민연금, 유족연금, 장해연금, 분할연금 등

➡ 합계 월 공적연금 예상 수령액: _______________ 원

3-3. 퇴직연금 예상 수령액

예상 퇴직금 수령금액: _______________ 원

활용 계획:

• 연금화 (IRP/DB/DC 퇴직연금) 월 예상 연금수령액:

_______________ 원

➡ 퇴직금을 연금화하면 월 얼마가 나오는지 추정해 보세요.

예시) 1억 원을 종신형 퇴직연금 전환 시: 월 약 40만 원 수준(60세 기준)

3-4 개인자산 연금화 통한 예상 수령액

현재 자산(원), 연금화 계획, 예/적금펀드, 주식, 보험(종신/연금), 부동산(본인 거주), 부동산(임대용), 기타

• 금융자산(예적금, 주식, 연금보험 등 금융자산) :

총 _______________ 원

➡ 월 사적연금 예상 수령액: _______________ 원

예시) 1억원 당 종신형 가입시(60세 기준): 즉시연금 약 35만원 수준임.

• 부동산(주택, 부동산 등) : 총 _______________ 원

➡ 주택연금 월 예상 수령액: _______________ 원

예시) 1억원 당 종신형 가입시(60세 기준): 주택연금 약 20만원 수준임.

항 목	내 용
연금저축	장기투자, 세액공제 가능
ETF 펀드	분산, 저비용, 글로벌 분산 투자 가능
배당주	현금흐름 중심의 안정적 수익 창출
부동산	실물자산 기반의 수익 확보
기 타	다양한 자산군 리스크 분산, 세제혜택 적극 활용

PART 4. 은퇴 후 소득 vs 지출 통한 부족자금 파악하기

국민연금(공적연금 포함)을 비롯한 퇴직연금, 개인연금, 근로/사업소득, 기타 소득으로 월 수입금액(원)을 파악하고, 월 지출금액(원)으로 생활비, 의료비 등을 비롯한 외식, 여가 및 여행비, 기타 소비 등을 파악한다.

소비 항목	점검 사항
외식	월 4회 → 월 2회로 줄이기
커피	하루 5천원 이면 월 15만원 지출된다
쇼핑	생활용품 구매가 아니면 가급적 자제하기
이벤트성 소비	명품세일, 빅 이벤트성 구매 자제하기
기타 소비	계획성 있는 소비생활화 하기

- 월 예상 소득금액: _______________ 원,

  월 예상 지출금액: _______________ 원

➡ 예상 월 부족자금: _______________ 원을 파악하고 소비지출을 줄여 간다.

PART 5. 실행 및 점검하기

목표, 언제까지, 실행방법, 완료 여부(✔), 국민연금 수령액 확인, NPS 홈페이지 확인, 퇴직연금 운용방식 점검, HR부서, 금융사 상담, 개인연금 추가 가입 검토, 금융플래너 상담, 자산 연금화, 전략 수립, 부동산/보험 리모델링, 가족과 은퇴설계, 대화 나누기, 일정 잡기 등을 점검해 간다.

5-1. 은퇴 후 하고 싶은 일 적기:

은퇴 후 하고 싶은 활동(여행, 공부, 봉사 등):

➡ 단순한 '노후생활'이 아닌 '삶의 질'을 위한 목표를 구체화하세요.

5-2. 부족자산 마련 및 행복한 노후준비 실천하기

➡ 부족한 자금이 있다면, 어떻게 채울 것인가?

- 추가 저축 증가액: _______________ 원

- 부동산 다운사이징 금액: _______________ 원

- 보험 리모델링 금액: _______________ 원

- 근로소득 연장 등 추가소득액: _______________ 원

■ 마무리

지금부터 준비해야 후회 없는 은퇴를 맞이할 수 있습니다.

- 이 워크북을 매년 업데이트하며 점검해 보세요.
- 부족한 점은 전문가의 도움을 받아 체계적으로 설계하세요.

『진단 워크북』을 작성 한 후에 생애재무설계 차원에서 인생 이벤트에 따른 필요자금을 파악해 봅시다.

☞ 생애재무설계 작성하기(샘플)

구분	항목	0	1	2	3	4	5	6	7	8	9	10	11	12	13	14	15	16	17	18	19	20	21	22	23	24	25	26	27	28	29
경과연수		0	1	2	3	4	5	6	7	8	9	10	11	12	13	14	15	16	17	18	19	20	21	22	23	24	25	26	27	28	29
가족나이	본인	45	46	47	48	49	50	51	52	53	54	55	56	57	58	59	60	61	62	63	64	65	66	67	68	69	70	71	72	73	74
가족나이	배우자	42	43	44	45	46	47	48	49	50	51	52	53	54	55	56	57	58	59	60	61	62	63	64	65	66	67	68	69	70	71
가족나이	자녀1	17	18	19	20	21	22	23	24	25	26	27	28	29	30	31	32	33	34	35	36	37	38	39	40	41	42	43	44	45	46
가족나이	자녀2	15	16	17	18	19	20	21	22	23	24	25	26	27	28	29	30	31	32	33	34	35	36	37	38	39	40	41	42	43	44
아벤트 및 필요자금	부부관련(이벤트)			결혼20주년여행						차구입				결혼30주년여행		부채0化	남편정년	짐줄이기	보험리모델링	자동차줄이기				결혼40주년여행							
아벤트 및 필요자금	부부관련(금액)			500						4000				600										1000							
아벤트 및 필요자금	자녀관련 자녀1(이벤트)				대학입학	학비	어학연수	학비	학비	졸업					결혼	출산								초등입학						중등입학	
아벤트 및 필요자금	자녀관련 자녀1(금액)				1200	1000	2500	1000	1000						5000																
아벤트 및 필요자금	자녀관련 자녀2(이벤트)						대학입학	학비	어학연수	군입대	군입대	학비	학비	졸업			결혼	출산						초등입학							
아벤트 및 필요자금	자녀관련 자녀2(금액)						1200	1000	2500			1000	1000				10000														
아벤트 및 필요자금	필요자금 합계	0	0	500	1200	1000	3700	2000	3500	4000	0	1000	1000	600	5000	0	10000	0	0	0	0	0	0	1000	0	0	0	0	0	0	0

☞ 생애재무설계 작성하기(샘플)을 참조하여 확보자금과 확보가능 자금을 파악하여 자신의 '노후자금 준비도'를 부부와 자녀 및 부모를 중심으로 알아보고 나만의 은퇴자금설계를 점검해 가시길 바랍니다.

<table>
<tr><td colspan="2" rowspan="3"></td><td colspan="5">1기 노후생활비(　　　万)</td><td colspan="6">2기 노후생활비(　　　万)</td></tr>
</table>

(단위: 만원)

구 분	연도 (본인나이)	년 (세)	년 (세)	년 (세)	년 (세)	년 (세)	년 (세)	년 (세)	년 (세)	년 (세)	년 (세)	년 (세)
	경과연수	0	1	2	3	4	5	6	7	8	9	10
부부 관련	이벤트											
	필요자금											
자녀 관련	이벤트											
	필요자금											
부모 관련	이벤트											
	필요자금											
旣 확보 자금	국민연금											
	퇴직연금											
	개인연금											
가능 자금	즉시연금											
	주택 (농지)											
旣 확보자금 + 가능자금												
현재 준비도 (%)												

| 핵심 노후플랜 Q&A |

인생100세, 행복한 인생2막을 준비하기 위한 『행동 체크리스트』와 『핵심 실천 가이드』로 구성하였습니다.

【① 행동 체크리스트】

제 1장. 행복한 노후준비 체크리스트

영 역	점검 항목	체크 사항
가족 소통	가족과의 인식차이를 이해하고 조율하기	– 부모의 노후에 대해 자녀와 대화로 공유하기 – 가족회의를 통해 지원범위와 생활방식 나누기
건강 관리	건강수명 연장을 위한 생활습관 관리하기	– 규칙적인 운동(예: 주 3회 1만보 걷기) 실천하기 – 정기적 건강검진과 식습관 개선 노력하기
재무 준비	부부의 노후자금 마련하기	– 국민연금, 개인연금, 보험 등 노후자금마련 하기 – 월 필수 지출항목과 일정한 생활자금액을 분리 사용하기
부부 협력	부부가 함께 준비하는 은퇴설계하기	– 은퇴 전 부부가 함께 생활비, 주거, 취미 등 공유하기 – 서로의 기대와 우선순위 맞춰 공동목표 설정하기
지출 계획	지출을 줄이고 삶을 주도적으로 설계하기	– 불필요한 소비를 줄이고 생활비 구조 단순화하기 – 자산 및 생활규모를 현실에 맞게 계획 및 조정하기
작은 실천	작은 것부터 행동으로 실천하기	– 월 생활비, 주 3회 운동 등 작은 습관 실천하기 – 실천 가능한 목표부터 작더라도 행동으로 옮기기

제 2장. 공적보험 활용 체크리스트

영 역	점검 항목	체크 사항
국민 연금 활용	국민연금 가입을 통한 본인 상황에 맞는 연금수령(조기,연기)를 관리하기	- 국민연금 가입기간과 납입내역을 정기적 확인하기 - 연금수령(조기, 연기)를 비교해 본인에 맞게 선택하기 - 예상 연금액을 확인하고 생활비 계획을 세우기 - 소득이 있을 때 추가납입을 검토하기
건강 보험 활용	국민건강보험 가입을 통한 정기적 검진과 장기요양 신청자격확인 및 활용하기	- 건강검진을 정기적으로 받기 - 본인부담상환제, 고액연금지원 등을 이해하고 활용하기 - 장기요양보험 신청자격을 확인하기 - 생활습관 개선한 식사로 의료비 지출을 줄이기
고용 보험 활용	퇴직시 실업급여 수급요건(근로기간, 이직사유 등) 확인과 신청절차 및 직업능력개발훈련, 재취업지원 프로그램 등 활용하기	- 퇴직시 실업급여 수급요건과 신청절차 이해 및 활용하기 - 직업능력개발훈련과 재취업지원 프로그램 활용하기 - 시니어 친화일자리 등 고용안정사업을 탐색하기

제 3장. 퇴직연금 활용 체크리스트

영 역	점검 항목	체크 사항
제도 이해	퇴직연금제도 이해하기	- 퇴직연금이 3층 연금 제도임을 이해하기 - 퇴직금은 노후 현금흐름을 창출하는 자산임을 인식하기
운용 전략	퇴직연금 운용방식과 투자 포트폴리오를 점검하기	- 임금상승률/투자수익률로 퇴직연금 운용방식 결정하기 - 세금절세/운용수익 극대화 목표로 투자 점검하기
세제 적용	퇴직연금 현물이전제도와 적용되는 소득세 이해하기	- 퇴직연금 현물이전제도와 적용되는 소득세 이해하기 - 세제혜택을 받을 수 있는 조건과 절차를 숙지하기
퇴직금 설계	퇴직금 수령요건과 방법 이해하기	- 퇴직금 수령요건과 방법에 따라 퇴직소득세 감면 받기 - 퇴직소득세의 분류과세 적용과 수령방식 이해하기
IRP 활용	퇴직금을 IRP로 이전해 연금 수령하는 방안과 세액정산특례 활용하기	- 55세 이전이면 퇴직금을 IRP로만 수령 가능합니다 - 중간정산 받았다면 세액정산특례 활용하기
실행 및 점검	실제 IRP계좌 개설과 매년 운용성과를 점검하고 필요시 전략 수정하기	- 실제로 IRP계좌개설 및 이전 절차 진행해 보기 - 매년 운용성과와 세제혜택을 점검하고 전략 수정하기

제 4장. 개인보험 활용 체크리스트

영 역	점검 항목	체크 사항
보장성 보험	실손과 종신보험 등 중심으로 가입하여 중복보장 없이 보장급부 설계하기	– 보장성 보험의 보장급부(사망보장, 암·뇌·심장 중심 진단금, 수술과 치료비 등) 본인에 맞게 설정하기 – 중복 보장항목을 줄여 보험료 지출을 방지하기
저축성 보험	연금과 연금저축 등 중심으로 가입하여 세제혜택 고려한 납입기간 설계하기	– 일반 연금보험의 비과세 적용과 연금저축·IRP 세제혜택 적용을 확인하고 가입기간을 설정하기 – 3층 연금으로 부족한 노후 생활자금 확보하기
보험 가입 전 준비	보험용어와 보험약관을 통한 해당 보험상품을 이해하고 상품비교한 후 가입하기	– 가입하는 보험상품의 보험용어와 보험약관 이해하기 – 생명보험과 손해보험은 별개의 회사이므로 보장내용과 보험료 등을 비교한 후 가입여부를 결정하기
실행 및 점검	정기적인 재검토와 전문가 상담 활용하기	– 균형있는 보험 가입(보장성 보험과 저축성보험)하더라도 시간과 여건이 변하므로 정기적 점검하기 – 전문가 상담을 통한 본인에 맞는 최적의 상품을 유지하기

제 5장. 주택연금 활용 체크리스트

영 역	점검 항목	체크 사항
주택 연금 제도 이해	주택연금제도 이해부터 시작하기	- 주택연금이 역모기지론으로 노후자금마련의 　최후보류수단임을 인식하기 - 주택연금의 기본구조 이해와 안내자료 　확인하기
가족 협의	가족과의 시각차이 조율하기	- 부모와 자녀 간 주택연금 활용에 대한 　시각차이가 있으므로 대화로 좁혀나가기 - 가족회의 등 부모의 노후 삶을 함께 논의하기
부채 관리	먼저 부채 점검하고 부채상환하기	- 주택연금 신청 전에 먼저 부채 점검하고 　상환하기 - 먼저 부채정리를 하여 향후 자녀부담을 　줄이기
실행 하기	신청절차와 준비내용 확인하고 예상 연금액을 확인 후 수령방식 선택하기	- 주택연금 신청절차와 필요서류 등 사전 　파악하기 - 예상 연금액을 확인하고 본인에 맞는 　수령방식 선택하기
지속적 점검	연금수령 후 정기적인 점검하기	- 연금 수령 후 생활비와 의료비 등 지출구조를 　정기적으로 점검하기 - 필요시 전문가와 상담을 통해 제도변경이나 　추가 활용방안을 검토하기

제 6장. 상속·증여 활용 체크리스트

영 역	점검 항목	체크 사항
사전 계획 수립	상속·증여 사전계획 수립하기	- 상속과 증여는 생전에 미리 계획하기 - 가족과 함께 상속·증여 방향을 논의하여 불필요한 갈등을 예방하기
상속 재산 및 공제액 이해	상속세 계산구조와 공제액 이해하기	- 상속인은 피상속인의 재산과 의무를 일체 승계하므로 상속재산 범위와 상속공제액을 정확히 이해하기 - 상속세 계산구조 숙지하여 재산분배시 세금절세하기
상속세 재원 마련	상속세 재원마련과 부부의 노후자금 준비를 함께 병행하기	- 상속세 재원마련은 부부의 노후자금 준비와 함께 병행하기 - 현금·예금 등 유동성 자산을 일부 확보해 상속세 납부에 대비하기
종신 보험 활용	상속세 납부재원을 위한 종신보험을 활용하기	- 생명보험의 사망보험금은 상속인의 고유재산임을 이해하기 - 다자녀인 경우 상속유류분 만큼은 종신보험 준비하기
분쟁 예방	상속분쟁을 줄이기 위해 법률전문가와 상담하기	- 상속분쟁을 줄이기 위해 생전 상속계획을 수립하기 - 사망보험금 청구신탁제도를 활용하기

제 7장. 노후자금 만들기 활용 체크리스트

영 역	점검 항목	체크 사항
필요 자금 산출	자신의 행복한 노후자금 산정하기	– 예상 노후생활비(주거, 식비, 의료비 등)계산하기 – 최소 30년 이상 생활비로 고정비와 변동비 고려하기
준비 자금 점검	주로 3층연금 중심으로 점검하기	– 먼저 3층연금의 예상 수령액을 확인하기 – 주택연금 활용 여부와 예상 연금액을 파악하기
부족 자금 파악	'필요자금-준비자금'에서 파악하기	– '필요자금-준비자금=부족자금' 통해 현황파악 – 준비자금에서 정기적 수입(예: 임대수입, 예적금 및 주식의 배당금, 저작권·특허권료 등) 고려하기
실천 행동	3층연금 외 주택과 상속·증여 고려하기	– 퇴직 전 연금운용 전략을 점검하고 IRP 등 활용하기 – 주택이나 개인보험 등을 재점검하고 리모델링하기
정기적 점검	가족과 재무상황을 공유하고 전문가 상담으로 정기적 점검하기	– 매년 필요자금, 준비자금, 부족자금을 다시 계산하기 – 필요시 전문가 상담으로 주기적인 재점검 실시하기

【② 핵심 실천 가이드 Q&A】

PART 1. 국민연금 활용 편

Q1	국민연금을 연금으로 수령할려면?
A	◈ **국민연금 수령은 최소 10년 이상 납입자입니다.** ※ 참조 노령연금 수령금액은 아래를 기초하여 산출됩니다 1) 본인 가입기간(가입날자, 납입일수 등) 2) 본인 가입중 평균소득(납입금액 등) 3) 전체 가입자의 평균소득 4) 연금수령 나이 등.
Q2	국민연금의 노령연금 수령나이는?
A	◈ **노령연금은 1969년생부터 만 65세입니다.** ~ 1952년생(만 60세), 1953~1956년생(만 61세), 1957~1960년생(만 62세), 1961~1964년생(만 63세), 1965~1968년생(만 64세), 1969년생~ (만 65세) 입니다. ※ 참조 국민연금 수령일은 본인 연금개시나이 생일 다음달 25일에 지급됩니다.
Q3	국민연금 수령기간 중 높은 소득을 얻는다면 국민연금 감액 지급기간은?
A	◈ **국민연금 수급일 + 5년(연기연금 신청이 답입니다)** ※ 참조 노령연금 감액지급은 연금수령 직전 3년 전체 국민연금 가입자의 평균소득월액(A값) 초과하면 감액 적용됩니다. 2025년 A값(3,089,062원), 감액한도(최대 연금수령액의 50%)

<table>
<tr><td>**Q4**</td><td>국민연금 과세 적용은?</td></tr>
<tr><td>**A**</td><td>◆ **국민연금 2001년까지는 소득세 미부과 되었습니다.**
※ 참조
2002년 1월 이후 국민연금 수령하면 '연금소득간이세액표'에 근거 소득세가 원천징수되어, 노령연금 이외 소득이 없는 경우에는 확정세액이 결정되므로 종합소득 신고를 할 필요가 없습니다.</td></tr>
<tr><td>**Q5**</td><td>국민연금 종합소득세 신고대상인가?</td></tr>
<tr><td>**A**</td><td>◆ **국민연금만 수령하는 경우 해당 안됩니다.**
※ 참조
국민연금 노령연금이외 ①~⑤소득발생시 종합소득세 신고해야 합니다.
①연 1,500만원 초과 사적연금 발생(분리과세 선택가능) ②사업소득 발생 ③연 300만원 초과 기타소득 발생 ④연 2,000만원 초과 금융소득 발생 ⑤연 2,000만원 초과 부동산 임대소득 발생</td></tr>
<tr><td>**Q6**</td><td>국민연금의 분할연금은?</td></tr>
<tr><td>**A**</td><td>◆ **5년 이상 혼인 중에 납입하여 이혼한 배우자의 노령연금 50%가 종신 지급됩니다.**
※ 참조
분할연금 청구는 수급권이 발생한 날로부터 5년 이내 하여야 하며, 분할연금 신청은 이혼의 효력이 있는 날로부터 3년 이내 선청구 가능합니다. (분할연금 수령기간은 재혼과 관계없이 종신 지급됨)</td></tr>
</table>

| **Q7** | 국민연금 유족연금은? |

◆ 배우자 사망시 ①유족연금 ②본인연금 + 유족연금 30% 중 하나를 선택해야 합니다.

※ 참조

배우자가 사망하면 배우자의 노령연금에 해당하는 유족연금이 지급됩니다. 중복지급이 되지 않으며, 유족연금을 받는 배우자가 재혼하면 더 이상 지급되지 않습니다.

| **Q8** | 국민연금 반납금제도란? |

◆ 과거(1999년 이전) 수령한 반환일시금을 다시 반납하여 가입기간 복원할 수 있습니다.

※ 참조

반납금제도는 예전 그 당시 기간이 복원되면서 그 당시 적용된 높은 소득대체율이 반영되므로 반환일시금을 반납하는 것이 유리합니다.

| **Q9** | 국민연금 추납제도란? |

◆ 미납입 국민연금을 추가납입 하는 제도로 납부하는 현재시점 소득대체율을 적용합니다.

※ 참조

경력단절 여성 지원제도는 2016년 11월부터 시행되었는데 이후에 국민연금 납부이력이 한 번(1개월)이라도 있는 실직, 군복무, 출산 경우 추후납부제도 활용 가능합니다.

추납가능기간: 최대 10년內(119월) 가능합니다

| **Q10** | 국민연금의 군복무 기간 추납은? |

A ◆ **1988년 1월 이후 군복무 기간만큼 추납 가능합니다. (납입 당시 소득대체율 적용)**

※ 참조

1) 재직시: 월급여×9.5%(보험료율)×군복무기간, 총납입액 연말 소득공제 가능합니다.

2) 퇴직시: 임의 계속가입액×군복무기간, 연말소득공제 안됩니다.

| **Q11** | 국민연금 실업크레딧이란? |

A ◆ **실업급여 대상자의 구직급여 수급기간을 정부지원 받아 국민연금 가입기간으로 인정됩니다.**

※ 참조: 66,500원= 정부지원 75%(49,875원)+구직수급자 25%(16,625원)

– 실업크레딧 대상자 제외자: 재산세 과세표준 6억 초과하거나 사업 및 근로소득을 제외한 년간 종합소득이 1,680만원 초과

– 소득인정은 퇴직 전 3개월간 평균소득의 50%(최대 70만원)입니다. * 70만원×9.5% = 66,500원.

| **Q12** | 국민연금 납부예외란? |

A ◆ **실직이나 사업중단 등으로 소득상실 기간동안 보험료납부를 면제받는 제도입니다.**

※ 참조

국민연금 가입은 유지하되, 납부 유예기간(최대 3년 적용) 동안은 가입기간 및 납입횟수에 미포함 됩니다. 이 경우 국민연금공단에 '납부재계' 신청하면 1년내에서 최대 46,350원 정부지원으로 납입가능 합니다.

Q13	국민건강보험의 자기부담금에서 보장하는 본인부담비율은?
A	◆ **급여는 일부 부담, 비급여는 전액부담 합니다.** ※ 참조 급여는 건강보험공단이 60%와 환자가 40% 부담하며, 비급여는 환자가 100% 부담합니다. ☞ 자기부담금: 입원시 약 20%, 통원시 약 30~60% (의원~상급종합병원) 수준입니다.
Q14	저소득층과 고령자들의 의료비를 환급해 주는 국민건강보험의 본인부담상환제란?
A	◆ **의료비 과다지출하는 경제적 부담이 경감됩니다.** ※ 참조 본인부담상환제는 국민건강보험의 급여항목 중 본인부담금이 개인별 상환액을 초과하여 의료비를 지출할 경우 건강보험공단이 보험가입자와 그 피부양자에게 환급하는 제도입니다.
Q15	국민건강보험의 피부양자 자격요건은? ('2020.9월 건강보험료 부과체계 2단계 개편 시행) ① 연간 합산 소득기준 3,400만원 =〉 2,000만원 ② 공적연금 연금소득 반영율 30% =〉 50% 인상
A	◆ **부양조건, 소득요건, 재산요건 모두 충족되어야 합니다.** ※ 참조(건강보험 가입자: 직장가입자, 지역가입자, 피부양자) – 부양요건: 직장가입자의 배우자, 직계존비속(배우자 동일), 형제자매 입니다. – 소득요건: 금융소득 1,000万↓, 합산소득(근로, 사업, 기타 포함) 2,000万↓ – 재산요건: 재산 과세표준 9억 이하(합산소득 1,000万↓)

Q16	건강보험의 피부양자 자격유지를 위해 국민연금 조기연금 수령이 유리한가?
A	◆ 본인 은퇴시기와 건강 등 종합적으로 고려하여 판단하여야 합니다. ※ 참조 – 국민연금 연간 2,000만원(월 167만원) 이상 수령하면 합산 소득요건 강화로 인해 건강보험 피부양자 자격 탈락됩니다. – 국민연금 조기연금은 본인 노령연금 나이에서 최대 5년(30% 감면) 가능합니다
Q17	퇴직 후 지역가입자 건강보험료가 직장가입자보다 높을 경우라면?
A	◆ 직장가입자로 '임의 계속가입자' 신청합니다. ※ 참조 퇴직 후 2개월 이내 직장가입자로 3년간 '임의 계속가입자' 신청하면 전 직장의 본인 납부한 보험료와 동일하게 건보료 납부할 수 있습니다. 납입보험료(직전 12개월 평균보수월액×7.19%÷2)
Q18	퇴직 후 고소득 등으로 건강보험의 피부양자 등재 되지 않고 지역가입자 건보료가 높은 경우라면?
A	◆ 재취업하여 18개월 중 1년(360일) 동안 낮은 급여로 직장가입자로 근무하는 것입니다. ※ 참조 재취업 후 '건강보험 임의 계속가입제도'를 신청하려면, 퇴직 전 18개월 이상 직장가입자인 경우만 신청할 수 있습니다. 재취업 여부와 관계없이 마지막 근무 종료일로부터 18개월 이내에 총 1년이상 직장가입기간을 보유해야 신청 가능합니다.

<table>
<tr><td>Q19</td><td>퇴직, 폐업, 등기재산 매각 등 건강보험료 조정이 필요하면?</td></tr>
</table>

A

◆ 소득활동의 중단으로 소득이 낮아진 경우 건보공단에 방문/Fax/ 홈페이지 등 조정신청합니다.

※ 참조

과세 당국으로부터 전년도 소득자료를 매년 10월에 받아 건강보험료 소득산정 기준은 11월~10월입니다. 즉, 2023년 소득을 기준으로 2024년 11월~2025년 10월 건강보험료를 산정하여 11월 환급됩니다.

<table>
<tr><td>Q20</td><td>해외 장기체류(유학, 해외취업, 해외여행 등)시 건강보험료 면제는?</td></tr>
</table>

A

◆ 해외 장기체류시 '보험료면제'를 신청합니다.

※ 참조

해외 3개월 이상 체류시 출국일의 다음날로 급여정지 처리가 되고 보험료가 면제됩니다. 공단 홈페이지 또는 전화로 해외체류 중이라 급여정지 신청하면 자동으로 출입국내역을 확인 후 정지 혹은 환급. =>건강보험료 산정은 매월1일 기준이며, 간강보험법 제 74조 근거합니다.

<table>
<tr><td>Q21</td><td>건강보험료 줄이는 방법?</td></tr>
</table>

A

1) 가족 중 직장가입자의 피보험자로 등재.

2) 퇴직 후 지역 건보료가 높을 경우 3년간 '임의 계속가입자' 신청

3) 재취업하여 직장가입자로 등재

4) 해외 3개월 이상 장기체류시 '보험료면제' 신청 등 입니다.

Q22	고용보험의 실업급여 지급요건?

A

◆ **고용보험 사업장에서 근무 18개월 동안 고용보험 가입기간이 180일 이상, 퇴직 후 1년이 경과하지 않은 비자발적 피보험자이어야 합니다.**

※ 참조(2026 기준): 피보험단위기간합산 180일(☞주 5일근무시 6일 적용함)

– 지급금액: 퇴직 전 3개월 평균급여의 60%(1일당 상한 68,100원, 하한 66,048원)입니다.

– 지급일수: 최대 270일(50세 이상&10년 이상 근속), 최소 120일(1년미만 근속)

Q23	고용보험의 조기재취업수당은?

A

◆ **재취업 후 12개월內 취업촉진수당 신청해야 합니다.**

※ 참조

– 실업급여 수급기간의 ½이 경과하기 전에 재취업하여 1년 근속시 잔여 구직급여의 ½을 조기재취업수당으로 지급합니다.

– 조기재취업수당은 개인상황과 조건에 따라 다르지만 실업급여 수령일수 절반이내에 취업하거나 창업하여 신청하여야 합니다

Q24	고용보험의 구직급여 지급절차 순서는?

A

◆ **구직 등록 → 수급자격 신청교육받기 → 수급자격 인정신청 → 구직급여 신청 → 구직급여 지급됩니다.**

※ 참조

– 실업급여 수급자가 근로제공으로 구직 인정되는 경우(부정수급)

① 1개월 60시간 이상(주 15시간 이상 포함) 근로제공.

② 연속 3개월 이상 계속 근로 제공.

③ 기타 특수고용으로 월보수액 80만원 이상 노무제공 등.

Q25	실업급여 수령 시 주의할 점?
A	◆ **정년퇴직자는 실업급여 신청 가능합니다.** ※ 참조 - 장기근속으로 고용보험을 납입하였더라도 중도에 자발적으로 직장을 퇴직하면 수급대상이 되지 않고 실업급여를 받지 못합니다. - 다만, 정년퇴직을 하게 되면 실업급여를 받을 수 있습니다.
Q26	정년퇴직 후 구직급여 수령 중 (총 270일) 30일만에 재취업하여 재취업한 직장에서 90일 근무 후 퇴사한 경우?
A	◆ **구직급여 수령 가능합니다. 잔여 150일 = 270일-30일-90일** ※ 참조 - 총 270일 중 기수령 30일과 재취업기간 90일 제외한 나머지. - 이 때, 자발적 퇴직이라도 상관없습니다. (최초 직장 퇴사 사유가 비자발적 사유일 경우에만 해당됩니다)
Q26	정년퇴직 후 구직급여 수령 중 (총 270일) 30일만에 재취업하여 재취업한 직장에서 90일 근무 후 퇴사한 경우?
A	◆ **구직급여 수령 가능합니다. 잔여 150일 = 270일-30일-90일** ※ 참조 - 총 270일 중 기수령 30일과 재취업기간 90일 제외한 나머지. - 이 때, 사발석 퇴식이라도 상관없습니다. (최초 직장 퇴사 사유가 비자발적 사유일 경우에만 해당됩니다)

Q27	퇴직연금 제도란?
A	◈ 2005년 12월 시행된 '근로자퇴직급여보장법'에 따라 DB형, DC형, IRP로 구분됩니다. ※ 참조 – 확정급여형(DB형): 근로자의 퇴직급여가 사전에 결정됩니다. – 확정기여형(DC형)과 개인형퇴직연금(IRP): 매년 사업주가 연간 임금총액의 1/12 이상의 부담금을 근로자들의 연금계좌로 적립합니다.
Q28	퇴직금 수령하기 위해 개인형 퇴직연금(IRP) 가입하려면?
A	◈ 퇴직소득 원천징수영수증과 신분증사본 지참, 타금융사 퇴직연금 旣가입자는 퇴직연금 가입확인서와 신분증 사본이 필요합니다. ※ 참조 IRP 가입대상: 19세 이상 소득이 있는 모든 취업자('17.7.16일부터)입니다.
Q29	퇴직연금 운영방식은?
A	◈ 근로자의 임금상승률과 투자수익율 비교하여, 임금상승율이 높을 땐 DB형, 투자수익율이 높을 땐 DC형의 가입이 유리합니다. ☞ DB→DC전환 후 다시 DC→DB 불가합니다.

<table>
<tr><td>Q30</td><td>퇴직연금 현물이전 제도란?</td></tr>
<tr><td>A</td><td>

◈ 2024년 10/31일부터 시행된 제도이며, 퇴직연금 계좌에서 운용 중인 상품을 매도 없이 그대로 다른 금융사 계좌로 이전가능 합니다.

※ 참조(3가지 조건 충족)

1) 동종 퇴직연금유형 2) 이전 금융사 판매상품 3) 실물이전 가능상품이어야 합니다.

</td></tr>
<tr><td>Q31</td><td>퇴직연금 수령시 지급연금형태 선택시 고려해야할 점은?</td></tr>
<tr><td>A</td><td>

◈ 개인의 연령과 상황에 따라 다르나, 퇴직연금 지급 보증기간은 길게 설정하는 것이 좋습니다.

※ 참조

예시) 종신형 연금(10년 보증, 20년 보증, 30년 보증)일 때 종신형 10년 보증을 선택하면 사망시까지 연금을 받을 수 있지만, 중도에 사망하면 잔여 보증기간(10년-연금지급기간)만 유족에게 지급되어 원금 미달할 수 있습니다.

</td></tr>
<tr><td>Q32</td><td>퇴직연금 수령시 퇴직소득세 감면혜택 30%~40% 적용 받으려면?</td></tr>
<tr><td>A</td><td>

◈ 퇴직소득세는 55세 이상&10년 연금수령 30% 감면, 11년 이상이면 40% 감면 적용됩니다.

※ 참조

- 연금수령 연차는 실제 연금을 받은 기간으로 1원이라도 연금수령 해야 합니다.

- 퇴직연금을 목돈 수령시 신탁형 퇴직연금 연간한도까지는 감면됩니다.

Ex) 1년차 12%, 2년차 13.3% ⋯⋯ 6년차 24% ⋯⋯ 10년차 100%입니다.

</td></tr>
</table>

Q33	퇴직연금의 인출되는 순서는 세금공제액 낮은 납입액부터?
A	◆ 퇴직연금 인출순서는 세금 혜택을 가장 적게 받은 순서대로 인출됩니다. ※ 참조 1) 세액공제를 받지 않은 퇴직연금 납입액 2) 이연 퇴직금 3) 세액공제를 받은 퇴직연금 납입액 4) 퇴직연금 운용수익 순입니다. ☞ 이연 퇴직금은 분리과세 적용되나 운용수익은 1,500만원 초과시 종합과세 적용됩니다.

Q34	퇴직금을 일시금으로 받았으나, 퇴직소득세를 감면받으려면 어떻게 해야하나요?
A	◆ 퇴직금 수령일로부터 60일 이내 IRP계좌 개설하여 재입금하면 퇴직소득세 환급됩니다. ※ 참조 – 퇴직한 회사에 연락하지 않아도 IRP계좌를 개설하는 금융회사의 직원에게 알리면 처리가능 합니다.

Q35	퇴직소득 세액정산특례란? (중간정산특례)
A	◆ 퇴직금 중간정산을 받은 경우 퇴직금 계속고용기간 산정일을 중간정산일이 아닌 입사일 기준으로 기산일을 적용합니다. ※ 참조 – 최종 퇴직금을 수령할 때 퇴직소득세 세액정산을 하기 위해서는 중간정산시 퇴직소득세 원천징수영수증도 함께 제출해야 합니다.

Q36 보장성 보험을 가입하는 이유?

A ◆ 불확실한 미래의 위험을 대비해 납입한 보험료보다 만기 보험금이 적은 보험상품입니다.

※ 참조

보험기능은 불확실한 미래에 발생하는 사고로 인한 경제적 피해를 줄이기 위해 보험사고 발생 전 저렴한 보험료로 필요한 보장급부를 위험전가하여 보험사고로부터 재정적 도움을 받는 것입니다.

Q37 보험 가입시 계약전 알릴의무(고지의무) 위반하면?

A ◆ (직업, 병력 등) 고지의무 위반으로 계약해지시 2010.4.1일 표준약관 개정 이후 해지환급금 지급합니다.

※ 참조

보험가입시 당뇨, 고지혈 등으로 약을 목용하고 있다면 일반보험 할증(부담보 조건) 또는 유병자보험 가입하면 되는데, 고지의무 위반 적발시 3년이내 보험회사는 계약해지하거나 보험금 지급거부 할 수 있습니다.

Q38 【참조】 최근판례로 보는 고지의무 위반 사례

해지행사권 행사기간 제한: ①계약체결일부터 3년 ②보험금 지급사유없이 보장개시일부터 2년 ③보험사가 위반사실 안 날로부터 1개월 경과

A ◆ [서울중앙지방법원 2024.7.9. 선고 2022가단 5286710 판결]

– 보험계약 약관 23조 제2항 제2호에 따르면, 보험계약자의 고지의무 위반이 있을 경우.

상법 제651조에 따라 보험자가 계약체결일로부터 3년 내에 계약을 해지할 수 있다. 다만, 책임개시일로부터 보험금 지급사유가 발생하지 않고 2년이 경과한 경우, 계약체결일로부터 3년이 지나지 않았더라도 보험자는 계약을 해지할 수 없다(대법원 2009.9.10. 선고 2009다 39158 판결)

Q39	보험 체결할 때 치료 등 전기간 부담보일 경우 보장여부는?

A

◆ **청약일로부터 5년 동안 추가적인 치료이력이 없다면 보험금심사를 통한 보장여부 결정합니다.**

※ 참조

표준약관 제16조(보험계약의 성립) 5항에 "청약일로부터 5년 동안 보장이 제외되는 질병으로 추가진단 또는 치료사실이 없을 경우, 5년 이후에는 보장한다"는 내용이 있습니다.

Q40	유니버설보험(UL) 2년 의무납입 이후 보험료 미납입할 경우?

A

◆ **UL기능으로 납입 보험료 – 위험보험료 등 해지환급금 범위에서 월대체보험료 납입합니다.**

※ 참조

월대체보험료 납입하는 기간은 납입기간 산정에 포함되지 않아 장기간 보험료 미납시에는 보험이 실효되어 보장을 받지 못하게 됩니다.

EX) 20년납 가입, 2년 의무납입 후 3년 대체납입하면 15년이 아닌 18년 이상 납입해야 합니다.

Q41	해지된 보험계약의 부활여부?

A

◆ **계약의 부활(효력회복)은 3년이내 가능합니다.**

※ 참조

계약이 해지되었으나 해약환급금을 받지 않은 경우에 해지일로 부터 3년이내 연체된 기본보험료와 연체이자를 납입하면 부활이 가능합니다.

| **Q42** | 실손의료비보험(1~3세대→4세대) 전환가입하는 것이 유리한가? |

A

◆ 실손보험은 1세대→4세대로 갈수록 자기부담금 비율이 높아지고 반대로 보장범위와 보험료는 줄어듭니다.

※ 참조

– 보험료전환실손은 2021년 7월 이전에 가입한 보험계약의 실손특약을 해지하고 현재 각 보험회사에서 판매 중인 실손의료비 보장보험으로 전환가입하는 제도입니다.

| **Q43** | 갱신보험료가 인상되는 이유? |

A

◆ 갱신시점의 1) 피보험자 연령증가 2) 보험위험률 3) 의료수가 인상 등으로 보험료 증가합니다.

※ 참조

최근 2022년 대법원이 '입원치료가 불필요한 경우에는 통원보장 한도 내에서 백내장 보험금을 지급하라' 취지로 판결함에 따라 비급여 과잉진료와 보험료 인상 전가도 크게 줄어듭니다.

| **Q44** | 2018년 12월 시행된 실손보험 연계제도란? |

A

◆ 개인실손보험과 단체실손보험 간 연계하여 퇴직 후 보장공백과 보험료 이중부담을 방지합니다.

※ 참조

1) 단체실손 5년 이상 가입한 직장인이 퇴직 후 1개월 이내 개인실손으로 전환하거나 2) 개인실손 1년 이상 유지한 사람이 직장 취업하여 단체실손 가입하면서 개인실손 보험료 납입 및 보장을 중지하고 향후 단체실손 종료시 중지했던 개인실손을 재개하는 제도입니다.

<table>
<tr><td>Q45</td><td>실손보험금 본인부담상환제란?</td></tr>
<tr><td>A</td><td>

◆ **개인부담 의료비중 연간 건강보험 본인부담금이 개인별 소득범위 초과시 공단 부담합니다.**

※ 참조

실손보험금 본인부담상환제란 건강보험 본인부담금이 개인별 소득범위 상환액('25년 기준) 1분위 89만원~10분위 826만원 초과하여 의료기관에 지불할 경우 그 초과금액은 국민건강보험공단이 부담하고 이듬해 8월경 건강보험 가입자에게 환급해 주는 제도입니다.

</td></tr>
</table>

<table>
<tr><td>Q46</td><td>종신보험의 제도성특약 중의 연금전환특약이란?</td></tr>
<tr><td>A</td><td>

◆ **종신보험의 전환 당시 해약환급금을 판매 중인 연금전환특약의 연금재원으로 수령합니다.**

※ 참조

연금전환특약은 보험가입 후 일정시점에 주보험의 보장을 종료 또는 감액하고, 가능금액과 연령은 전환시점에 회사의 기준에 따라 연금전환 시점에 보험계약자가 선택한 연금종목형태에 따라 연금을 지급합니다.

</td></tr>
</table>

<table>
<tr><td>Q47</td><td>종신보험의 제도성특약 중의 사망보험금 연금선지급제도란?</td></tr>
<tr><td>A</td><td>

◆ **연금 선지급을 원하는 시점에 해당 사망보험금 또는 해지환급금을 연금으로 사용합니다.**

※ 참조(매년 보험가입금액에서 해약환급금을 계약자에게 사망보험금 연금선지급함)

연금선지급제도는 보험상품에 따라 연금지급하는 피보험자의 연령이나 연금종류 등 연금 선지급 조건이 다를 수 있습니다.

☞ 예시: 피보험자 45~90세 이하, 5~20(30)년 선택, 보험료 납입완료, 계약자 적립액 500만 이상

</td></tr>
</table>

<table>
<tr><td>Q48</td><td>종신보험의 제도성특약 중의 지정대리청구서비스 제도란?</td></tr>
<tr><td>A</td><td>◆ 보험계약자, 피보험자, 보험수익자가 모두 동일한 계약에서 보험수익자가 직접 보험금청구할 수 없을 때 보험계약자는 1인을 지정대리청구인으로 지정할 수 있는 제도입니다.

※ 참조
이 경우 보험회사의 승인을 받아 보험금(사망급여 제외)을 청구하고 수령받을 수 있습니다.</td></tr>
<tr><td>Q49</td><td>종신보험을 리모델링할 때 기존 80세 만기를 100세 만기로 변경하는 것이 유리하나요?</td></tr>
<tr><td>A</td><td>◆ 개인 상황에 따라 다르나, 나이가 50대 이상이면 유지하여 보험료 납입 완료를 추천합니다.

※ 참조
100세 시대라 하지만, 50대 중반 이후라면 지급보다 더 젊은 나이에 보험가입 했기 때문에 보험료가 저렴하고 은퇴 전에 보험료 납입을 완료하는 경우가 많습니다. 보험료를 줄이는 방법은 보험해약도 있지만 주계약의 가입금액을 줄이는 방법(감액)도 있습니다.</td></tr>
</table>

Q50 저축성 보험이란?

A ◆ 납입한 보험료 총액보다 만기에 수령하는 만기환급금이 더 많은 보험상품입니다.

※ 참조

일반적으로 '금리'는 저축상품에서, '수익율'은 투자상품에서 사용됩니다.

☞ 대표적 저축성 상품: 일반 연금보험, 연금저축, IRP계좌 등이 있습니다

Q51 예정이율과 공시이율의 뜻?

A ◆ 예정이율(보험료 산정), 공시이율(계약적립액 산정)에 사용됩니다.

※ 참조

공시이율은 보험회사와 상품에 따라 다르지만, 은행금리보다 약간 높은 것은 고객이 납입한 보험료에서 사업비를 차감한 금액에 공시이율이 적용되기 때문입니다. 매월 1일에 보험회사가 결정하는 이율로 매 계약마다 보험가입 시점부터 매년 확정 적용됩니다.

Q52 변액보험의 제1보험기간과 제2보험기간의 자산운용의 부리이율은?

A ◆ 제1보험기간(특별계정 통한 펀드투자실적에 따라 보험금 등 변동) 제2보험기간(일반계정 통한 공시이율로 운용)됩니다.

※ 참조

변액보험은 제1차대전 후 인플레로 생명보험 실제가치 저하 극복하기 위해 자산운용 실적과 보험금을 연계해 판매하였으며, 한국은 2001년부터 판매하였습니다.

☞ 보험료에서 사업비와 위험보험료 등 차감하여 펀드 운용 결합됩니다.

| **Q53** | 금융소득과 연금소득의 세금납부 유형은? |

| **A** | ◈ 1) 금융소득세(이자/ 배당소득)15.4% 원천징수. 단, 2천만원 초과시 종합과세 6%~45% 됩니다 |

2) 연금소득(세액공제 연금, 연금계좌 운용소득) 연 1천5백만원 초과시 종합소득과세 또는 분리과세(15%) 중 선택납부 가능합니다.

☞ 세금을 줄이려면 비과세, 분리과세 등 본인 여건에 맞춰 활용가능 합니다.

| **Q54** | 사적연금 연 1,500만원 초과시 연금수령시 종합과세 or 분리과세(16.5%) 적용 상품? |

| **A** | ◈ 사적연금(연금저축, IRP, 퇴직연금 DC 추가납입 등) 세액공제된 연금수령시 해당됩니다. |

※ 참조

사적연금에 미산정되는 연금: 국민연금, (순수)퇴직연금, 구)개인연금저축, 비과세 연금보험 입니다.

| **Q55** | 일반 연금보험과 세액공제 연금보험의 세제과세 차이는? |

| **A** | ◈ 비과세 연금보험은 연금수령시 비과세 혜택, 세액공제 연금보험은 연말정산시 세액공제 혜택이 있습니다. |

※ 참조

- 비과세 일반연금: 월보험료 150만원, 일시금 1억원을 납입하여 납입기간 5년↑, 가입기간 10년↑ 유지시 보험차익 비과세됩니다.
- 세액공제연금: 12(15)% 세액공제되나 연금수령시 3~5% 연금소득세 적용됩니다.

<table>
<tr><td>Q56</td><td>일반 연금보험과 변액연금보험의 운용방식 차이는?</td></tr>
</table>

A

◈ **연금보험: 공시이율로 계약자 적립금을 산출 운용합니다.**
  변액연금보험: 특별계정의 펀드실적 투자수익율로 운영합니다.

※ 참조

변액보험은 납입 보험료에서 일부 사업비 공제한 자금을 수탁회사가
보관하고 자산운용사가 위탁을 받아서 선택한 펀드 등 투자하고
운용수수료를 차감한 후 투자손익을 고객에게 돌려주는 상품이다.

<table>
<tr><td>Q57</td><td>연금보험의 연금수령 나이와 연금신청 가능 시기는?</td></tr>
</table>

A

◈ **연금신청 가능시기 : 연금개선 전/후 모두 가능합니다.**
  연금수령 나이: 상품조건 충족시 계약일 기준으로 합니다.
  비과세 연금은 45세↑, 세액공제 연금은 55세부터 가능합니다.

☞ 연금신청은 보험상품별 조건 상이할 수 있으며, 연금개시일
  이후 청구권 소멸시효 3년 이내 신청하도록 안내하고 있으나
  연금개시일부터 3년이 경과하더라도 연금신청은 가능합니다.

<table>
<tr><td>Q58</td><td>보험계약관계자 중 연금지급 대상이 되는 사람?</td></tr>
</table>

A

◈ **연금지급 기준은 피보험자이며, 피보험자의 연령과 생존여부에 따라**
  연금이 지급됩니다.

※ 참조

– 보험계약관계자: 보험계약과 관련이 있는 자.
  Ex) 보험자, 보험계약자, 피보험자, 보험수익자

– 부부형의 경우 주/종피보험자 모두 연금지급 개시나이 조건
  충족되어야 합니다.

<table>
<tr><td>Q59</td><td>인출(연금, 일시금 등)에 따른 다양한 세금이 부과되는 연금계좌의 인출순서는?</td></tr>
<tr><td>A</td><td>◆ ①세액공제 미적용 납입금(과세제외) ②퇴직금(일시금: 퇴직소득세, 연금:×70~60%) ③세액공제 적용 납입금(일시금:16.5%, 연금:3~5%) ④운용수익(③과 동일) 순서로 인출됩니다.

※ 참조: 연 1,500만원↑ 연금수령시 종합과세 or 분리과세 16.5% 선택해야 합니다.</td></tr>
</table>

<table>
<tr><td>Q60</td><td>3층 연금론의 의미는?</td></tr>
<tr><td>A</td><td>◆ 1994년 세계은행 보고서 '노년위기의 모면' 처음소개로 노후준비 유용성 언급하였습니다.

※ 참조
– 노후준비하는 연금자산은 ①국민연금을 기반으로 ②퇴직연금을 보완하고 ③개인연금으로 부족한 노후자금을 확보하여 여유로운 노후생활 준비에 유용합니다. 연금자산은 한 살이라도 젊을 때 준비해야 합니다.</td></tr>
</table>

<table>
<tr><td>Q61</td><td>노후재무준비로 개인연금을 가입하여 종신연금 받을 때 건강악화, 채매 등 연금수령 어려움을 걱정된다면?</td></tr>
<tr><td>A</td><td>◆ 제도적 특약인 '지정대리청구서비스'를 신청하여 보험금 대리청구할 수 있습니다.

– 시성대리정구인제도는 보험수익자가 직접 보험금을 청구할 수 없는 경우 보험계약자가 보험금을 대리하여 청구할 수 있는 사람을 지정 또는 변경할 수 있는 제도입니다.
– 지정청구인 자격: 피보험자의 배우자 또는 3촌이내 친족 중 1명이어야 합니다.</td></tr>
</table>

Q62 주택연금 신청절차는? (주택연금 취급 금융기관 총 16개)

A ◆ 주택연금 신청은 한국주택금융공사에 보증 신청하면 보증서가 발급되고 금융기관에 보증 통한 주택연금 대출을 받게 됩니다.

※ 참조(2026년 1월 기준)

주택연금 보증 취급금융기관 16개: 은행(13), 보험(2), 상호금융(1), 증권(×).

Q63 주택연금제도 신청대상과 부부 자동승계 받으려면?

A ◆ 부부중 1명이 55세 이상, 부부 합산 공시가 12억 이하 주택 소유자로 신탁방식 계약합니다.

※ 참조

주택연금은 역모기지론으로 주택담보 보증방식으로

1) 저당권 방식(공사는 소유권 없어 건물 저당권 설정)
2) 신탁방식(공사가 소유권).

☞ 보증료: 최초 보증료(주택가의 1.5%)+매월(보증잔액의 0.75%)가 있습니다.

Q64 주택연금 수령 중에 주택가격 상승하여 주택연금액을 높게 받으려면?

A ◆ 주택연금 중도해지로 주택 처분 시가액과 기지급된 총비용(연금액과 보증비용)상환 해야합니다.

※ 참조

주택연금은 중도의 주택가격 변동과 무관하게 동일한 연금액이 지급됩니다. 만약, 부모 모두 사망하여 주택처분 시가액보다 더 많은 연금액이 지급되더라도 상속인 부담은 없으며, 더 적은 연금을 수령했다면 그 차액을 상속인에게 지급됩니다.

<table>
<tr><td>Q65</td><td>주택연금을 받길 원하지만 부채가 있어 고민하는 경우?</td></tr>
<tr><td>A</td><td>

◆ **주택규모를 줄여 그 차액자금은 부채상환하고, 줄어든 주택은 주택연금으로 활용합니다.**

※ 참조

현재 10억자리 주택을 축소하거나 주택가격이 더 낮은 지역으로 옮겨 7억자리 주택구입 하면, 3억원의 현금흐름이 생겨 부채상환이나 노후생활자금으로 활용합니다. 추가자금 필요시 주택연금 가입하면 됩니다.

</td></tr>
</table>

<table>
<tr><td>Q66</td><td>주택연금을 받길 원하지만 자녀들의 반대로 고민하는 경우라면?</td></tr>
<tr><td>A</td><td>

◆ **주택연금은 자녀에게 주택상속 의향이 없을 째 자녀의 용돈 없이 노후생활자금 가능합니다.**

※ 참조

고령화로 은퇴 이후 노후생활이 2배(20~30년 → 40~50년) 길어집니다.

☞ 훗날 노후주택을 상속으로 물려주기보다는 부모 주택연금 통한 노후자금으로 사용하고 남는 금액은 상속자녀들에게 물려 주는 것입니다.

</td></tr>
</table>

Q67 상속재산에 포함되는 것은?

A ◆ 피상속인에게 귀속되는 재산으로 본래 상속재산, 간주상속재산, 추정상속재산으로 구분됩니다.

※ 참조

- 간주상속재산: 보험금, 신탁수익, 퇴직금

- 추정상속재산: 상속개시 전에 처분한 재산 중 용도가 불분명한 재산, 1년(2년)에 2억(5억) 이상인 재산, 합산대상 사전증여재산(10년 이내의 상속인 또는 5년 이내의 상속인이 아닌 사람에게 증여한 재산)입니다.

Q68 상속세 납부시 상속 인적공제는?

A ◆ 상속세 인적공제는 ①기본공제 2억+기타 인적공제 ②일괄공제 5억원 중에서 큰 금액입니다.

※ 참조(배우자 공제액은 5억~30억, 배우자 생존시 10억↑시 납부)

- 상속세 납부: 상속개시일이 속하는 달의 말일부터 6개월입니다.

- 상속세신고기한 미납시: 신고불성실가산세 20%와 납부지연 가산세가 매일 가산되어 과세됩니다.

Q69 부모가 사업운영으로 자녀에게 사업체 이전을 고민할 경우 효과적인 상속플랜?

A ◆ 상속 유류분에 해당하는 금액만큼 사업을 상속받지 못하는 자녀 몫으로 종신보험 준비합니다.

※ 참조

- 사업체를 1명의 자여에게만 물려줄 경우 상속분할 문제 등으로 부모 사후에 상속분쟁이 발생할 수 있습니다.

<table>
<tr><td>Q70</td><td>자녀의 상속세 재원마련으로 고민할 경우 상속대책은?</td></tr>
</table>

A

◈ 생명보험(종신보험 등) 의 계약자와 수익자를 실제 납입능력 있는
자녀로 가입합니다.

※ 참조(대법원 2004.7.9. 선고 2003다29463 판결)

피보험자의 상속인은 보험수익자로서 보험금 청구하는 보험계약
효력이지 상속재산이 아닌 고유재산에 해당합니다.

– 민법상 생명보험의 사망보험금은 상속인의 고유재산으로 간주되어
사망자의 상속재산에 포함되지 않으나, 사망자가 보험계약자인
보험금은 상증세법 제2장 제8조 '상속재산으로 보는 보험금'에
해당됩니다

Q71

보험금 청구신탁이란? (2024.11.12일 시행)
(보험금청구권한: 보험수익자 → 신탁회사)

A

◈ ①일반사망보험금 3천만원 이상 보험件.

②보험계약자=피보험자=신탁위탁자

③수익자는 직계 존비속과 배우자 限합니다.

※ 참조

신탁은 위탁자가 수탁자에게 일정한 목적에 따라 재산관리와 처분을
위탁하는 것입니다.

Q72

증여시 증여재산공제액 산정은?

A

◈ 증여재산공제액은 10년간 누적계산 되며, 공제한도는 배우자 6억,
자녀 5천(미성년 2천)입니다.

※ 참조(증여공제기간 10년마다 미리 사전증여 실시로 증여세 절감)

증여세 신고기한: 증여받은 날이 속하는 달의 말일부터 3개월 이내.

증여세신고기한 미납시: 신고불성실가산세 20%와 납부지연 가산세가
매일 가산(2.2~2.5/10,000)되어 과세됩니다.

<table>
<tr><td>**Q73**</td><td>상장주식 증여재산가액 산정은?</td></tr>
</table>

A

◆ 증여일 전후 2개월 동안에 공시된 일별 시세종가의 평균금액 × 주식수로 산정됩니다.

※ 참조

- 주식가격은 총 4개월의 평균금액으로 과거 2개월은 알 수 있으나 미래 2개월은 주가를 알 수 없습니다.
- 증여 후 주가 상승하면 증여일의 말일부터 3개월내 취소 가능합니다.

<table>
<tr><td>**Q74**</td><td>부모가 경제적 여유가 있을 때 사전증여가 필요한 이유?</td></tr>
</table>

A

◆ 자녀 30대 중반까지 사전증여로 1억 4천만원 무상이전 가능한데, 만약 30대 일시금 증여시 5천만 원 제외한 9천만 원은 증여세 적용됩니다.

※ 참조

1억 4천만원 증여= 출생 2천 + 10대 2천 + 20대 5천 + 30대 5천만원이 가능합니다.

<table>
<tr><td>**Q75**</td><td>'24년 1/1일부터 적용되는 결혼자금 추가 공제금액은?
(혼인 증여재산공제)</td></tr>
</table>

A

◆ 혼인신고일 기준, 전후 2년내 직계존속의 증여재산은 기본공제 5천+1억 추가공제 됩니다.

※ 참조

- 혼인/출산 증여재산공제: 혼인/출산일 기준 2년내 합산 1억원입니다.

예시) ⓐ 혼인시 6천만원 공제 받았다면, 출산시 4천만원 공제 가능합니다.

　　　ⓑ 첫째 출산시 6천만원 공제 받았다면, 둘째는 4천만원 공제 가능합니다.

에필로그

‘평생현역’이란 단순히 죽을 때까지 일과 노동력만을 제공하는 것이 아니라 퇴직 후에도 경제활동을 통해 노후의 재무적 시간을 연장하자는 의미입니다. 은퇴 후에도 경제활동을 지속하거나 근로기간을 늘려 매월 급여통장으로 돈이 들어오는 현금흐름 시스템을 갖추는 것을 뜻합니다. MZ 세대층 사이에서는 최대한 짧은 기간에 많은 소득을 확보하고 조기 은퇴를 준비하려는 파이어족(Financial Independence + Retire Early)이 인기를 끌고 있으나 대부분의 가정에선 자녀의 독립이 늦어지고 본인의 노후생활이 길어지는 만큼 가급적 부모님들은 현역으로 오래 머물러 있다가 은퇴생활을 시작하려 합니다. 현역은 돈을 벌면서 소비생활을 동시에 할 수 있기 때문에 은퇴 후 소비생활 만을 영위하는 은퇴자에 비해 경제적 부담이 덜할 수 있기 때문입니다.

노후에 행복한 삶을 영위하기 위해서는 소득관리 못지않게 지출관리도 중요합니다. 나이들어 연금을 받아 보험료를 부담하지 않으려면 젊을 때 보장성 보험을 준비해야 합니다. 보험은 인생을 살아가는데 없어서는 안 될 필수적인 금융상품이나 가입시기도 중요합니다. 보장성 보험은 건강할 때, 즉 아프기 전에 보험에 가입해야 하고 필요한 보장급부와 보장 범위를 충분하게 확보해 놓아야 합니다. 아프면 보험에 가입할 수 없고, 가입을 하더라도 보험금 삭감이나 보험료 할증으로 인해 더 많은 보험료를 부담해야 합니다. 연금성 보험은 가능한 한 살이라도 젊을 때 일찍 가입하는 것이 좋습니다. 노후생활을 대비하는 연금은 경제활동 중에 납입을 완료하여 현역에서 떠나기 전에 노후생활자금 마련을 해야 합니다.

노후 재무적 준비는 자산 중심보다는 소득 중심이 되어야 합니다. 일시금으로 모아둔 저축성 통장보다는 현금 흐름이 있는 연금 통장이 더 좋습니다. 60세 부부가 노후 30년간 매월 300만원씩 노후생활을 한다고 가정하면 자산중심으로 10억 8,000만원의 목돈 현금이 필요하지만 소득중심으로 보면 국민연금을 비롯해 매월 300만원의 현금흐름이 창출되는 연금시스템 구축이면 가능합니다. 만약 확보된 노후자금이 부족하면 은퇴시기를 미루거나 보유한 집을 활용해 주택연금 통한 추가적인 현금흐름을 만들어 가면 됩니다. 은퇴 후 발생하는 월 소득 100만 원은 금융자산 3억 원을 보유한 것과 맞먹습니다.

각자의 상황에 따라 다르겠지만, 만일 직장인이라면 예고 없이 다가오는 퇴직에 대비하여 인생 100세 시대에 제가 경험하고 터득한 다양한 보험내용들이 독자 여러분의 노후준비를 하시는데 재무적 도움이 되셨길 간절히 소망해 봅니다. 만일 지금 직장의 주된 일자리에서 물러났거나 퇴직을 하셨다면 이 책에서 언급한 한 두 가지라도 당장 본인의 노후 준비로 시작해 보심이 어떨까 합니다. 〈끝〉.

초판　1쇄 발행　　　　　2026년 3월 5일

저자 조덕윤
편집 · 디자인 홍성주
펴낸곳 도서출판 위
주소 경기도 파주시 광인사길 115
전화 031-955-5117~8

ISBN 979-11-86861-54-7 03320

이 책은 저작권법에 따라 보호받는 저작물이므로 무단 전재와 복제를 금하며,
이 책 내용의 일부 또는 전부를 재사용하시려면 반드시 저작권자와
도서출판 위 양측의 서면 동의를 얻어야 합니다.

• 책값은 뒤표지에 있습니다.
• 파본은 구입하신 서점에서 교환해 드립니다.